同济博士论丛
TONGJI Dissertation Series
总主编 伍 江 副总主编 雷星晖

李 奇 陈艾荣 著

车辆–桥梁/轨道系统耦合振动
精细分析理论及应用

Refined Analysis of Vehicle-bridge/Track
Dynamic Interaction: Theory and Applications

同濟大學出版社
TONGJI UNIVERSITY PRESS

内 容 提 要

本书提出了对车辆-桥梁/轨道系统耦合振动精细分析理论和数值计算的完善与改进方法，并以香港青马大桥健康监测系统获取的实测数据为基础实测验证。分别对桥面板局部振动、柔性车体振动以及轨道结构振动的三类车桥振动精细分析问题进行专题研究。

图书在版编目(CIP)数据

车辆—桥梁轨道系统耦合振动精细分析理论及应用 / 李奇，陈艾荣著．—上海：同济大学出版社，2018.4
(同济博士论丛 / 伍江总主编)
ISBN 978-7-5608-7788-4

Ⅰ．①车… Ⅱ．①李… ②陈… Ⅲ．①车桥耦合振动—研究 Ⅳ．①U211.3

中国版本图书馆 CIP 数据核字(2018)第 050589 号

车辆-桥梁/轨道系统耦合振动精细分析理论及应用

李 奇 陈艾荣 著

出 品 人 华春荣 责任编辑 王有文 熊磊丽
责任校对 徐春莲 封面设计 陈益平

出版发行 同济大学出版社 www.tongjipress.com.cn
(地址：上海市四平路 1239 号 邮编：200092 电话：021-65985622)
经 销 全国各地新华书店
排版制作 南京展望文化发展有限公司
印 刷 浙江广育爱多印务有限公司
开 本 787 mm×1092 mm 1/16
印 张 15.75
字 数 315 000
版 次 2018 年 4 月第 1 版 2018 年 4 月第 1 次印刷
书 号 ISBN 978-7-5608-7788-4

定 价 78.00 元

“同济博士论丛”编写领导小组

组　　　长：杨贤金　钟志华

副　组　长：伍　江　江　波

成　　　员：方守恩　蔡达峰　马锦明　姜富明　吴志强
徐建平　吕培明　顾祥林　雷星晖

办公室成员：李　兰　华春荣　段存广　姚建中

“同济博士论丛”编辑委员会

袁万城　莫天伟　夏四清　顾　明　顾祥林　钱梦騄
徐　政　徐　鉴　徐立鸿　徐亚伟　凌建明　高乃云
郭忠印　唐子来　阎耀保　黄一如　黄宏伟　黄茂松
戚正武　彭正龙　葛耀君　董德存　蒋昌俊　韩传峰
童小华　曾国荪　楼梦麟　路秉杰　蔡永洁　蔡克峰
薛　雷　霍佳震

秘书组成员： 谢永生　赵泽毓　熊磊丽　胡晗欣　卢元姗　蒋卓文

总 序

在同济大学110周年华诞之际，喜闻“同济博士论丛”将正式出版发行，倍感欣慰。记得在100周年校庆时，我曾以《百年同济，大学对社会的承诺》为题作了演讲，如今看到付梓的“同济博士论丛”，我想这就是大学对社会承诺的一种体现。这110部学术著作不仅包含了同济大学近10年100多位优秀博士研究生的学术科研成果，也展现了同济大学围绕国家战略开展学科建设、发展自我特色，向建设世界一流大学的目标迈出的坚实步伐。

坐落于东海之滨的同济大学，历经110年历史风云，承古续今、汇聚东西，秉持“与祖国同行、以科教济世”的理念，发扬自强不息、追求卓越的精神，在复兴中华的征程中同舟共济、砥砺前行，谱写了一幅幅辉煌壮美的篇章。创校至今，同济大学培养了数十万工作在祖国各条战线上的人才，包括人们常提到的贝时璋、李国豪、裘法祖、吴孟超等一批著名教授。正是这些专家学者培养了一代又一代的博士研究生，薪火相传，将同济大学的科学研究和学科建设一步步推向高峰。

大学有其社会责任，她的社会责任就是融入国家的创新体系之中，成为国家创新战略的实践者。党的十八大以来，以习近平同志为核心的党中央高度重视科技创新，对实施创新驱动发展战略作出一系列重大决策部署。党的十八届五中全会把创新发展作为五大发展理念之首，强调创新是引领发展的第一动力，要求充分发挥科技创新在全面创新中的引领作用。要把创新驱动发展作为国家的优先战略，以科技创新为核心带动全面创新，以体制机制改革激发创新活力，以高效率的创新体系支撑高水平的创新型国家建设。作为人才培养和科技创新的重要平台，大学是国家创新体系的重要组成部分。同济大学理当围绕国家战略目标的实现，作出更大的贡献。

大学的根本任务是培养人才，同济大学走出了一条特色鲜明的道路。无论是本科教育、研究生教育，还是这些年摸索总结出的导师制、人才培养特区，"卓越人才培养"的做法取得了很好的成绩。聚焦创新驱动转型发展战略，同济大学推进科研管理体系改革和重大科研基地平台建设。以贯穿人才培养全过程的一流创新创业教育助力创新驱动发展战略，实现创新创业教育的全覆盖，培养具有一流创新力、组织力和行动力的卓越人才。"同济博士论丛"的出版不仅是对同济大学人才培养成果的集中展示，更将进一步推动同济大学围绕国家战略开展学科建设、发展自我特色、明确大学定位、培养创新人才。

面对新形势、新任务、新挑战，我们必须增强忧患意识，扎根中国大地，朝着建设世界一流大学的目标，深化改革，勠力前行！

万　钢

2017 年 5 月

论丛前言

承古续今，汇聚东西，百年同济秉持“与祖国同行、以科教济世”的理念，注重人才培养、科学研究、社会服务、文化传承创新和国际合作交流，自强不息，追求卓越。特别是近20年来，同济大学坚持把论文写在祖国的大地上，各学科都培养了一大批博士优秀人才，发表了数以千计的学术研究论文。这些论文不但反映了同济大学培养人才能力和学术研究的水平，而且也促进了学科的发展和国家的建设。多年来，我一直希望能有机会将我们同济大学的优秀博士论文集中整理，分类出版，让更多的读者获得分享。值此同济大学110周年校庆之际，在学校的支持下，“同济博士论丛”得以顺利出版。

“同济博士论丛”的出版组织工作启动于2016年9月，计划在同济大学110周年校庆之际出版110部同济大学的优秀博士论文。我们在数千篇博士论文中，聚焦于2005—2016年十多年间的优秀博士学位论文430余篇，经各院系征询，导师和博士积极响应并同意，遴选出近170篇，涵盖了同济的大部分学科：土木工程、城乡规划学（含建筑、风景园林）、海洋科学、交通运输工程、车辆工程、环境科学与工程、数学、材料工程、测绘科学与工程、机械工程、计算机科学与技术、医学、工程管理、哲学等。作为“同济博士论丛”出版工程的开端，在校庆之际首批集中出版110余部，其余也将陆续出版。

博士学位论文是反映博士研究生培养质量的重要方面。同济大学一直将立德树人作为根本任务，把培养高素质人才摆在首位，认真探索全面提高博士研究生质量的有效途径和机制。因此，“同济博士论丛”的出版集中展示同济大学博士研究生培养与科研成果，体现对同济大学学术文化的传承。

“同济博士论丛”作为重要的科研文献资源，系统、全面、具体地反映了同济大学各学科专业前沿领域的科研成果和发展状况。它的出版是扩大传播同济科研成果和学术影响力的重要途径。博士论文的研究对象中不少是“国家自然科学基金”等科研基金资助的项目，具有明确的创新性和学术性，具有极高的学术价值，对我国的经济、文化、社会发展具有一定的理论和实践指导意义。

“同济博士论丛”的出版，将会调动同济广大科研人员的积极性，促进多学科学术交流、加速人才的发掘和人才的成长，有助于提高同济在国内外的竞争力，为实现同济大学扎根中国大地，建设世界一流大学的目标愿景做好基础性工作。

虽然同济已经发展成为一所特色鲜明、具有国际影响力的综合性、研究型大学，但与世界一流大学之间仍然存在着一定差距。“同济博士论丛”所反映的学术水平需要不断提高，同时在很短的时间内编辑出版 110 余部著作，必然存在一些不足之处，恳请广大学者，特别是有关专家提出批评，为提高同济人才培养质量和同济的学科建设提供宝贵意见。

最后感谢研究生院、出版社以及各院系的协作与支持。希望“同济博士论丛”能持续出版，并借助新媒体以电子书、知识库等多种方式呈现，以期成为展现同济学术成果、服务社会的一个可持续的出版品牌。为继续扎根中国大地，培育卓越英才，建设世界一流大学服务。

伍　江

2017 年 5 月

前　言

铁路列车的发展趋势是高速、重载、轻量化，这导致了更为突出的车辆-轨道动力相互作用问题，也促使了具有减振降噪性能的新型轨道结构的应用。与此同时，随着我国客运专线、高速铁路以及城市轨道交通建设的发展，一方面，新型桥梁结构不断涌现，以适应列车和线路发展；另一方面，某些既有和新建桥梁结构也成为整个线路中的薄弱环节。列车、轨道和桥梁结构的固有耦合特性要求将它们作为一个完整的大系统加以考察。上述铁路交通的发展趋势引出一些车辆-桥梁/轨道动力相互作用领域的精细化研究课题，如桥梁局部振动问题、柔性车体振动问题以及车辆、轨道结构非线性振动问题。

数值仿真计算是处理车辆-桥梁/轨道系统动力相互作用问题的重要手段。上述精细化研究课题的出现必然对车辆-桥梁/轨道系统耦合振动分析的数值仿真能力、仿真精度和计算效率提出更高的要求。然而，目前国内外提出的耦合振动计算方法往往在计算模型上采用不同程度的简化，在计算理论上的针对性强而灵活性不足，从而限制了这些方法处理耦合振动领域新课题的能力，难以适用耦合振动精细化分析的发展趋势。针对目前已有数值计算方法的不足，为解决铁路交通发展带来的新课题，本书完善了车辆-桥梁/轨道系统耦合振动的精细分析方法并将之应用于一些实际工程，主要完成了以下七个方面的工作：

(1) 运用有限元方法建立桥梁/轨道模型和车辆模型，基于模态叠加方法分别形成车辆子系统和桥梁/轨道子系统的运动微分方程，可根据需要采用模态综合法和静力凝聚法缩减大型结构动力自由度，为实现系统精细化建模和分析提供基础。

(2) 桥梁/轨道子系统和车辆子系统之间的联系通过轮轨三维滚动接触模型实现，既继承传统的轮轨密贴模型，又应用更为精细的轮轨非密贴接触模型。基于 Kalker 线性理论计算轮轨蠕滑力并采用 Shen - Hedrick - Elkins 理论对蠕滑力进行非线性修正。

(3) 将各子系统非线性内力以及轮轨非线性接触力处理为虚拟激振力，解决传统模态叠加法在处理非线性问题上的不足，从考虑非线性的角度实现耦合振动的精细化分析。

(4) 利用基于 Wilson - θ、Newmark - β 和新型显式积分法的分离迭代算法以及基于 Runge - Kutta 的分离同步法求解系统运动微分方程，以满足不同的计算需要，并寻求最优的计算方案。

(5) 运用谱半径理论分别对采用轮轨密贴接触模型和非密贴接触模型的耦合系统的迭代计算稳定性问题进行理论分析，并提出相应的解决和增强迭代稳定性的措施。

(6) 根据以上理论方法，编制车辆-桥梁/轨道耦合振动分析程序 VBC2.0。采用大量数值算例对分析理论和计算程序进行校核，并以香港青马大桥健康监测系统获取的实测数据为基础进行实测验证。

(7) 运用本书提出的理论方法和计算程序对列车作用下大跨度悬索桥振动问题、箱梁悬臂板局部振动问题、柔性车体振动问题以及轨道结构振动问题进行精细分析。

目　录

第1章 引言

“十一五”期间，我国建设铁路新线 17 000 km，其中客运专线 7 000 km；既有线增建二线 8 000 km，既有线电气化改造 15 000 km。2010 年全国铁路营业里程达到 9 万 km，复线和电气化比例分别达到 45％以上，续转和新安排建设项目达 200 多个。其中，客运专线项目 28 个，建设总投资 12 500 亿元[1]。

在大规模的铁路交通建设过程中，必要的车桥耦合振动分析是保障铁路桥梁安全、适用和经济的重要技术支持。桥梁是铁路土建工程的主要组成部分，从结构动力学的角度而言，桥梁也是整个铁路线路中的薄弱环节。铁路线路通常需要采用桥梁形式跨越江河、公路或者地质条件不良地区，特别是高速铁路，需要采用全封闭的行车模式。因此，整个线路中桥梁比例大。我国既有铁路提速和国外高速铁路的发展经验表明，在列车作用下，桥梁振动过大，不但致使桥上线路稳定性和结构疲劳强度降低，而且还会影响桥上列车运行的安全性和平稳性。为此，各国规范都规定，在桥梁设计和检定时，要对桥梁的动力性能进行评定，必要时，还应进行车桥系统动力分析，以使桥梁动力性能能满足列车高速运行安全的要求。[2]例如，我国《新建时速 200 公里客货共线铁路设计暂行规定》对桥梁基本结构形式作了规定，指出桥梁上部结构应采用刚度大的结构形式，钢结构桥面系不宜采用明桥面；明确规定了桥梁的竖向挠度、横向挠度、梁端折角、扭曲变形限值；规定了简支梁的竖向自振频率最小值，对于竖向频率小于规定值的简支梁，应按实际运营情况进行车桥耦合动力分析，要求其列车运行安全性和舒适性指标满足规定的标准。随着我国客运专线、高速铁路以及城市轨道交通建设高峰时期的到来，非常规的、新型的、复杂的桥梁结构将不断涌现，使得车桥耦合振动分析对指导铁路桥梁建设的重要性和必要性更为突出。

铁路交通是一项系统工程，主要包含车辆、轨道和桥梁 3 个核心组成部分。车辆在桥梁上运动是一个复杂的动力学相互作用过程。车辆、轨道和桥梁 3 个子系统构成一个整体大系统，各个子系统相互渗透、相互影响。一方面，移动的车辆经由轮轨接触界面向轨道传递自重下的静态轮轨作用力和轨道不平顺导致的动态轮轨作用力，从而引起轨道结构的变形与振动，同时，轨道结构的变形与振动作用通过轨桥界面向桥梁结构传递作用力，激发桥梁结构的变形与振动；另一方面，桥梁结构的变形与振动反过来加剧了轨道的变形与振动，进而通过轮轨相互作用加剧车辆系统的振动。上述相互作用过程反复循环、耦合叠加，使得车辆-轨道-桥梁系统处于特定的耦合振动形态中。与车辆和桥梁以中低频振动为主不同，轨道结构本身的振动属于高频范围，轨道结构高频振动对车辆和桥梁低频振动影响有限，但是，对轮轨力的高频成分影响极大。因此，是否考虑轨道的振动会极大地影响对脱轨系数与轮重减载率估计。特别在高速行车条件下，有必要考虑轨道结构的振动作用，以便比较准确地模拟轮轨接触力和轮轨脱离现象。综上所述，合理地考虑大系统的耦合作用是准确地研究车辆、轨道和桥梁中任何一个子系统的动力学行为的前提。

显然，轮轨相互作用是连接车辆和轨道-桥梁的"纽带"，也是铁路交通区别于公路交通和磁浮交通的本质特征。以轮轨接触界面为界，本书将车辆-轨道-桥梁大系统分为移动的车辆子系统和固定的轨道-桥梁子系统。虽然轨道结构必然存在于铁路桥梁之上，轨道-桥梁子系统是不可分割的，但从理论研究和工程应用的角度来看，为着重研究桥梁结构，在某些具体分析中只考虑虚拟的刚性轨道作用。在这种情况下，轨道-桥梁子系统将退化为桥梁子系统。此外，当只考虑车辆在路基上的运行时，桥梁结构是不存在的，此时，轨道-桥梁子系统将退化为轨道子系统。为统一表达，将轨道-桥梁子系统、桥梁子系统和轨道子系统通称为桥梁/轨道子系统，并与车辆子系统一起构成车辆-桥梁/轨道大系统。

1.1 车辆-桥梁/轨道系统耦合振动研究历史与现状概述

1.1.1 车桥振动研究

车桥振动研究已有150多年的历史。自1825年英国修建了世界上第一条铁路开始，随着铁路建设的不断发展，特别是英国的Chester铁路桥在1847年因列车过桥引起强烈的振动而坍塌后，车辆荷载对桥梁结构的动力作用问题的研究愈来愈引起人们的关注和兴趣。以计算机在车桥耦合振动研究中的普遍应用为界，车桥振动的发展历程一般可以分为古典理论阶段和现代理论阶段。[3-6]

所谓的古典理论，主要是指 20 世纪 50 年代之前，计算机尚未普遍应用时车桥振动的研究理论和方法。古典理论研究阶段研究方法以试验为主，从研究桥梁的冲击系数，到研究蒸汽机锤击力作用下的共振车速，进而发展到对桥梁横向振动机理的研究。理论研究方面，古典理论的特征是没有考虑或只简单考虑车桥振动时二者之间的耦合关系，采用了不是忽略桥梁的质量就是忽略车辆质量的基本假定，其车桥振动模型基本经历了静力法、移动常量力过桥、移动简谐力过桥、移动质量过桥以及移动簧上质量过桥的发展过程。古典理论所研究的内容基本是简支梁的竖向动力响应，求解的方法基本是解析解或半解析解，由于受理论水平和计算手段的限制，采用了诸多假设，其分析结果与实际情况相差较大，在应用中存在先天不足。值得肯定的是，古典理论目前在对车桥振动机理的解释上仍有重要意义，其发展末期出现的移动簧上质量模型是现代车桥振动研究模型的雏形，对现代车桥振动理论研究的开辟起了铺垫作用。

20 世纪六七十年代以来，电子计算机的出现以及有限元技术的发展，使得车桥振动研究有了飞速的发展，从车桥系统的力学模型、激励源的模拟到研究方法和计算手段等都有了质的飞跃，人们可以建立比较真实的车辆和桥梁计算模型，然后用数值模拟法计算车辆和桥梁系统的耦合振动响应。美国、日本、欧洲各国和国内诸多学者为车桥系统振动力学理论的发展作出了重要贡献，在车辆模型、桥梁模型以及车桥系统耦合振动上取得了不少进展。1969 年，日本修建时速210 km的东海道新干线，1978 年，法国进行了时速 260 km 的高速铁路试验。车速的提高加剧了桥梁的振动，西方各国都加大了车桥振动理论的研究力度。解决生产实践问题的需要和技术上的可能使得车桥振动理论的研究得到快速发展，从这一阶段开始及以后的研究，一般称为车桥振动研究的现代理论。车桥振动的现代理论主要特征是：车、桥计算模型更加精细、逼真，考虑的影响因素更加全面。车辆模型已从集中力或简单地移动质量加载模型发展到能反映车体、转向架以及轮对各部件振动状态的多刚体振动系统。桥梁结构模型已从古典理论研究的梁桥为主的结构形式扩展到拱桥、斜拉桥、悬索桥等。桥梁的动力响应从以前的二维竖向振动扩展到空间的横向、扭转振动，在研究桥梁的动力响应的同时还研究车辆的动力响应。

车桥振动的现代理论蓬勃发展的过程中，国内外不少学者对古典理论也进行了有益的发展。许多学者进一步研究了在单个移动荷载或单轮对过桥作用下的简支梁的振动问题，他们通过假定梁的动力挠曲线进而寻求车桥系统振动规律的解析表达式。这些工作多为古典理论的延续，但已开始考虑轨道不平顺等因素的影响，振动微分方程及其求解精度趋于提高，并且已经开始应用随机振动理论。古典理论中单个匀速移动常量力在目前所能达到的车速下的动力效应上较小，并没有实际的意义。然而，如果将列车荷载看作一系列有规律排列的移动常量力，则可以考虑荷载列的周期性强迫振动，因而更为接近实际。Yang 等人[7]将非一致间距的规律荷载列分解为两个等间距的子荷载列的合成，是一种不考虑车辆振动的非常成功的简化模型，它能比较准确地预测桥梁的共振和“相消”现象。李建中等人[8]研究了移动荷载和车桥相互作用两种模型高速通过简支梁的共振反应，得出的基本结论与 Yang 一致，另外还得出桥梁的共振反应与车辆或者移动荷载的数量有关的结论，即当车辆数过少时，共振现象很难出现。最近，夏禾等人[9]从理论分析、数值模拟和现场测试三个方面阐述车桥竖向和横向的共振机理。可见，移动荷载列作用下简支梁振动求解仍是目前车桥振动分析的重要内容。

从 20 世纪 90 年代末至今，车桥耦合振动研究在完善和发展古典理论以及现代理论的基础上，在以下新的领域取得了进一步的发展[10]：列车-轨道-桥梁大系统动力学理论的建立与应用；桥梁在特殊荷载（风、地震）作用下的列车安全性问题；列车桥梁系统的振动在环境周围传播以及对环境影响问题；高速铁路桥梁的振动控制研究。

近十几年，我国铁路相继开展了既有铁路提速改造和高速铁路的建设，车速提高加剧列车过桥时车桥振动、使得车桥动力性能成为桥梁设计、检定中必须考虑的一个主要问题。生产建设的需要促使科学技术的发展，近二十多年来，车桥耦合振动理论和计算方法的研究在我国得到了前所未有的重视，多所高校和科研机构对车桥耦合振动的理论和应用开展研究，取得了不少重要成果[2]。目前，这些研究人员承担了大量铁路桥梁的动力分析工作，成为提速桥梁改造、高速铁路桥梁设计动力响应分析的主要力量，为我国高速铁路建设和既有铁路桥梁提速改造做出了重要贡献。

在车桥耦合振动研究的 150 多年的历史中，许多学者为此花费了大量的时间和心血，提出和建立了许多分析理论与分析方法，其研究工作取得了不少重要的成果。但是，由于车桥耦合振动研究的复杂性，在车辆模型、桥梁模型和轮轨接触模型方面的精细化研究还尚待进一步完善与深入。

1.1.2 车线振动研究

线路在铁路基建设施中的比例始终很大，与车桥动力相互作用问题相比，车辆与轨道的动力相互作用问题是铁路轮轨系统中更为普遍和基本的动力学问题。1867年，Winkler提出的弹性地基梁理论成为建立轨道力学分析模型的基础。1926年，Timoshenko应用弹性地基梁模型首先研究了钢轨的动应力问题。20世纪50年代到60年代，轮轨相互作用模型并无实质性发展，而人们在此期间主要关心车辆在轨道上的动力学稳定问题，探讨车辆失稳的临界速度和判断车辆失稳的准则。20世纪70年代初，铁路运输的发展极大地推动了轮轨相互作用研究的展开。英国Derby铁路技术研究中心对钢轨接头处的轮轨动作用力问题进行了更深入的理论与试验研究，标志着轮轨力作用研究进入实质阶段。此后，在机车车辆与轨道动态相互作用研究中，车辆的模型经历了单轮对模型或多轮对模型、转向架模型、半车模型以及整车模型的演变过程，轨道的模型也经历了集总参数模型，不考虑轨下基础结构振动的单层连续弹性支承梁模型，考虑轨下基础振动的多层连续弹性支承梁模型，全面考虑钢轨、轨枕、道床、路基的离散弹性点支承梁模型或有限元模型的演变过程。其应用范围已从最初的钢轨接头或车轮扁疤等动力冲击作用分析扩大到机车车辆运动稳定性及行车平稳性分析、轨道各部件的振动特性及动力学强度分析、列车经过道岔及路桥过渡段等特殊地段的动力学分析。经过最近10多年的研究，车辆-轨道耦合动力学理论渐趋完善，成为机车车辆与轨道动态相互作用研究的基本方法。[11, 12]最近，车线耦合振动研究在精细化的研究趋势主要考虑轮对、转向架和车体的弹性。[13-23]

纵观车桥振动和车线振动研究的发展历程，由于桥梁振动问题的突出和事故的发生，车桥振动研究的开展要早于车线振动的研究。而20世纪六七十年代以来，铁路交通的发展、有限元技术和计算机的推广，对车桥振动和车线振动都起了极大的推动作用。此后，轮轨关系和轮轨相互作用力的研究在车线振动领域中取得了较好的发展，其成果逐步应用于车桥耦合振动分析中，促进了车桥耦合振动的发展。目前，车桥振动和车线振动研究的共同发展为车辆-轨道-桥梁系统耦合振动广泛而深入的研究开辟了道路。

1.1.3 车辆-轨道-桥梁系统耦合振动研究

虽然轨道结构是车辆-轨道-桥梁系统的重要参振结构，但是，以前车桥振动的研究中，大多不考虑轨道结构的刚度，只将轨道结构的质量计入桥梁结构，也有学者只考虑轨道结构刚度作用，将之作为等效弹簧，而不考虑轨道结构的振动。Chu & Wang[24]通过计算轨道和桥梁整体刚度的方式来考虑轨道结构的弹性。Yang & Yau[25]采用连续分布弹簧的方式考虑道床的刚度，实际上忽略了钢轨的弹性作用，且没有考虑轨道结构的阻尼耗能作用，特别是没有考虑轨道结构的质量，轨道结构只是作为一个连接弹簧的作用，因而不能计算轨道结构本身的振动。Yang 等人的研究表明，采用刚度较小的轨道结构对桥梁振动的减小有限，而轨道刚度过大或者过小对车辆的运行舒适性不利。

随着研究的深入，一些学者在车桥振动问题中考虑了比较完整的轨道结构模型，能够分析轨道结构的振动特性。意大利学者 Diana[26]考虑了钢轨竖向和横向弹性支撑作用以及轮轨相互作用关系，并对列车通过大跨度桥梁的车桥动力问题进行研究。日本铁道技术研究所 Tanabe 和 Wakui 等人[27-29]建立了 31 自由度的非线性车辆模型，用有限元法建立轨道-桥梁整体动力方程，并采用模态叠加方法减小轨道-桥梁结构自由度，根据 Hertz 非线性接触理论计算轮轨垂向力，按照 Kalker 线性蠕滑理论计算蠕滑力，采用迭代方法求解车辆、轨道-桥梁两组动力方程。中国台湾 Wu & Yang[30]将轨枕质量考虑在钢轨中，将道砟质量考虑于桥梁结构中，同时在钢轨和桥梁之间引入连续分布弹簧阻尼模型。中国香港 Cheng 等人[31]提出了一种车辆-轨道-桥梁单元，可以采用传统的总刚集成的方法来形成系统时变振动微分方程。该单元车辆模型为 2 自由度的弹簧质量，轨道模型为离散或者连续弹簧阻尼支撑的 Euler 梁，桥梁模型也采用 Euler 梁。意大利 Biondi[32]运用车辆-轨道-桥梁系统动力分析的子结构方法，将车辆、桥梁、轨道看作三个子系统，运用模态子结构方法建立轨道和桥梁振动方程，最后与车辆方程一起形成系统整体振动方程。这种方法与直接建立有限元模型相比，缩减了轨道和桥梁自由度，能够大大减小大型模型的计算费用。韩国的 Song[33]用非协调平板单元模拟箱梁、梁单元模拟轨枕和钢轨、Winkler 用弹簧单元模拟道床刚度，建立车辆-轨道-桥梁统一模型。翟婉明[11]、蔡成标[12]以及 Oscarsson & Dahlberg[31, 34]发展了一种更为精细的三层质量、弹簧、阻尼模型来模拟全面钢轨、道床和地基结构的质量、刚度和阻尼，各道床质量块之间还设有剪力弹簧阻尼以保证道床颗粒间的剪力连续性，高芒芒[35]、张格明[36]、娄平[37]、晋智斌[38]等人也采用类似轨道结构模型建立了车线桥动力相互作用模型。

20 世纪八九十年代，我国在老一辈桥梁专家的带领下，开展了大量的车桥振动理论和试验研究，不少单位纷纷开发了相应的车桥振动分析程序，并得到不同程度的应用。然而，这些程序由于分析方法不尽相同，计算结果存在一定差异，从而对同一问题的评价结果也就存在相应的差异，这将影响到对桥梁设计方案或加固方案的合理评判，从而也进一步影响到桥梁设计的科学性与经济性。为改变这一现状，进一步提高车桥振动仿真水平，避免重复劳动，节省人力、财力，铁道部科学技术司于 2001 年组织西南交通大学、铁道科学研究院、北京交通大学和长沙铁道学院进行联合攻关，共同开发研制具有我国自主知识产权的列车-线路-桥梁系统动力学仿真分析通用软件 TTBSIM 1.0，至 2005 年，已经取得初步成果[39]。

1.2 车辆-桥梁/轨道系统耦合振动研究存在的不足

1.2.1 车辆模型

在车辆模型的建立方法层面，传统做法一般都是采用多刚体车辆模型，运用 D'lembert 原理、Lagrange 方程或者其他能量方法形成车辆运动方程。这些方法都需不同程度地分析车辆结构几何和物理关系，在方程推导和程序编制上容易出错，比较适合于自由度数目少的车辆模型。对于文献[40]中采用的具有近百个自由度的铰接式列车（TGV）模型，采用 Lagrange 方程推导其运动方程确属不易。鉴于目前车辆动力学领域已经开始考虑车辆构件的弹性作用[13-23]，而采用上述传统方法推导柔性车辆的运动微分方程难度极大，亟需新方法的运用。

在车辆模型的力学特性层面，自 1982 年 Batti 在其博士学位论文中采用了空间车辆分析模型后，该模型成为当前车桥振动分析中采用最多的车辆计算模型，其他的计算模型基本与它大同小异，只在自由度数目上有所差异，而缺乏质的发展。车辆模型要向更为精细化的方向发展，有两个方面需要进一步研究：一是合理考虑悬挂非线性，二是摒弃多刚体假设，采用柔性车辆模型。

1.2.2 桥梁模型

在桥梁建模精细程度方面，目前仍主要采用杆系单元[41-44]建立桥梁整体有限元模型，即使采用板壳或者实体单元建立局部精细模型，但真正关注桥梁局部振动的研究很少。李小珍、蔡婧、强士中[45]针对芜湖长江大桥主桥，分别采用空间杆系有限元模型与空间杆系-板-实体混合单元有限元模型分析了桥梁的空间自振特性，但在车桥耦合振动分析时，只采用空间杆系有限元模型。熊建珍、高芒芒、俞翰斌[46]分析了天兴洲长江大桥斜拉桥在地震作用下的车-桥耦合振动特性，同样将正交异性板或混凝土结合板刚度、质量等效到空间杆系模型。韩艳、夏禾、郭薇薇[47]以武汉天兴洲公铁两用斜拉桥方案为研究对象，对在典型地震波激励下列车过桥的全过程进行了模拟，其中桥面板采用板单元模拟，但没有专门针对桥面板局部振动问题进行研究。

不考虑桥面板的局部振动对轨道布置于混凝土箱梁、T 梁的腹板或者钢桁梁的纵梁之上的情况是适用的，因为此时桥面板的局部振动对车桥系统振动的影响可以忽略不计。然而，在某些情况下则必须采用空间板壳或者实体单元考虑桥梁局部振动的影响。例如，崇明越江通道上海长江大桥工程考虑到预留轨道交通方案，远期规划将箱梁悬臂板端部的公路紧急停车带改造为轻轨交通线路。列车线路布置于长大悬臂板端部在世界上还没有先例，悬臂板局部振动对车辆运行安全性的影响也需要研究，在无建设经验和试验支持的情况下，需要采用能考虑桥梁局部振动影响的车桥耦合振动分析方法进行动力仿真。又如，我国铁路钢桁梁桥一般采用明桥面，但明桥面不适合于高速行车，采用混凝土桥面板或者钢桥面板的钢桁梁桥可弥补明桥面的不足。同样，研究这类桥梁的车桥动力性能，需要运用能考虑桥梁板局部振动影响的车桥耦合振动分析方法。

在桥梁结构运动微分方程的形成和求解方面，有直接采用有限元方法，也有在有限元模型的基础上运用模态叠加方法的。对自由度庞大的大跨度桥梁或者采用板壳、实体单元建立的桥梁模型，直接基于物理坐标进行动力求解将极为费时。要提高效率，可以运用模态叠加或者模态子结构方法缩减自由度。夏禾、徐幼麟等人[42, 48]在建立桥梁模型时，采用了模态叠加方法，这对分析大型悬索桥结构在列车和风作用下的振动是极为有效的。Henchi[49]在分析汽车与桥梁相互作用问题时，采用模态叠加法建立桥梁模型，只要采用适当的形函数，桥梁结构可采用任意单元。Biondi[32]运用了一种车辆-桥梁/轨道系统动力分析的子结构方法，将车辆、桥梁、轨道看作三个子系统，形成解析表达的系统运动微分方程，这在解决简单桥梁和弹性支承连续梁轨道模型方面比较有效，但还需进一步推广到任意结构形式。日本的 Wakui 等人[50]在采用简化的蠕滑理论分析新干线车桥振动问题时，采用了处理非线性动力问题的模态叠加方法。他们通过轮轨关系将车辆和桥梁形成整体振动微分方程，同时将非线性项移动到右端项作为虚拟的荷载激励，对于左端线性部分，采用模态叠加方法缩减自由度。以上采用模态方法的研究存在的不足为：一是未曾对参与动力计算的振动模态的合理选择进行专门研究；二是采用模态叠加法后很少关注桥梁应力/内力；三是采用模态叠加方法的大多数研究只考虑线性的车辆悬挂和线性的轮轨接触模型。

1.2.3 轨道结构模型

轨道结构模型复杂程度差异巨大，在建模方法上，大多是直接建立钢轨、轨枕、道床的运动微分方程[11, 35]，或者采用专门推导的带道床质量和刚度特性的轨道梁单元[51]、车辆-轨道-桥梁单元[31]。这些方法均建立在研究者对特定轨道结构模型的假设上，当采用新的轨道结构模型时，必须重新推导系统运动微分方程，不可避免地导致动力计算程序单元库单调、前处理功能不强、适用性差的缺点。此外，目前国内外的轨道结构模型中刚度一般采用线弹性刚度和黏性阻尼，当需要考虑更为精细的非线性轨道结构模型时，也必须重新推导轨道结构的运动微分方程，耗费大量研究精力。

1.2.4 轮轨接触模型

车辆-桥梁/轨道耦合振动和轮轨接触具有显著的空间效应，其中轮轨关系和轮轨力是与车辆动力学相关问题研究的关键所在。尽管轮轨三维滚动接触理论已发展了几十年，然而在车辆-桥梁/轨道系统耦合振动研究中，轮轨接触问题常常被不同程度地简化：一是只考虑竖向平面内振动；二是考虑横向振动，但采用蛇行波理论，以避免轮轨接触问题并希望考虑横向振动的随机性；三是考虑横向振动，但对轮轨横向接触模型进行简化，如采用等效弹簧模型或者等锥度踏面假定；四是在竖向接触方面，传统的假设认为轮轨始终保持密贴接触，轮对的竖向运动自由度不独立于桥梁/轨道，轮轨脱离不能发生。这些简化均具有一定程度的合理性，但是也有其相应的适用范围和局限性，因此在具体应用中必须明确其适用范围。

目前车辆-桥梁/轨道耦合振动分析中广泛采用的 Kalker 的简化理论、线性理论和 Shen - Hedrick - Elkins 模型都是基于 Hertz 法向接触理论。然而，轮轨接触在很极端情况下，如强风、地震和曲线通过时通常并不满足 Hertz 接触假设，轮轨接触区域的法向间隙分布不是抛物面分布，轮轨接触区域不是椭圆形平面、法向压力分布也不是半椭球体分布，并可能出现多点接触的情况[52]。Kalker[53]提出的基于弹性半空间理论的轮轨接触蠕滑力精确理论及其程序 CONTACT 是目前为止研究三维弹性体非 Hertz 滚动接触最完善的算法。然而，CONTACT 计算速度较慢，难以直接用于车辆-桥梁/轨道耦合振动实时计算。寻求适用于车辆-桥梁/轨道耦合振动实时计算的基于非 Hertz 法向接触的蠕滑力计算方法是目前轮轨接触研究的发展方向。

1.2.5 数值求解方法

1. 同步耦合与分离迭代

研究车辆-桥梁/轨道耦合振动问题时，最关键的一步就是建立车辆-桥梁/轨道系统的运动微分方程。目前，车辆-桥梁/轨道耦合系统运动微分方程建立和求解的基本方法可概括为如下两种：

(1) 同步耦合法：该方法先分析车辆、桥梁/轨道运动方程，通过协调条件组成系统整体耦合运动方程，再通过直接积分法同步求解车辆和桥梁/轨道响应。

运用同步耦合法形成和求解上述车辆-桥梁/轨道系统方程组的步骤可概括如下：① 首先，建立接触点处的约束方程，即用钢轨或桥梁的梁单元节点的位移、速度、加速度和梁单元形函数来表示接触点处车轮的位移、速度和加速度；② 其次，将车轮位移、速度和加速度代入车辆子系统运动方程，得到车辆-轨道或车辆-桥梁之间的动态接触力，同时消除了车轮的自由度；③ 再将车辆-轨道或车辆-桥梁之间的接触力代入轨道或桥梁子系统运动方程，得到用车辆自由度和轨道或桥梁自由度表示的轨道或桥梁子系统运动方程，联合车辆悬挂部分的运动方程，则建立了车辆-轨道或车辆-桥梁系统的运动方程；④ 最后，利用逐步积分法求解系统的耦合运动方程。尽管在运动微分方程的形成方法上有一定差别，文献[2, 25, 37, 40, 42, 44, 49, 54 - 60]均属于同步耦合法的范畴。

(2) 分离迭代法：该方法分别建立并求解车辆、桥梁/轨道运动方程，在每一时间步内进行迭代计算直至满足车辆子系统和桥梁/轨道子系统之间力的平衡条件以及位移协调条件。尽管在迭代计算细节上有所差别，文献[4, 35, 61 - 66]均属于分离迭代法的范畴。

同步耦合法的优点在于一般无需迭代计算，计算稳定性较好，缺点是对非线性的处理能力较弱，计算效率会因为每步计算中刚度、阻尼矩阵的形成与分解而大大降低，在求解大型问题时，更是如此；分离迭代法的优点在于对非线性的适应能力较强，可以避免在每一时间步重新形成和分解等效刚度矩阵，但缺点是迭代求解的稳定性较差。

2. 分离迭代计算稳定性

目前，车桥耦合振动计算一般采用时域数值积分方法，大多数情况下，计算过程稳定、计算结果合理，为设计提供有力的理论依据。然而，有时即使采用非常小的积分步长，也会出现计算发散现象，特别是分析货物列车通过刚度、质量较小的钢桁梁桥、钢板梁桥或者是高速列车通过复杂的大跨度柔性桥梁时，数值计算不稳定、不收敛的现象更是经常出现。一旦出现这种现象，则使得计算工作无法继续进行。此时，分析人员无可适从，有时，调整某些车桥动力参数进行多次试算，期待从中得到一个稳定计算过程的结果。这种为了得到稳定解而改变实际计算参数所获得的结果是不真实的，至少有一定的误差。同时，在没有弄清发散的原因时，分析者处于迷惑、盲目的状态，分不清出现这种现象究竟是数值计算失稳还是车辆行驶速度达到临界值而失稳。因此，从机理上认识车桥耦合振动计算不稳定的原因，并研究如何采用合理的措施避免计算不稳定的发生，对解决当前大量高速铁路动力响应分析和车桥振动计算理论的发展都是非常必要的。

常用的 Newmark - β 法和 Wilson - θ 法等时域数值积分一般用于求解车辆-桥梁/轨道耦合系统振动响应。尽管这些方法对于线性系统已经证明是无条件稳定的，然而将其应用到车桥耦合振动中却出现不稳定的现象。主要原因是车桥振动是耦合振动，轮对与轨面的位移和相互作用力存在协调关系，求解车桥各动力响应值时需要多次反复迭代运算。迭代的不稳定性重则导致计算无法进行，轻则影响收敛性、计算精度和效率。

国内外在车桥耦合振动分析的分离迭代方法上已有不少的研究，这些研究主要集中在新算法的提出和已有算法的精度、效率的提高上，却很少对迭代不稳定发生的机理进行研究。中国铁道科学研究院程庆国、潘家英、许慰平[61]、杨岳民[62]、高芒芒[35]等人在进行车桥耦合振动分析时，利用车辆和桥梁运动方程的各自特点，采用结合 Seidel 迭代的分组迭代方法，提高车桥系统耦合振动计算效率。杨岳民等人[62]的研究表明，采用 Seidel 迭代计算车桥耦合振动问题3～4次迭代即可收敛到满意的精度，若采用松弛法，虽然可以得到更快的收敛速度，但计算精度不高。王贵春[67]提出一种三重平衡迭代法求解车桥耦合振动方程，以考虑斜拉桥的几何非线性。Yang & Fonder[63]提出一种运用松弛算法和 Aitken 加速技术的迭代方法求解车桥耦合振动方程，并分别分析松弛法和 Aitken 加速法对迭代收敛性的影响，研究表明采用 Aitken 加速的效果更好。西南交通大学强士中、李小珍[4]采用分离迭代法求解车桥耦合振动方程，并运用 Aitken 加速技术改善迭代收敛性。单德山、李乔[64]采用求解非线性振动的 Newmark 预测-校正法，在车桥耦合振动计算中一般迭代 1～2 次即可收敛。李永乐[66]指出，采用直接迭代容易出现计算不稳定，故在风-车-桥系统非线性空间耦合振动分析中采用增量形式的 Newmark - β 法，并结合 Newton - Raphson 迭代。

虽然采取 Seidel 迭代[35, 61, 62]、Aitken 加速[4, 63]、预测-校正[64, 65]和 Newton - Raphson 迭代[66]等措施确实能增强分离迭代法的稳定性、收敛性甚至精度，但计算效率也会因为这些措施的采用而降低。另外，这些迭代辅助处理方式都没有正面对车桥耦合振动求解不稳定的机理进行深入研究，使得计算不稳定的根源仍然存在，并给一些对稳定性比较敏感的特殊问题的分析带来了困难。

3. *数值积分方法*

在数值积分方法方面，目前常用的隐式积分方法和显式积分方法均可用于车桥耦合振动计算。结构振动分析中，强调数值积分的无条件稳定性，很自然地，人们通常将线性振动中无条件稳定的数值积分方法应用于非线性的车桥耦合振动分析当中。无条件稳定的隐式积分方法如 Newmark - β 法、Wilson - θ 法在结构振动分析包括车桥耦合振动分析中应用广泛。然而，这些隐式积分方法在车桥耦合振动分析中的稳定性和效率如何，还不十分明朗。首先，在稳定性方面，线性振动分析中，无条件稳定的数值积分方法并不一定能保证其在非线性的车桥耦合振动分析中的稳定性，Bathe[68]即指出，当采用隐式积分方法求解非线性振动时，即使采用 Newton - Raphson 迭代，仍然可能得到不稳定的结果；其次，既然隐式积分方法在非线性的车桥耦合振动计算中不能继续保持其在线性振动分析中的无条件稳定性，那么，隐式积分方法可以采取较大的积分步长的优势将失去。

无条件稳定的隐式积分方法并不能保证车桥耦合振动数值计算的无条件稳定性，然而，采用本身就是条件稳定的显式积分方法可能既能保证一定的稳定性，同时又能大幅提高计算效率。显式积分方法的优势在于计算过程简洁，无需形成和分解等效刚度矩阵，因而计算效率较高。基于不同的思路，国内外已经建立了多种显式积分方法，这其中最常用的仍是中心差分法。但经典中心差分法不仅要求质量阵为对角阵，而且阻尼阵也必须为对角阵，否则，在求解效率上与隐式方法类似。虽然单边差分（加速度采用中心差分、速度采用单边差分）处理后可适用于任意阻尼，但降低了精度。为此，翟婉明[11, 69]、李小军[70-72]、周正华[73, 74]、杜修力[75]和王进廷[76, 77]分别提出了针对一般阻尼条件的显式积分方法，并对这些显式积分法的稳定性和精度问题进行了讨论。其中，翟婉明[69]提出的新型显式积分法应用于车辆-轨道耦合振动分析时，取得了较好的效果[11]。Runge - Kutta 法也是一种常用的条件稳定的显式积分方法，该方法对非线性振动问题的求解有较强的适用性和稳定性。利用 Runge - Kutta 法求解结构振动方程时需要将二阶微分方程化为一阶状态空间方程，特别是当系统方程同时存在二阶微分方程和一阶微分方程时，它具有显著的优势。Ziyaeifar[78] 运用 Runge - Kutta 法分析了含 Maxwell 阻尼模型的车桥耦合振动问题。条件稳定性一般被视为显式积分方法的最大不足之处。由于其稳定步长一般由系统中最高频率或者说最小单元尺寸决定，使得总体计算效率将因个别单元或者无需考虑的高频振动而显著降低。然而，如果车桥系统耦合振动体系的频率范围和单元尺寸是可控制、可预测的，并且频率范围和单元尺寸是由计算精度所要求的，那么，条件稳定性这一弱点将不复存在。

隐式积分法和显式积分法各有优缺点，隐式/显式相结合是实现较高计算稳定性、精度和效率综合性能的一种方式。Oliver[79] 提出一种隐式/显式方法，该方法对多种非线性问题具有较高的计算稳定性，对求解稳定性要求不是很高的问题也能节省求解时间。翟婉明提出的新型预测-校正法[11]在新型显式积分法的基础上与 Newmark 隐式法联合使用，既提高了精度，又保持了显式积分求解效率较高的特征。显然，隐式/显式相结合能在一定程度上提高计算稳定性和精度，但是，计算效率由于计算步骤的增多而相应降低。

虽然人们在选择数值积分方法进行车桥耦合振动分析时已经考虑了不同积分方法普适性的优缺点，但很少有文献系统地从车桥耦合振动分析的特点出发，研究不同积分方法的计算稳定性、收敛性、精度和效率问题。

1.3 主要研究思路和内容

铁路列车的发展趋势是高速、重载、轻量化[11]，这导致了更为突出的车辆-轨道动力相互作用问题，也促使了具有减振降噪性能的新型轨道结构的应用。与此同时，随着我国客运专线、高速铁路以及城市轨道交通建设的发展，一方面，新型桥梁结构不断涌现以适应列车和线路发展；另一方面，某些既有和新建桥梁结构也成为整个线路中的薄弱环节。列车、轨道和桥梁结构的固有耦合特性要求将它们作为一个整体大系统加以考察，上述铁路交通的发展趋势还引出了一些车辆-桥梁/轨道动力相互作用领域的精细化研究新课题，如桥梁局部振动问题、柔性车体振动问题以及车辆、轨道结构非线性振动问题。面对这些新课题，国内外已有的车桥耦合振动分析方法在仿真能力、仿真精度和计算效率方面或多或少的存在以下一些先天不足。

（1）轨道结构模型和车辆模型以及轮轨接触模型比较简单，大多只研究竖向振动，考虑车辆-桥梁/轨道系统空间振动的研究较少。大多研究中，采用轮轨竖向密贴接触模型，部分研究采用轮轨非密贴接触模型，缺乏对这两种轮轨接触模型在不同车速条件下的适用性和内在差异的比较。

（2）尽管车辆系统动力学分析中已开始考虑柔性车体的影响，但车辆-桥梁/轨道系统耦合振动领域对柔性车体振动研究缺乏。

（3）目前车辆-桥梁/轨道系统耦合振动研究中大多只考虑线性悬挂，这对中低速的客车是基本适用的，但应用于高速列车和货车将存在较大误差。

（4）桥梁结构和轨道结构采用杆系有限元建模，不能反映桥梁和轨道（如薄壁箱梁和板式轨道）局部振动的影响，对桥梁局部振动缺乏有针对性的研究。

（5）受到计算模型和计算方法的限制，一些研究对车桥耦合振动认识不够全面深刻。即使建立了比较精细的轨道结构、车辆、桥梁以及轮轨接触空间模型，但是基于物理坐标的车辆、桥梁和轨道有限元模型的建立比较复杂，特别是在程序编制上极为不便，程序前后处理功能不强，动力计算较为费时，并可能存在计算不稳定或者计算稳定但收敛率低的情况。

针对目前已有车辆-桥梁/轨道系统耦合振动分析方法的不足，为解决铁路交通发展带来的新问题，试图完善和发展车辆-桥梁/轨道系统耦合振动的精细分析理论，其主要思路如下：

（1）不但基于通用有限元程序建立桥梁/轨道结构模型，而且基于通用有限元程序建立车辆结构模型，以实现对大型、复杂桥梁/轨道结构的精细化分析，实现对柔性车体的考虑，同时也增强对不同结构和几何形式的车辆模型的适用能力，从计算模型上提高仿真精度。

（2）运用模态叠加法分别建立桥梁/轨道结构子系统和车辆子系统运动微分方程，既为缩减动力自由度，也为实现由通用有限元程序到自编车辆-桥梁/轨道系统耦合振动分析程序的模型信息传递。

（3）桥梁/轨道结构子系统和车辆子系统内部所有的非线性内力和轮轨接触力均处理为虚拟力，以实现采用模态叠加方法处理非线性振动问题。

（4）分别建立车辆子系统和桥梁/轨道子系统运动微分方程，以增强系统对不同车辆和桥梁/轨道模型的适用性。

（5）系统研究分离迭代方法计算不稳定现象发生的机理，定量把握影响计算稳定性的各个因素，并提出避免不稳定的措施，同时也积极寻找一种适用于车辆、桥梁/轨道运动方程分离建立但不需要迭代计算的分离同步求解方法。

(6) 在分析具体车桥耦合振动问题时,注重精细方法与简化方法对同一问题的计算对比,特别重视采用解析方法从机理上解释复杂的车桥耦合振动现象,从而更加全面科学地认识车桥耦合振动机理。

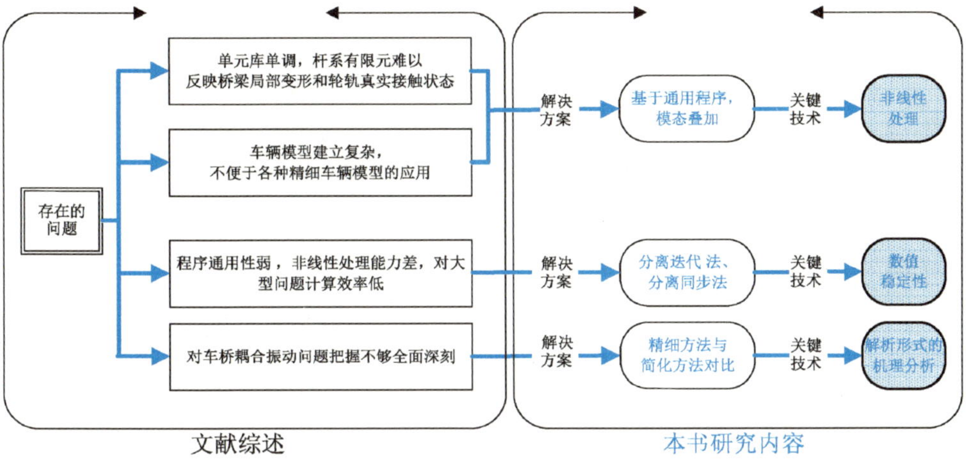

图 1-1　本书研究方案

本书研究方案可表述为图 1-1 所示的框图。各章的主要内容如下:

第 1 章:总结车辆-桥梁/轨道系统耦合振动研究的必要性、发展现状和趋势以及已有研究存在的不足,从中引出选题依据和研究思路。

第 2 章:运用有限元方法建立桥梁/轨道模型和车辆模型,并基于模态叠加方法分别形成车辆子系统和桥梁/轨道子系统的运动微分方程,根据需要采用模态综合法和静力凝聚法缩减大型结构动力计算自由度,为实现系统精细化建模和分析提供基础。

第 3 章:分别阐述传统轮轨密贴接触模型和精细化的轮轨非密贴接触模型下轮轨空间接触几何参数计算方法,介绍这两种轮轨接触模型下轮轨法向力的不同表达形式。阐述蠕滑率的计算过程、基于 Kalker 线性理论计算蠕滑力的方法和采用 Shen-Hedrick-Elkins 理论对 Kalker 线性理论进行非线性修正的方法。介绍轨道不平顺和桥梁/轨道振动这两种轮轨激励模型的处理方法,以及将几种典型非线性弹簧阻尼元件产生的内力以及其他外力处理为虚拟激励的方法。

第 4 章:阐述车辆-桥梁/轨道系统运动微分方程求解的迭代算法,研究轮轨密贴接触和非密贴接触假定下对应于 Wilson-θ 法、Newmark-β 以及新型显式积分法的迭代计算稳定性特点，并提出相应措施增强迭代稳定性。发展基于 Runge - Kutta 的求解系统运动微分方程的分离同步法，既为解决计算不稳定的问题提供了一种方案，也增强对 Maxwell 阻尼模型等非线性元件的适用性。

第 5 章：介绍基于第 2—4 章理论方法编制的车辆-桥梁/轨道空间耦合振动计算程序 VBC2.0 的前后功能和计算流程，并采用多个算例对理论方法和计算程序进行多层次的考核验证。

第 6 章：为实现列车作用下大跨度悬索桥应力和加速度的精细化分析，指出桥梁建模、车辆建模以及其他相关动力参数选择的重要性。根据移动荷载列作用下简支梁和弹性地基梁的三种不同类型共振条件的分析，提出选择振动模态数量的定量指导原则。以香港青马大桥为例，将数值计算结果与基于健康检测系统得到的实测数据进行对比，对理论方法和计算程序进行了实测验证。

第 7 章：首先对轻轨列车作用下上海长江大桥预应力混凝土箱梁悬臂板局部振动问题进行了研究，指出考虑悬臂板局部振动的精细分析的必要性。然后对高速列车作用下钢-混凝土组合梁箱梁桥的悬臂板局部共振问题进行分析，研究列车线路能否通过箱梁悬臂板上的控制因素，并初步探讨桥面板局部刚度评定标准与方法。

第 8 章：在竖向振动方面，从机理上揭示了车辆通过轨道不平顺和多跨简支梁时的柔性车体共振现象，并对共振条件进行了定量预测。在横向振动方面，指出了当柔性车体自振频率与转向架、轮对自振频率以及轮对蛇行运动频率一致时激发柔性车体共振的可能性。通过参数分析对理论预测进行了数值验证，并指出考虑柔性车体振动对车辆运行舒适性的准确评价具有重要意义。

第 9 章：分别研究单层和双层轨道结构模型下考虑轨道结构对车、桥系统振动响应的影响，明确考虑轨道结构的精细化分析的必要性以及不考虑轨道结构的传统车桥振动分析的适用范围。计算中贯穿轮轨密贴接触与非密贴接触的对比分析，指出这两种轮轨接触模型的适用范围。

第 10 章：总结所做的工作，得出结论，指出研究中存在的问题和尚未解决问题，以及今后继续工作的方向。

第2章

车辆、桥梁/轨道计算模型与运动微分方程

目前，车辆-桥梁/轨道耦合振动分析中，系统运动微分方程的建立没有完全实现计算机化[42, 48]，车辆的运动微分方程通常通过解析方法人工推导，而桥梁/轨道的运动方程则一般采用有限元方法建立。当车辆结构发生改变时，必须重新推导车辆运动微分方程。本章在分析常见车辆、桥梁和轨道构造的基础上，运用有限元方法建立桥梁/轨道模型，并运用有限元方法建立车辆模型，以便考虑桥梁/轨道结构和车辆的多样性以及它们的精细化建模。在有限元模型的基础上，基于模态叠加方法分别形成车辆子系统和桥梁/轨道子系统的运动微分方程，并采用拟力法[80]将非比例阻尼力和非线性内力处理为虚拟力以实现两个子系统内部模态解耦，为车辆-桥梁/轨道大系统的建立和动力响应求解奠定基础。

2.1 车辆模型与运动微分方程

2.1.1 铁路车辆构造特点与计算假定

铁路车辆种类繁多，按用途可分为机车、货车和客车三大类，每一大类又可按照用途细分。各类车辆在基本构造上具有一定的相似性，每辆车主要由车体、转向架、制动装置、连接缓冲装置、车辆内部设备五大基本部分组成[81]。对于研究车辆-桥梁/轨道耦合振动来说，主要关注的是车体、转向架（包括构架、轮对以及悬挂装置）的构造和力学特性，并据此决定车辆建模中自由度的选取以及相关简化处理。

车体是车辆的主体，载人或载货的容器，也是安装与连接其他部件的基础。现代车体一般以钢结构或者轻金属结构为主，尽量使所有的车体构件均承受荷

载以减轻自重。绝大部分车体均有底架，视需要添加端墙、侧墙和车顶等。一般车体的刚度较大，在车辆-桥梁/轨道耦合振动分析中可作为刚体来处理。然而，车体轻量化的发展趋势在减轻车体自重的同时也减小了车体的刚度，使得车体的弹性振动在一定程度上降低车辆的乘坐舒适性，在这种情况下，不能再采用刚体假定来建立车辆模型，而需要适当考虑车体的弹性振动自由度。

常见的多轴车辆采用带转向架结构形式，把两个或者几个轮对用专门的构架（侧架）组成一个小车，称为转向架，车体就是支撑在前后转向架上。采用转向架后，车体与转向架之间可以相对转动，使长大车体能顺利通过小半径曲线线路。此外，转向架构件便于弹簧减振装置的安装，使车辆具有良好的减振特性。由于车辆的用途、运行条件、制造和检修能力及历史传统的不同，使得转向架的类型非常多，结构各异。

构架是转向架的基础，它把转向架各个零部件组成一个整体，承受、传递各种作用力和荷载。通常，客车和机车的构架为一个刚度较大的整体，而我国常用货车的构架则为两个侧架与一个摇枕组成的三大件形式。

轮对由车轴和两个车轮组成，车轮轮廓外形直接关系到轮轨之间的相互作用。由于车轮踏面具有一定的锥度，在曲线线路上，外轨的车轮滚动半径比内轨的车轮滚动半径大，以实现曲线通过；在直线线路上，左、右轮滚动半径不等引起了车轮的蛇行运动。一般一个转向架上有两个轮对，也有三个和多个的情况。我国大多数客车和货车采用二轴转向架，一些大吨位的货车和机车则多采用多轴转向架。图 2－1 所示为常见的二系悬挂四轴铁道车辆空间模型。

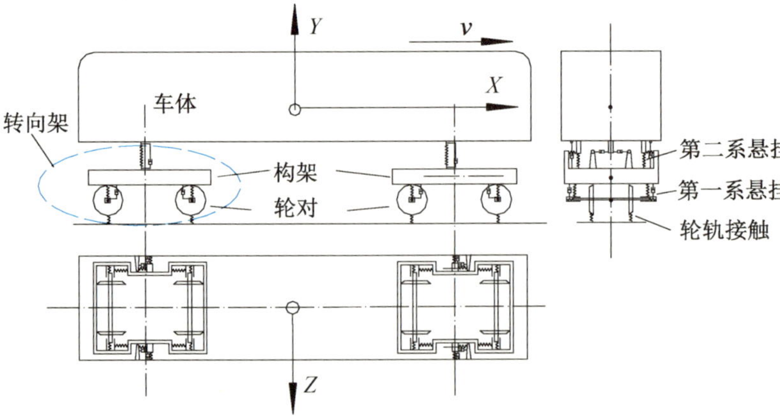

图 2－1　二系悬挂四轴铁道车辆空间模型

为减少线路不平顺和轮对运动对车体的动态影响，转向架在轮对与构架(侧架)之间或构架(侧架)与车体(摇枕)之间，设有弹性悬挂装置。前者称为轴箱悬挂装置(又称第一系悬挂)，后轴称为摇枕(中央)悬挂装置(又称第二系悬挂)。目前，我国大多数货车转向架只设有摇枕悬挂装置，而客车和机车转向架既设有中央悬挂装置，又设有轴箱悬挂装置。

传统的列车各个车辆之间的连接和缓冲装置对车辆的竖向和横向振动影响很小，因而一般忽略其影响而将各辆车作为独立的车辆进行建模和动力学计算。而法国的 TGV 高速列车[2]采用动力集中牵引，拖车之间采用独特的铰接连接方式，车辆的构造及动力学性能都具有鲜明的特点。铰接式列车在车辆-桥梁/轨道振动分析中需专门研究。铰接式列车的每两节拖车之间共用一个转向架，机车和拖车之间由过渡车连接，若干节铰接式拖车和过渡车组成铰接式车组。这种铰接式列车具有优良的整体性，有利于安全、平稳行车，一般情况下是不能拆开来进行动力学分析的。由于铰接式车组的自由度数目众多，给车辆运动微分方程的推导带来困难。

综上所述，铁道车辆种类和构造繁多，难以采用统一的力学模型模拟几何和构造不同的车辆，传统车桥耦合振动分析中需要采用解析方法逐一推导不同类型车辆的运动微分方程，耗费研究人员大量精力，且容易出错。为解决这一问题，将采用有限元法灵活地建立车辆模型。

由于车辆的实际构造和力学特性极为复杂，要真实模拟车辆各部件的振动状态也是极为困难的，传统车辆-桥梁/轨道动力分析在建立车辆模型通常做如下假定：

(1) 车体、构架(有时也称为狭义的转向架)、轮对均视为刚体，不考虑各构件变形；

(2) 不考虑车体、构架和轮对沿车辆纵轴方向的振动；

(3) 前、后车辆之间的连接缓冲装置的约束非常弱，各节车辆组成列车时，不考虑前后车辆之间振动的相互影响；

(4) 第一系悬挂装置和第二系悬挂装置的刚度和阻尼均按等效线性化原则处理为线弹性弹簧和黏滞阻尼；

(5) 车辆各部件在其平衡位置附近做小幅振动。

为在车辆模型方面实现精细化分析，在车辆建模时，将部分放弃以上 5 点假设的限制：

(1) 轮对、构架和车体均考虑为柔性体，通过赋予柔性体足够大的刚度来实现刚体的模拟，既继承传统车辆建模的假定，也可为更为精细的多柔体车辆模型的建立提供理论支持；利用有限元法建模灵活的特点，可方便建立三大件货车模型、多轴转向架模型。

(2) 考虑车体、构架和轮对各部件具有空间的 3 个平动和 3 个转动自由度，为考虑加速和制动下的耦合振动分析提供基础，并通过施加约束的方式来限制任一不考虑的自由度，以实现对车辆自由度的多种简化选取方式。

(3) 一般不考虑前后车辆之间振动的相互影响，如有需要，可将一整列车作为一个整体车辆模型加以建立，以适用对铰接式列车建模需要。

(4) 第一系悬挂装置和第二系悬挂装置的刚度和阻尼可均为非线性，为高速列车和货车的动力性能的准确模拟奠定基础。

(5) 仍然假定车辆各部件在其平衡位置附近做小幅振动。

2.1.2 车辆模型的建立

对任意类型的铁路车辆，其车体、构架和轮对可以在商业有限元程序中用梁单元、板壳单元、实体单元、质量单元以及它们的组合进行模拟，第一系和第二系悬挂线弹性刚度则可以采用弹簧单元模拟，而阻尼和非线性弹簧元件将采用拟力法处理为虚拟力。值得指出的是，要精确模拟车体、构架和轮对的弹性最好采用板壳和实体单元，在某些车辆动力学的精细分析中也是这样处理的。然而，如果只是需要模拟它们的刚体运动特性以及低阶弯曲振动模态，则采用梁单元可达到一定精度并大大简化建模过程。

以在 ANSYS 中建立一四轴车辆有限元模型(图 2-2)为例来说明车辆建模的过程，假定车体、构架和轮对可全部采用梁单元模拟。首先，定义确定车体、构架和轮对空间几何位置的节点；然后，基于这些节点建立相应的梁单元以形成车辆骨架，并赋予这些梁单元一定的材料特性和截面特性，采用质量单元调整车体、转向架和轮对的质量特性；其后，利用刚臂单元和弹簧单元适当地连接车体与转向架、转向架与轮对；最后，根据需要约束相应的节点自由度。

车辆建模时均采用柔性梁建立车体、转向架和轮对的有限元模型，当需要考虑它们为刚体时，可赋予相应单元以足够大的弹性模量。表 2-1 为采用多刚体车辆假设时，建立图 2-2 所示车辆有限元模型所用单元、材料和截面特性汇总。

对约束的处理可考虑如下 3 种情况。第 1 种，如果采用轮轨密贴接触模型，

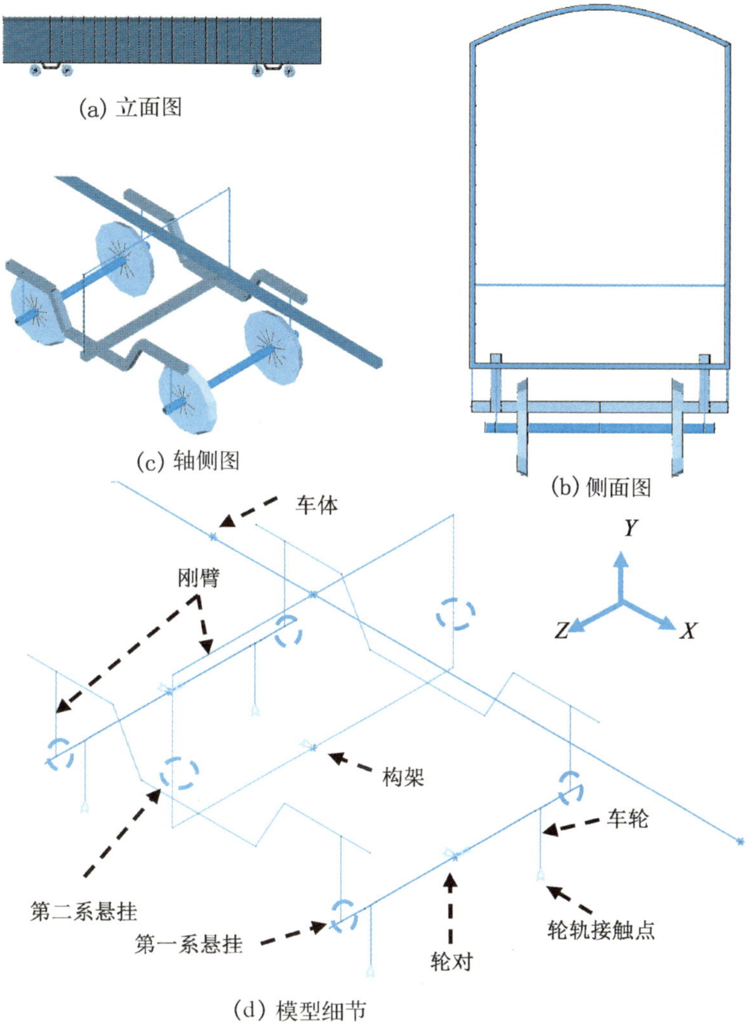

图 2-2　四轴车辆有限元模型

表 2-1　车辆有限元模型所用单元、材料和截面特性汇总

车辆构件	车　体	转向架	轮　对	刚　臂	悬　挂	质量单元
单元类型	BEAM188	BEAM188	BEAM188	BEAM188	COMBIN14	MASS21
单元数量	22	20×2 =40	(10+2) ×4=48	28	6×4+ 6×2=36	23+2 +4=29
截面 尺寸(m)	见图 2-2	边长：0.1	轴半径：0.01 轮半径： 0.45—0.46	半径：0.01	—	—

续 表

车辆构件	车 体	转向架	轮 对	刚 臂	悬 挂	质量单元
弹性模量(Pa)	2.1e14	2.1e14	2.1e14	2.1e18	—	—
密度(kg/m³)	7.8e-3	7.8e-3	7.8e-3	7.8e-3	—	—

即假定轮对的沉浮和侧滚自由度不独立，而由其下的轨道不平顺及轨道运动状态决定。在这种接触模型下，需将每个轮子的竖向自由度予以固定约束，而轨道对车辆的激振力将处理为基础运动的形式。第 2 种，若采用轮轨非密贴接触模型，则认为轮轨之间通过赫兹弹簧连接，轮对的沉浮和侧滚自由度是独立于轨道的，因而不需要约束。第 3 种，对于多刚体车辆，每个刚体具有 6 个自由度，分别称为伸缩、沉浮、横移、侧滚、摇摆和点头，如果不关心其中的某些自由度的运动，可以将对应的节点予以约束。例如，当假定车辆沿直线方向做匀速运动，则可将车体、构架和轮对中心的 X 方向运动自由度(伸缩)予以约束；当不考虑曲线通过时，可将轮对中心饶 Z 轴方向运动(点头)自由度予以约束。

以上阐述了典型铁路四轴车辆模型的建立过程，利用通用有限元软件 ANSYS 的建模功能，可以方便建立其他类型车辆的有限元模型。例如，图 2-3、图 2-4 和图 2-5 分别为采用有限元法建立的六轴车辆模型、铰接式列车模型和三大件货车模型；图 2-6 和图 2-7 分别为基于有限元法建立的两轴和五轴汽车模型。

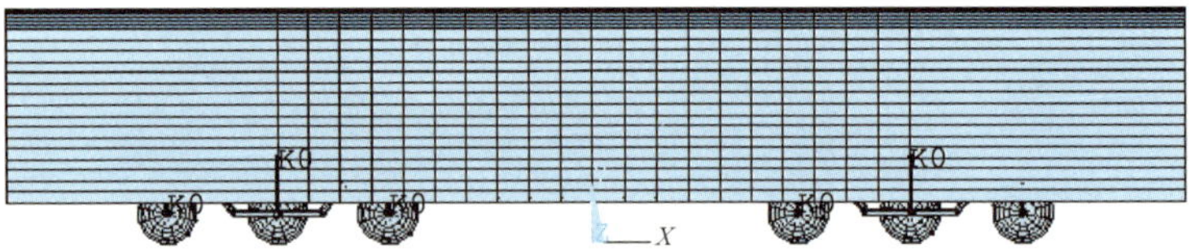

图 2-3　六轴车辆有限元模型

采用有限元方法建立了上述多种铁路车辆和公路车辆的有限元模型，借助 ANSYS 软件的参数化建模语言，可以方便地改变各种车辆的几何、刚度和质量参数，以实现具有不同动力特性的车辆的建模。这种车辆建模方法不但可以分别用于铁路车桥耦合振动分析和公路车桥耦合振动分析，还为公铁两用桥在两种交通荷载共同作用下的车桥耦合振动分析创造了条件。

(a) 10 节车厢总体立面

(b) 独立机车与过渡车局部立面

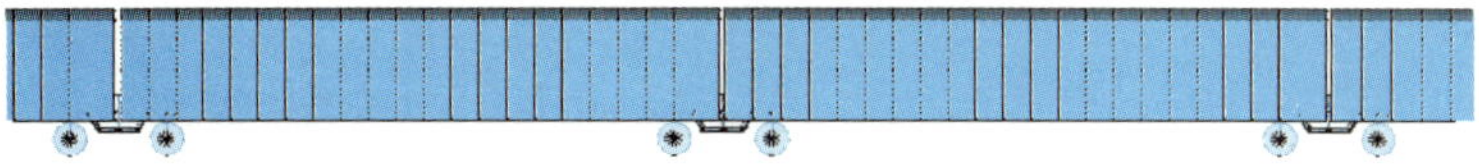

(c) 铰接拖车局部立面

图 2-4　铰接式列车有限元模型

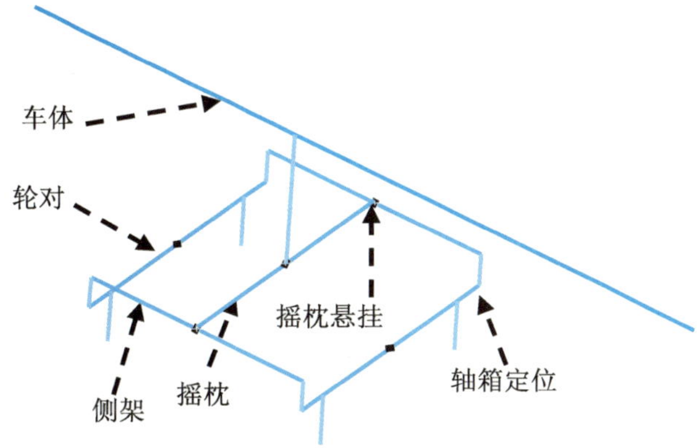

图 2-5　三大件货车局部有限元模型

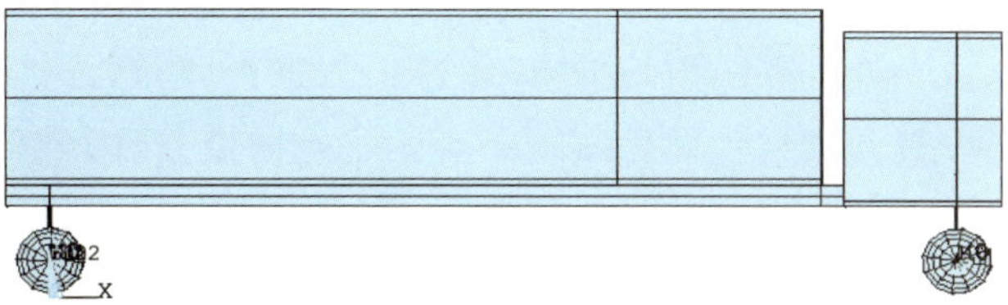

图 2-6　两轴汽车有限元模型

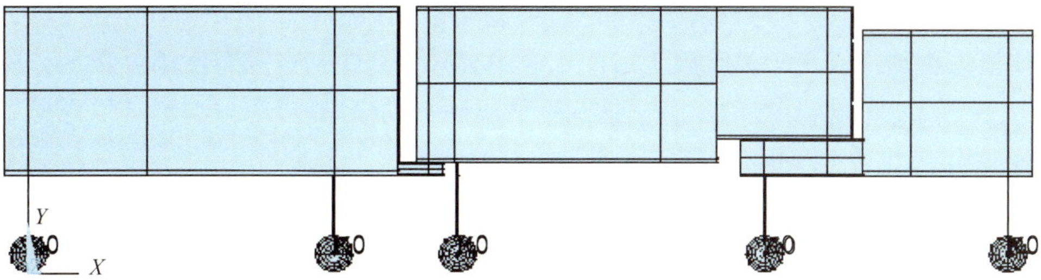

图 2-7　五轴汽车有限元模型

2.1.3 物理坐标下的车辆运动微分方程

基于车辆有限元模型，其运动微分方程可表示为

$$[m_{\mathrm{v}}]\{\ddot{\delta}_{\mathrm{v}}\}+[c_{\mathrm{v}}]\{\dot{\delta}_{\mathrm{v}}\}+[k_{\mathrm{v}}]\{\delta_{\mathrm{v}}\}+\{f_{\mathrm{vn}}\}=\{f_{\mathrm{vc}}\}+\{f_{\mathrm{ve}}\} \tag{2-1}$$

式中，$[m_{\mathrm{v}}]$、$[c_{\mathrm{v}}]$、$[k_{\mathrm{v}}]$ 分别表示车辆的质量矩阵、比例阻尼矩阵、线弹性刚度矩阵；$\{\delta_{\mathrm{v}}\}$、$\{\dot{\delta}_{\mathrm{v}}\}$ 和 $\{\ddot{\delta}_{\mathrm{v}}\}$ 分别为车辆位移、速度和加速度向量；$\{f_{\mathrm{vn}}\}$ 表示车辆非比例阻尼力及其他非线性内力向量；$\{f_{\mathrm{vc}}\}$ 为通过轮轨相互作用施加于车辆上的激振力向量；$\{f_{\mathrm{ve}}\}$ 为其他外力向量，如风荷载等。

若采用分离迭代方法求解，则需通过移项使得式(2-1)左端项仅含常系数的质量、阻尼和刚度矩阵，而右端项则必定成为车辆和桥梁待求响应量的函数。这样，式(2-1)可重新表达为

$$[m_{\mathrm{v}}]\{\ddot{\delta}_{\mathrm{v}}\}+[c_{\mathrm{v}}]\{\dot{\delta}_{\mathrm{v}}\}+[k_{\mathrm{v}}]\{\delta_{\mathrm{v}}\}=\{f_{\mathrm{v}}\} \tag{2-2}$$

式中

$$\{f_{\mathrm{v}}\}=\{f_{\mathrm{vc}}\}+\{f_{\mathrm{ve}}\}-\{f_{\mathrm{vn}}\} \tag{2-3}$$

将车辆或者桥梁/轨道本身非线性内力项移到动力平衡方程右端项作为虚拟激振力来处理，这称为拟力法。拟力法的一个缺点是虚拟激振力是待求响应量的函数，一般采用迭代方法求解，故拟力法也可称为拟力迭代法。分离迭代和拟力迭代的本质是相同的，都是由于动力平衡方程右端项含有待求响应量而引起的，因此可以统一处理。一般认为，如果虚拟激振力或者分离迭代导致的虚拟力相对较小，则少数几次迭代即可实现满意的平衡协调条件。然而，已有的采用分离迭代方法的车桥耦合振动分析表明，在某些情况下，收敛率很低，特别是可能出现计算不稳定的现象。以往很少对分离迭代的数值稳定性进行研究，第4章将对此进行专门讨论。

虽然车辆运动微分方程式(2-2)可直接采用数值积分方法求解，但是可利用模态叠加法实现车辆有限元模型从通用有限元程序到自编车桥耦合振动分析程序的信息传递，并剔除反映车体弹性的高阶振动模态，以缩减车辆有限元模型的自由度。

2.1.4 模态坐标下的车辆运动微分方程

为运用模态叠加法，需在通用有限元程序中进行模态分析并获取车辆有限元

模型的特征值和特征向量。根据式(2-2),车辆模型对应的特征值问题可表达为

$$([k_v]-\omega_v^2[m_v])\{\phi_v\}=\{0\} \tag{2-4}$$

若考虑车辆模型前 N_v 阶模态,对应的特征值矩阵为 $[\omega_v^2]$,对质量矩阵归一化的特征向量矩阵为 $[\Phi_v]$,则运用标准的模态坐标变换

$$\{\delta_v\}=[\Phi_v]\{q_v\} \tag{2-5}$$

对式(2-2)进行坐标变换并经正交化处理后,车辆运动方程可表达为

$$\{\ddot{q}_v\}+2[\xi_v][\omega_v]\{\dot{q}_v\}+[\omega_v^2]\{q_v\}=[\Phi_v]^{\mathrm{T}}\{f_v\} \tag{2-6}$$

式中,上标 T 表示转置;$\{q_v\}$ 为模态坐标向量;$[\xi_v]$ 为模态阻尼矩阵,主要考虑为柔性车体振动模态设定相应的阻尼比,而悬挂装置的阻尼力移动到右端项作为虚拟激振力,不在考虑 $[\xi_v]$ 中。

求解式(2-4)所表达的特征值问题,有三点需要说明一下:

(1) 由于车辆独立于桥梁/轨道结构建模,当采用轮轨非密贴接触模型时,轮子竖向和横向自由度均无约束;而采用轮轨密贴接触模型时,轮子竖向自由度须进行固定约束而横向自由度则无约束;若需要考虑车辆加速和刹车的情况,则车辆纵向自由度是无约束的。因此,采用有限元法建立的车辆模型一般约束不够,属于静不定结构(半正定系统),即刚度矩阵为奇异,对应于特征值分析将存在刚体模态和零频率,这一特殊情况可以通过移轴技术(Eigenvalue Shift)[80]来解决。此外,车辆转向架和轮对具有对称性,对应同一频率的振型有多个,即特征值有重根,这一特殊情况需要采用 Sturm 序列检查(Sturm Sequence Check)[82]确保不丢根。以上两种特殊情况都可以在商业化有限元软件中得到很好的解决。

(2) 一般有限元软件中特征值求解的方法只适用于部分特征值的求解,即可求解的模态数目不大于系统自由度数目的一半。因此,若用空间梁单元模拟车体、转向架以及轮对,需要划分多个单元,使得车辆模型具有足够的自由度数求解所需的模态。当采用多刚体假设时,各个梁的弹性模量和密度设置要合适,既要能保证梁的刚度很大,又要能避免矩阵元素相差太大导致的数值奇异现象。表 2-1 给出一组较为合理的模拟多刚体车辆的单元、材料和截面特性值。

(3) 若采用多刚体假设,则模拟车体、构架和轮对的单元的刚度极大,而悬挂弹簧的刚度则相对较小,这种情况下多刚体车辆振动模态将先于各个部件柔性振动模态出现,此时,选择前若干阶多刚体车辆振动模态参与动力计算即可。若车体和构架根据其实际刚度建立弹性模型,则其弹性振动的低阶振动频率可

能大于多刚体车辆振动频率，也可能介于多刚体车辆振动频率之间，这种情况下，需要选取所有多刚体车辆振动模态并附加所需要考虑的柔性体低阶振动模态。例如，当假定轮轨密贴接触时，传统的四轴车辆模型一般具有23个自由度。对这样的车辆模型，在建立其有限元模型后，需要求解该有限元模型的前23阶模态并将这23阶模态考虑在动力计算中，否则不能完全反映车辆的动力特性。又如，若将车体或者转向架作为柔性体，则需将反映车体或者转向架柔性振动的部分低阶模态与上述23阶反映刚体运动的模态一起考虑在动力计算中。

下面以采用轮轨密贴接触假设的传统多刚体台湾高速列车模型（文献[30]提供，其参数见附录A）为例说明车辆有限元模型的特征值分析结果的特点，同时也初步验证采用有限元方法建立车辆模型的可行性。

表2-2给出了该车辆模型前23阶模态频率及其振型描述（第24阶模态为车体弯曲振动模态），表中也给出了按照传统解析方法得到的车辆振动频率，图2-8为部分振型图。由表2-2可知，按照有限元法得到的前23阶模态能完全反映该车辆的质量和刚度特性，并且与按照传统解析方法得到的车辆动力特性一致。也就是说，此车辆有限元模型的前23阶模态可用于模态叠加分析，并准确反映车辆的动力特性。

表2-2　台湾高速列车模型前23阶自振频率和振型

阶数	车辆模型频率(Hz)	传统车辆模型频率(Hz)	主振型描述
1	0.000 0	0.000 0	整车摇头、横移(刚体模态)
2	0.000 0	0.000 0	整车横移、横移(刚体模态)
3	0.723 2	0.722 9	车体沉浮
4	0.891 4	0.891 4	车体侧滚
5	0.892 8	0.894 9	车体点头
6	1.244 8	1.244 6	转向架摇头(两转向架同向)
7	1.248 9	1.248 8	转向架摇头(两转向架反向)
8	1.393 4	1.394 0	转向架横移(两转向架同向)、车体横移
9	1.669 5	1.669 5	转向架横移(两转向架反向)、车体摇头
10	4.919 4	4.919 4	转向架沉浮(两转向架同向)
11	4.926 0	4.926 2	转向架沉浮(两转向架反向)

续 表

阶数	车辆模型频率(Hz)	传统车辆模型频率(Hz)	主 振 型 描 述
12	6.301 9	6.301 9	转向架点头(两转向架反向)
13	6.301 9	6.301 9	转向架点头(两转向架同向)
14	7.038 3	7.038 4	转向架侧滚(两转向架同向)
15	7.057 6	7.057 7	转向架侧滚(两转向架反向)
16	11.819 4	11.819 0	轮对摇头(两转向架上轮对反向)、同一转向架上两轮对反向横移
17	11.819 4	11.819 0	轮对摇头(两转向架上轮对同向)、同一转向架上两轮对反向横移
18	12.451 7	12.452 0	轮对横移(两转向架上轮对同向)、转向架侧滚(两转向架同向)
19	12.452 6	12.453 0	轮对横移(两转向架上轮对反向)、转向架侧滚(两转向架反向)
20	25.818 3	25.818 0	轮对摇头(同一转向架上两轮对反向)
21	25.818 3	25.818 0	轮对摇头(同一转向架上两轮对反向)
22	37.517 4	37.518 0	轮对摇头(同一转向架上两轮对同向)、转向架与轮对反向摇头
23	37.517 4	37.518 0	轮对摇头(同一转向架上两轮对同向)、转向架与轮对反向摇头

注：传统车辆模型频率计算方法：由文献[6]方法推导的车辆刚度和质量矩阵通过 Matlab 计算特征值。

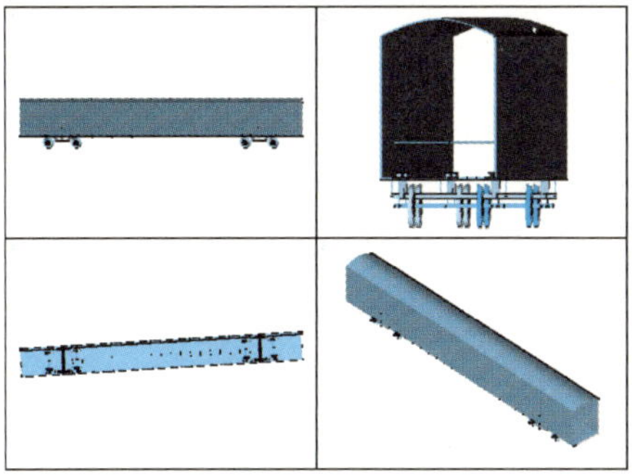

第 1 阶(0.00 Hz 整车摇头)

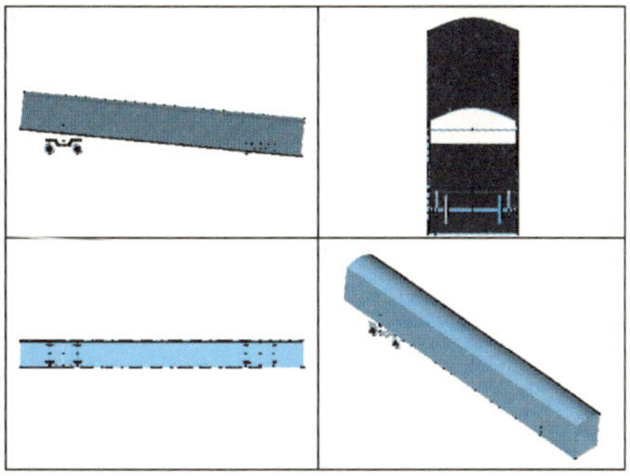

第 5 阶(0.89 Hz 车体点头)

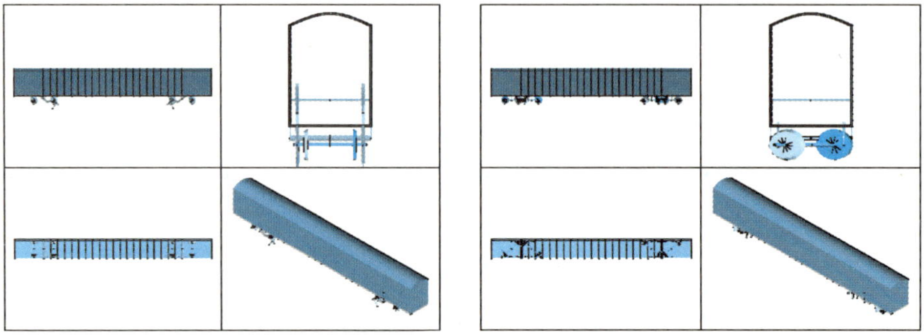

第 12 阶(6.30 Hz 转向架点头)　　　第 20 阶 (25.82 Hz 轮对摇头)

图 2-8　台湾高速列车模型部分振型

注意到有限元模型及实特征值求解结果只能代表车辆的质量和线弹性刚度特性,对于悬挂系统的集中阻尼和非线性特性,则通过式(2-6)的右端虚拟激振项体现。

2.2　桥梁/轨道模型与运动微分方程

2.2.1　铁路桥梁及桥上轨道结构

铁路桥梁一般由基础、桥梁墩台、支座、梁体和桥面系等结构部件组成。在桥面系上铺有轨道结构,轮轨力即通过轨道结构传递到桥面。实际的车桥耦合振动是十分复杂的,这要求所建立的桥梁/轨道模型应尽可能真实地反映系统各个部件的动力特性、耗能特性和传力特性。

铁路桥梁结构类型繁多,常用的有 T 梁桥、板梁桥、箱梁桥、桁梁桥,也有部分桥梁采用槽型梁、拱桥、斜拉桥和悬索桥形式,少数情况下,也采用其他异形桥梁结构。传统的车桥耦合振动分析一般只考虑桥梁的整体动力特性而忽略轨道桥面局部振动的贡献与振动状态,并且假设轨道位置桥梁响应可根据刚臂连接关系从桥梁形心处的响应推得。然而,在某些情况下,采用精细的建模方式考虑桥梁的局部振动也是必要的,如引言中提到的列车运行于箱梁悬臂板上的情况。此外,文献[2, 40]采用块体单元建立槽型梁有限元模型,文献[39, 83]采用三维梁段单元和板单元建立桥梁模型也是考虑桥梁局部振动的例子。

桥上轨道结构主要有有砟轨道、无砟轨道和明桥面三种形式。传统的车桥耦合振动研究大都以桥梁为主要研究对象,常常只将轨道结构的质量纳入桥梁结构的质量中加以考虑。在现代铁路的高速行车条件下，各种不同动力特性的无砟轨道结构广泛采用，轨道结构的振动直接影响轮轨动态关系，有必要考虑桥上轨道结构参振的影响，以准确评价列出运行的安全性与平稳性[39]。

有砟轨道为世界各国铁路中传统的结构形式，至今仍占据着主导地位。有砟轨道由钢轨、扣件、轨枕及道床等组成。在有砟轨道结构中，钢轨、轨枕、道床都将参与振动。有砟轨道的道砟提供了很好的弹性，对减振降噪有利，但有砟轨道在列车荷载作用下会发生几何形位的变化，需进行经常性的养护。此外，高架桥上采用道砟道床增加了桥梁的自重，增加投资，且道床的清筛粉尘也对城市环境造成污染。与有砟轨道相比，无砟轨道具有稳定性、平顺性、刚度均匀性好、维修工作量少、简洁易清洗等显著优点。日本、德国等国家已把它作为高速铁路和城市轨道交通的主要轨道结构形式加以发展和应用。桥上无砟轨道结构类型主要有长枕埋入式轨道、弹性支承块式轨道、板式轨道等。长枕埋入式轨道主要由钢轨、扣件、穿孔混凝土枕、混凝土道床板、隔离层及混凝土底座等组成。长枕埋入式轨道的振动主要体现在钢轨的振动上，而轨枕和道床板的作用可通过参振质量的形式在桥梁的动力学模型中加以考虑。弹性支承块式无砟轨道由钢轨、扣件、钢筋混凝土支承块、块下胶垫及橡胶包套、混凝土道床板、隔离层及混凝土底座等组成。弹性支承块式无砟轨道的振动主要体现在钢轨和混凝土支承块上，而道床板的作用与长枕埋入式轨道类似。板式轨道由钢轨、扣件、轨道板、凸形挡台、CA 砂浆及混凝土底座等组成。桥上板式轨道中，轨道的振动主要体现在钢轨和轨道板的振动上，混凝土底座的作用通过参振质量的形式在桥梁的动力学模型中加以考虑。根据上述不同轨道结构的振动参与特性的差异，文献[11, 12]建立单层、双层和三层轨道结构模型，分别模拟具有不同参振特性的轨道结构。明桥面由钢轨、轨枕和扣件组成，轨枕直接联结在纵梁上，由于轨枕与桥梁联系较弱，轨道结构整体性不强，对行车不利。明桥面在高速铁路上禁止使用，在普通铁路中应用也越来越少，鲜见有文献在车桥耦合振动分析中详细考虑明桥面的建模。

由于桥梁结构和轨道结构种类繁多，国内外学者提出了不少桥梁模型和轨道结构模型用于车辆-桥梁/轨道系统耦合振动分析。这些桥梁和轨道结构模型繁简不一，主要假定和适用范围也不尽相同。特别需要指出的是，大多数模型需要研究者采用解析方法推导单元刚度矩阵和系统运动微分方程并编制有限元计算程序，这导致系统耦合振动研究需要大量的前期准备工作，增加了耦合振动分析的门槛，不利于学术研究的发展和工程应用的推广。

为实现桥梁/轨道结构建模的通用性，并且把研究者从繁重的基础有限元计算程序的编制中解放出来，应该不对桥梁/轨道结构的建模形式和建模单元进行不合理的限定并充分利用通用有限元程序。为实现轨道结构建模的灵活，不考虑桥梁与轨道结构的差异，而将桥梁与轨道结构视作一个统一的桥梁/轨道子系统，如图 2-9 所示。不管桥梁和轨道结构模型如何复杂、多样，但是它们均可以利用商业化软件的强大建模功能，采用一系列的梁单元、杆单元、刚臂单元、板单元、实体单元、弹簧单元以及质量单元甚至超单元建立其有限元模型。一般而言，钢轨采用空间梁单元模拟，轨道板采用板单元模拟，轨枕和道砟质量采用质量单元模拟，轨下胶垫、弹性砂浆垫层、道砟刚度和地基刚度采用竖向、横向以及纵向的弹簧单元模拟。轨道和桥梁结构可视为一个整体子系统建其有限元模型，也可方便地简化为单纯的轨道结构模型和桥梁结构模型，以满足不同的计算需要。同样，桥梁和轨道结构模拟的精细程度、所采用的单元和所考虑的振动自由度均可根据研究需要确定。

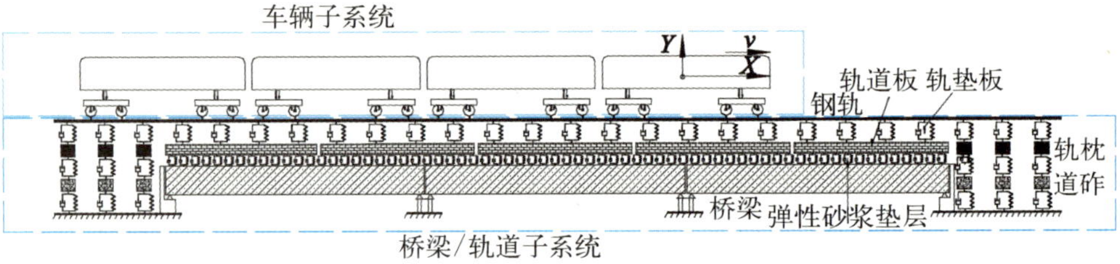

图 2-9　车辆-桥梁/轨道竖向耦合动力学模型

在正常使用条件下，桥梁和轨道各个构件一般均处于弹性工作状态。因此，系统耦合振动分析中通常采用线弹性的桥梁和轨道结构模型。然而，随着研究的发展和深入，有必要逐步考虑基础约束的非线性作用、某些减振支座和阻尼设备的非线性和轨道结构中垫板、扣件的非线性作用。类似于车辆悬挂非线性的考虑，对上述桥梁和轨道结构非线性特性也采用拟力方法处理，以适用后续精细研究的发展。

2.2.2　模态坐标下的桥梁/轨道运动微分方程

基于桥梁/轨道结构有限元模型，其运动微分方程可表示为

$$[m_b]\{\ddot{\delta}_b\}+[c_b]\{\dot{\delta}_b\}+[k_b]\{\delta_b\}+\{f_{bn}\}=\{f_{bc}\}+\{f_{be}\} \tag{2-7}$$

式中，$[m_b]$、$[c_b]$、$[k_b]$ 分别为桥梁/轨道结构的质量矩阵、比例阻尼矩阵和线

弹性刚度矩阵，大跨度缆索承重桥梁的几何刚度可包含在 $[k_b]$ 中；$\{\delta_b\}$、$\{\dot{\delta}_b\}$、$\{\ddot{\delta}_b\}$ 为桥梁/轨道结构位移、速度和加速度向量；$\{f_{bc}\}$ 为施加于桥梁/轨道结构上的轮轨激振力向量；$\{f_{be}\}$ 其他外力（如风荷载）向量；$\{f_{bn}\}$ 为结构内部非比例阻尼力和其他非线性内力向量，主要包括基础、桥梁支座、桥梁振动控制装置以及轨道结构弹性连接件产生的内力。

运用标准的模态坐标变换：

$$\{\delta_b\} = [\Phi_b]\{q_b\} \tag{2-8}$$

对式(2-7)进行坐标变换并经正交化处理后可得

$$\{\ddot{q}_b\} + 2[\xi_b][\omega_b]\{\dot{q}_b\} + [\omega_b^2]\{q_b\} = [\Phi_b]^T\{f_b\} \tag{2-9}$$

式中，$[\omega_b^2]$ 为通过商业有限元软件进行特征值分析得到的桥梁/轨道结构圆频率矩阵，矩阵的维数 N_b 等于所采用的桥梁结构振动模态数；$[\Phi_b]$ 为对质量矩阵规一化的振型矩阵；$[\xi_b]$ 为比例阻尼矩阵；$\{q_b\}$ 为桥梁/轨道结构模态坐标向量；$\{f_b\}$ 为桥梁/轨道结构所受的所有外力和虚拟内力向量，即

$$\{f_b\} = \{f_{bc}\} + \{f_{be}\} - \{f_{bn}\} \tag{2-10}$$

需要提取的桥梁/轨道结构有限元模型的模态数 N_b 由所关心的结构振动频率范围决定。桥梁结构各阶模态阻尼比可根据实测资料确定，也可采用瑞利阻尼。给定结构频率 ω_1、ω_2 和对应的阻尼比 ξ_1、ξ_2，则可根据下式获得第 i 阶模态阻尼比为

$$\xi_i = \left[\frac{\omega_1\omega_2(\omega_1\xi_2 - \omega_2\xi_1)}{\omega_1^2 - \omega_2^2} + \frac{\omega_i^2(\omega_1\xi_1 - \omega_2\xi_2)}{\omega_1^2 - \omega_2^2}\right]\Big/\omega_i \tag{2-11}$$

如果瑞利阻尼不适合描述桥梁/轨道结构阻尼，还可以通过拟力法在局部构件中引入非比例阻尼和其他非线性阻尼或非线性刚度元件。

2.2.3　大型结构自由度的缩减

形成桥梁/轨道结构运动微分方程需要在建立有限元模型的基础上提取结构自振频率和振型。当采用大量节点和单元建立大型桥梁/轨道结构的精细有限元模型时，对应多自由度系统的自由度往往达到数万、数十万以上。对于这样的超大自由度系统，在个人电脑上求解特征值问题往往会遇到计算机内存和硬盘容量不足、计算时间过长的问题。此外，对于复杂系统，即使能求解任意阶数

的模态，但是由于有众多局部模态的出现，需要大量的振动模态才能包含指定的结构频率范围，而采用过多的模态数量将降低系统耦合振动计算效率。以下两个方面的考虑可以为解决上述问题提供思路：一方面，列车动力荷载只施加在有限的桥梁/轨道结构自由度上，与这些自由度相关的惯性力需要比较精确地考虑，而与其余的自由度相关的惯性力可以不考虑或者粗略地考虑；另一方面，在系统动力分析中并不需要采用整个系统的所有模态，而只需要得到满足较好精度的若干低阶模态，而这些低阶模态可以根据选定的限定数目的假定位移模式获取。静力凝聚法和模态综合法[2, 80, 84]即是分别根据上述两个方面的考虑通常采用的缩减大型结构的自由度的有效方法。

1. 静力凝聚法

考虑自由振动的桥梁/轨道结构运动方程可表达为

$$[k_b]\{\delta_b\} = \omega_b^2[m_b]\{\delta_b\} \tag{2-12}$$

若将结构所有自由度划分为主自由度和副自由度，则式(2-12)可分块表达为

$$\begin{pmatrix}[k_{00}] & [k_{0t}] \\ [k_{t0}] & [k_{tt}]\end{pmatrix}\begin{pmatrix}\{\delta_0\} \\ \{\delta_t\}\end{pmatrix} = \omega_b^2\begin{pmatrix}[m_{00}] & [m_{0t}] \\ [m_{t0}] & [m_{tt}]\end{pmatrix}\begin{pmatrix}\{\delta_0\} \\ \{\delta_t\}\end{pmatrix} \tag{2-13}$$

式中，下标 t 和 0 分别表示主自由度和副自由度。假设考虑副自由度的变位时可以按照准静态的方式由主自由度“带动”，则式(2-13)第一行表示为

$$[k_{00}]\{\delta_0\} + [k_{0t}]\{\delta_t\} = \{0\} \tag{2-14}$$

或

$$\{\delta_0\} = -[k_{00}]^{-1}[k_{0t}]\{\delta_t\} \tag{2-15}$$

则有

$$\{\delta_b\} = [T]\{\delta_t\} \tag{2-16}$$

其中

$$[T] = \begin{pmatrix} -[k_{00}]^{-1}[k_{0t}]\{\delta_t\} \\ [I] \end{pmatrix} \tag{2-17}$$

将式(2-16)代入式(2-12)并将等式两端左乘 $[T]^T$，可得

$$[\tilde{k}_b]\{\delta_t\} = \omega_t^2[\tilde{m}_b]\{\delta_t\} \tag{2-18}$$

式中

$$\begin{cases}[\widetilde{k}_{\mathrm{b}}]=[T]^{\mathrm{T}}[k_{\mathrm{b}}][T]\\[\widetilde{m}_{\mathrm{b}}]=[T]^{\mathrm{T}}[m_{\mathrm{b}}][T]\end{cases}\tag{2-19}$$

注意到，在将 $[k_{\mathrm{b}}]$、$[m_{\mathrm{b}}]$ 凝聚为 $[\widetilde{k}_{\mathrm{b}}]$、$[\widetilde{m}_{\mathrm{b}}]$ 的过程中，并没有将副自由度相应的动能忽略掉，而是采用了一种假定的静变位模式计算其动能。当然，为忽略与副自由度相关的动能，也可进一步采用下述假定：

$$[m_{\mathrm{b}}]=\begin{bmatrix}[0] & [0]\\ [0] & [m_{\mathrm{tt}}]\end{bmatrix}\tag{2-20}$$

式(2-18)即为降阶后的结构自由振动方程，可以采用通常的特征值分析方法求解主自由度对应的频率和振型，并可根据式(2-16)所述的坐标变换关系将自由度对应的振型扩展到整个结构的振型，即

$$[\varPhi_{\mathrm{b}}]=[T][\varPhi_{\mathrm{t}}]\tag{2-21}$$

式中，$[\varPhi_{\mathrm{t}}]$ 为基于式(2-18)求解的主自由度对应的振型。可以证明，扩展得到的整个结构的振型 $[\varPhi_{\mathrm{b}}]$ 仍然满足振型正交条件，可直接用于式(2-8)和式(2-9)所示的振型叠加计算。

实际应用中，可将桥梁/轨道结构中轨道对应的节点自由度设定为主自由度并采用静力凝聚法求解大型结构的特征值问题。这一方法的优势一方面在于可以提高特征值分析的效率，另一方面也可以使得计算的结构模态集中反映与轨道相关的结构振型而缩减大量与轨道无关的局部振型，可以采用较少的模态数量得到较高频率的局部振动模态，从而减少耦合振动计算的工作量。对某些结构，用静力凝聚法缩减自由度可能是非常有效的，但这种方法的适用性和精度都有一定的局限性，而模态综合法则在理论上可达到更好的缩减程度和精度。

2. 模态综合法

对一个动力结构，若能找到一组假设模态，则可根据 Rayleigh - Ritz 法[80]得到一个低阶的运动方程。基于降阶的运动方程可进行特征值分析或者动力分析。模态综合法即是采用子结构的方法来寻求合理的假设模态，它的基本思想是把一个复杂结构分为若干子结构，先对子结构进行分析，得到各个子结构的模态，再对各个子结构的物理坐标进行模态坐标变换，然而对各个子结构进行组合，形成整个系统的模态坐标，并通过子结构的界面连续条件，做第二次坐标变换，即对整个结构的模态坐标进行独立坐标变换，得到整个系统以独立模态坐标

表示的动力方程[2]。在计算子结构模态时，一般可令界面完全固定或者完全自由，分别对应固定界面模态综合法和自由界面模态综合法[84]。

以将整个结构划分为A、B两个子结构为例来阐述固定界面模态综合法的实现过程。A、B两个子结构的无阻尼自由振动方程可表达为

$$\begin{cases}[m^{A}]\{\ddot{\delta}^{A}\}+[k^{A}]\{\delta^{A}\}=\{0\}\\ [m^{B}]\{\ddot{\delta}^{B}\}+[k^{B}]\{\delta^{B}\}=\{0\}\end{cases} \tag{2-22}$$

式中，$[m^{A}]$、$[m^{B}]$、$[k^{A}]$和$[k^{B}]$分别为无界面约束条件下的A、B子结构质量和刚度矩阵；$\{\delta^{A}\}$和$\{\delta^{B}\}$分别为A、B子结构的位移向量。

首先对A、B两个子结构进行模态坐标变换，即第一次坐标变换：

$$\begin{cases}\{\delta^{A}\}=\begin{Bmatrix}\{\delta_{s}^{A}\}\\ \{\delta_{m}^{A}\}\end{Bmatrix}=[Q^{A}]\begin{Bmatrix}\{p_{s}^{A}\}\\ \{\delta_{m}^{A}\}\end{Bmatrix}\\ \{\delta^{B}\}=\begin{Bmatrix}\{\delta_{s}^{B}\}\\ \{\delta_{m}^{B}\}\end{Bmatrix}=[Q^{B}]\begin{Bmatrix}\{p_{s}^{B}\}\\ \{\delta_{m}^{B}\}\end{Bmatrix}\end{cases} \tag{2-23}$$

式中，下标m和s分别表示子结构界面自由度和内部自由度；$\{\delta_{m}^{A}\}$和$\{\delta_{m}^{B}\}$分别为两个子结的界面物理坐标，也称约束模态物理坐标；$\{p_{s}^{A}\}$和$\{p_{s}^{B}\}$为约束界面条件下对应两个子结构主模态的模态坐标；$[Q^{A}]$和$[Q^{B}]$分别为坐标变换矩阵，它们可表示为

$$\begin{cases}[Q^{A}]=\begin{bmatrix}[\Phi_{s}^{A}] & [G_{sm}^{A}]\\ [0^{A}] & [I^{A}]\end{bmatrix}\\ [Q^{B}]=\begin{bmatrix}[\Phi_{s}^{B}] & [G_{sm}^{B}]\\ [0^{B}] & [I^{B}]\end{bmatrix}\end{cases} \tag{2-24}$$

式中，$[\Phi_{s}^{A}]$和$[\Phi_{s}^{B}]$为子结构低阶主模态集；$[G_{sm}^{A}]$和$[G_{sm}^{B}]$为约束模态，可由一次释放一个界面自由度，使其发生单位位移而得到的子结构静位移分布而获得。

将式(2-23)代入式(2-22)，经变换后可得

$$\begin{cases}[\tilde{m}^{A}]\begin{Bmatrix}\{\ddot{p}_{s}^{A}\}\\ \{\ddot{\delta}_{m}^{A}\}\end{Bmatrix}+[\tilde{k}^{A}]\begin{Bmatrix}\{p_{s}^{A}\}\\ \{\delta_{m}^{A}\}\end{Bmatrix}=\{0\}\\ [\tilde{m}^{B}]\begin{Bmatrix}\{\ddot{p}_{s}^{B}\}\\ \{\ddot{\delta}_{m}^{B}\}\end{Bmatrix}+[\tilde{k}^{B}]\begin{Bmatrix}\{p_{s}^{B}\}\\ \{\delta_{m}^{B}\}\end{Bmatrix}=\{0\}\end{cases} \tag{2-25}$$

式中

$$\begin{cases}[\tilde{k}^{\mathrm{A}}]=[Q^{\mathrm{A}}]^{\mathrm{T}}[k^{\mathrm{A}}][Q^{\mathrm{A}}]\\ [\tilde{m}^{\mathrm{A}}]=[Q^{\mathrm{A}}]^{\mathrm{T}}[m^{\mathrm{A}}][Q^{\mathrm{A}}]\\ [\tilde{k}^{\mathrm{B}}]=[Q^{\mathrm{B}}]^{\mathrm{T}}[k^{\mathrm{B}}][Q^{\mathrm{B}}]\\ [\tilde{m}^{\mathrm{B}}]=[Q^{\mathrm{B}}]^{\mathrm{T}}[m^{\mathrm{B}}][Q^{\mathrm{B}}]\end{cases}\tag{2-26}$$

选择广义坐标 $\{q\}=\langle\{p_{\mathrm{s}}^{\mathrm{A}}\}\ \{p_{\mathrm{s}}^{\mathrm{B}}\}\ \{\delta_{\mathrm{m}}^{\mathrm{A}}\}\rangle^{\mathrm{T}}$，利用界面自由度位移相等条件 $\{\delta_{\mathrm{m}}^{\mathrm{A}}\}=\{\delta_{\mathrm{m}}^{\mathrm{B}}\}$，则有如下独立坐标变换，即第二次坐标变换：

$$\langle\{p_{\mathrm{s}}^{\mathrm{A}}\}\quad\{\delta_{\mathrm{m}}^{\mathrm{A}}\}\quad\{p_{\mathrm{s}}^{\mathrm{B}}\}\quad\{\delta_{\mathrm{m}}^{\mathrm{B}}\}\rangle^{\mathrm{T}}=\begin{bmatrix}[I] & [0] & [0]\\ [0] & [0] & [I]\\ [0] & [I] & [0]\\ [0] & [0] & [I]\end{bmatrix}\{q\}=[\beta]\{q\}\tag{2-27}$$

将式(2-27)代入式(2-25)，并将等式两边左乘 $[\beta]^{\mathrm{T}}$，可得

$$\{[\hat{m}^{\mathrm{A}}]\{\ddot{q}\}+[\hat{k}^{\mathrm{A}}]\{q\}=\{0\}\tag{2-28}$$

式中

$$\begin{cases}[\hat{k}^{\mathrm{A}}]=[\beta]^{\mathrm{T}}\begin{bmatrix}[\tilde{k}^{\mathrm{A}}] & [0]\\ [0] & [\tilde{k}^{\mathrm{B}}]\end{bmatrix}[\beta]\\ [\hat{m}^{\mathrm{A}}]=[\beta]^{\mathrm{T}}\begin{bmatrix}[\tilde{m}^{\mathrm{A}}] & [0]\\ [0] & [\tilde{m}^{\mathrm{B}}]\end{bmatrix}[\beta]\end{cases}\tag{2-29}$$

式(2-28)即为经过模态综合后得到的结构自由振动方程，可以根据此方程求对应于广义坐标 $\{q\}$ 的特征值问题，再根据式(2-27)和式(2-23)所述的两次坐标变换关系将广义坐标 $\{q\}$ 对应的振型扩展到任一子结构物理坐标对应的振型：

$$\begin{cases}[\Phi_{\mathrm{b}}^{\mathrm{A}}]=[Q^{\mathrm{A}}][\beta][\Phi_{\mathrm{q}}]\\ [\Phi_{\mathrm{b}}^{\mathrm{B}}]=[Q^{\mathrm{B}}][\beta][\Phi_{\mathrm{q}}]\end{cases}\tag{2-30}$$

式中，$[\Phi_{\mathrm{q}}]$ 为基于式(2-28)求解的广义坐标 $\{q\}$ 对应的振型矩阵。可以证明，扩展得到的整个结构的振型 $[\Phi_{\mathrm{b}}]$（即 $[\Phi_{\mathrm{b}}^{\mathrm{A}}]$ 和 $[\Phi_{\mathrm{b}}^{\mathrm{B}}]$）仍然满足振型正交条件，可直接用于式(2-8)和式(2-9)所示的振型叠加计算。

固定界面模态综合法具有精度高、计算程序简单的优点。但其主要缺点是把所有的界面位移坐标保留在最终的方程中，有时使得综合的规模太大。实际应用中，每一子结构的选取应该使得模态易于计算并保证子结构具有尽量少的界面自由度。如有需要，可结合运用静力凝聚法进一步来缩聚界面的自由度。

若采用自由界面模态综合法，同样需要经过两次坐标变换。其中，第一次坐标变换只需采用各个子结构的主模态，而无需引入约束模态；第二次坐标变换同样需要利用界面位移协调条件消去不独立的模态坐标，其坐标变换较固定界面法的独立坐标变换复杂，不再赘述。自由界面模态综合法的优点是在最终的运动方程中不包含界面自由度，综合的规模小，其次是第一次坐标变换过程中需要的子结构模态易于求解。其缺点在于第二次坐标变换较为复杂，计算机实现难度较大。此外，需要求解相对较多的子结构主模态才能考虑较高阶的振动模态，若主模态选取不够，则计算精度较低。

固定界面法和自由界面法各有优缺点，采用何种方法应视具体情况而定。不论采用何种方法，每一子结构均只选取了一小部分模态参与综合，剩余模态被舍去必然带来误差。虽然从理论上可以通过考虑更多的模态参与综合来达到任意的精度，但实际应用中需要考虑精度和效率的平衡。

2.2.4 基于模态叠加法的应力/内力计算

由于模态叠加法的采用，动力计算中直接得到的是模态位移、模态速度和模态加速度响应。基于这些模态坐标响应和相应的振型向量，根据模态叠加原理可以得到物理坐标下的桥梁/轨道结构位移、速度和加速度。然而，物理坐标下结构应变/应力/内力以及支座反力的计算还需要特殊处理。

一旦求得模态坐标响应，则不考虑初始应力和应变下桥梁/轨道结构中第 j 单元的单元应力 $\{\sigma^{e}_{b,j}\}$ 可表示为

$$\{\sigma^{e}_{b,j}\} = [\Gamma_{b,j}]\{q_b\} \tag{2-31}$$

式中，$[\Gamma_{b,j}]$ 为第 j 单元对应的模态应力矩阵，可由下式得到：

$$[\Gamma_{b,j}] = [D_{b,j}][L_{b,j}][N_{b,j}][\Phi_{b,j}] \tag{2-32}$$

式中，$[\Phi_{b,j}]$ 为第 j 单元所有节点组成的模态位移矩阵；$[N_{b,j}]$ 将节点位移转化为单元位移场的形函数；$[L_{b,j}]$ 为将单元位移场转化为单元应变场的微分算子；$[D_{b,j}]$ 反映应力-应变关系的弹性矩阵。

式(2－31)表示物理坐标下应力计算同样可以采用模态叠加原理,式(2－32)表示模态应力矩阵可由模态位移矩阵决定。其力学原理在于:将模态位移作为强迫位移施加于结构之上,即可得到相应的模态应变/应力/内力/反力。

大多数商业化有限元软件考虑到了基于模态叠加法的应变/应力/内力以及支座反力计算,在模态分析中均提供了模态应变/应力/内力/反力的计算功能。也就是说,在节点和某些控制点上的模态应变/应力/内力/反力与模态位移一样是可以直接从有限元程序中获取的,根据模态叠加原理即可获取相应的物理坐标下的响应。当需要计算节点和控制点之外的单元应力/应变时,可以插值获取。

2.3　建模方法的主要优势

利用通用有限元程序分别建立车辆和桥梁/轨道结构的有限元模型,并采用模态叠加法建立它们的运动微分方程,这种完全计算机化的车辆、桥梁/轨道运动方程建立方法具有如下四点优势:

(1) 通用有限元程序具有可视化的操作界面,某些通用程序如 ANSYS 还内嵌功能强大的二次开发编程语言,使得传统车辆运动微分方程推导困难、易于出错的问题得到解决,可以以较小的代价方便地建立较为复杂的车辆模型,如三大件货车模型、铰接式列车模态和柔性车辆模型,实现车辆模型的精细化分析。

(2) 利用通用有限元程序的强大建模功能,可以解决传统耦合振动分析中自编有限元程序计算单元库单调、建模费时且易出错的问题,可以方便地建立复杂桥梁和轨道结构的精细化有限元模型。同时,又可方便地运用通用程序的静力凝聚、模态综合等自由度缩减功能缩减不必要的自由度,实现计算精度和效率的平衡,从而为大型结构的精细化分析创造条件。

(3) 在模态叠加原理的基础上运用拟力法,可以解决传统模态叠加法限于处理线性问题的不足,实现同时考虑车辆和桥梁/轨道两个子系统内部集中非线性环节以及轮轨接触非线性环节,以从全面合理地考虑非线性的角度实现耦合振动的精细化分析。

(4) 充分利用通用有限元程序,将研究者从车辆-桥梁/轨道系统耦合振动分析所需的大量繁重而基础的工作中解放出来,有利于耦合振动研究的深入发展和在工程上推广应用。

2.4 本章小结

在分析铁道车辆、桥梁和轨道结构构造和力学特点的基础上，发展和完善了完全计算机化的基于有限元和模态叠加的系统运动微分方程建立方法。根据这一方法，车辆子系统和桥梁/轨道子系统运动微分方程的左端项分别由车辆和桥梁/轨道有限元模型的频率、振型和模态阻尼比决定。系统运动方程的右端项均由轮轨力、虚拟力和其他外力三部分组成，它们的具体表达形式将在下一章阐述。

第3章 车辆、桥梁/轨道运动微分方程右端激振力

如前一章所述，车辆、桥梁/轨道运动方程右端激振力由三部分组成，一是通过轮轨相互作用施加在车辆、桥梁/轨道上的激振力；二是由非比例阻尼力和非线性内力移动到右端项产生的虚拟力；三是其他外力。以下具体分析这三类右端项激振力的构成，其中重点介绍轮轨密贴和非密贴接触模型下轮轨相互作用产生的激振力。

3.1 由轮轨相互作用产生的激振力

轮轨接触问题是与车辆动力学相关问题的关键所在，它包括轮轨接触几何和轮轨力的确定。车辆沿着钢轨运行时，轮对与钢轨发生滚动接触，轮轨接触处不但承受巨大的竖向荷载，而且承受着纵向牵引力、制动力和横向导向力。可见，轮轨接触问题具有明显的三维效应。

尽管轮轨三维滚动接触理论已发展了几十年，然而在车辆-桥梁/轨道系统耦合振动研究中，轮轨接触问题常常被不同程度地简化：一是只考虑竖向平面内振动；二是考虑横向振动，但采用蛇行波理论，以避免复杂的轮轨接触问题并考虑其随机性；三是考虑横向振动，但对轮轨横向接触模型进行简化，如采用等效弹簧模型或者等锥度踏面假定；四是在竖向接触方面，传统的假设认为轮轨始终保持密贴接触，轮对的竖向运动自由度不独立于桥梁/轨道。

轮轨接触蠕滑力的计算是轮轨接触最核心的问题。关于轮轨蠕滑率/力的计算模型，目前得到广泛应用的主要有七种[85]：它们分别是 Carter 的二维滚动接触的理论模型、Vermeulen - Johnson 无自旋状态下三维滚动接触理论模型、

Kalker线性理论、Shen - Hedrick - Elkins 小自旋三维滚动接触理论模型、Kalker的简化理论及其数值方法(FASTSIM)、Kalker的三维滚动接触精确理论及其相应的数值方法(CONTACT)、轮轨蠕滑率/力数表。前面四种理论模型均可由数学解析表达式表示。上述轮轨蠕滑率/力模型都是基于赫兹法向接触理论、弹性无限半空间假设和库仑摩擦定律建立的。另外,目前还有借助于有限元理论和边界元理论来发展轮轨弹性或者弹塑性滚动接触理论及其相应的数值方法,但这方面的研究还不成熟。实际上,轮轨滚动接触行为十分复杂,左、右轮轨的接触斑相互影响、特殊的几何型面、轮轨接触表面的粗糙度和"第三介质"(如水、油、砂子等)、轮轨材料缺陷等等因素对轮轨接触力学行为影响十分大,这些因素在理论模型和数值方法中目前还难以全面考虑。

综上所述,在轮轨法向力计算方面,有必要将传统轮轨密贴接触模型和更为精细的轮轨非密贴接触模型同时纳入理论框架,以比较这两种接触模型的差异和适用范围。在蠕滑力计算方面,可借鉴主流的车辆-轨道耦合动力学的研究方法[11],按Kalker线性理论[53]计算轮轨蠕滑力,然后采用Shen - Hedrick - Elkins理论[86]进行非线性修正。

3.1.1 轮轨系统坐标系与坐标变换

轮轨系统坐标系是确定轮轨关系的基础,需要首先予以明确。轮轨力的计算是在轮轨接触斑局部坐标系下进行的,在进行车辆-桥梁/轨道系统动力计算时需要将轮轨力转换到绝对坐标系下以形成荷载向量。在轮轨接触几何和轮轨蠕滑率、轮轨力的计算过程中,需要进行多次坐标变换,以下介绍轮轨关系处理中涉及的几个坐标系(图3-1)及与其坐标变换关系[11, 87]。

(1) 绝对坐标系 $O-XYZ$,其坐标原点固结于初始轮对无运动时,轮轨刚好接触但不形成压缩时的轮对质心处,不随轮对的运动而变化。其基矢量为 $[\vec{i}, \vec{j}, \vec{k}]$,该坐标系基矢量与车辆、桥梁/轨道子系统建模采用的绝对坐标系一致,但坐标原点不同,可不予严格区分。

(2) 轮对平动坐标系 $O_1-X_1Y_1Z_1$,其坐标原点随轮对质心的运动而变化。其基矢量 $[\vec{i}_1, \vec{j}_1, \vec{k}_1]=[\vec{i}, \vec{j}, \vec{k}]$。

(3) 轮对坐标系 $O_2-X_2Y_2Z_2$,其坐标原点随轮对质心的运动而变化,相对于绝对坐标系而言,有沿 X、Y、Z 三个方向的平动及绕 X、Y 轴的转动。该坐标系基矢量为 $[\vec{i}_2, \vec{j}_2, \vec{k}_2]$,其与绝对坐标系的旋转变换关系为

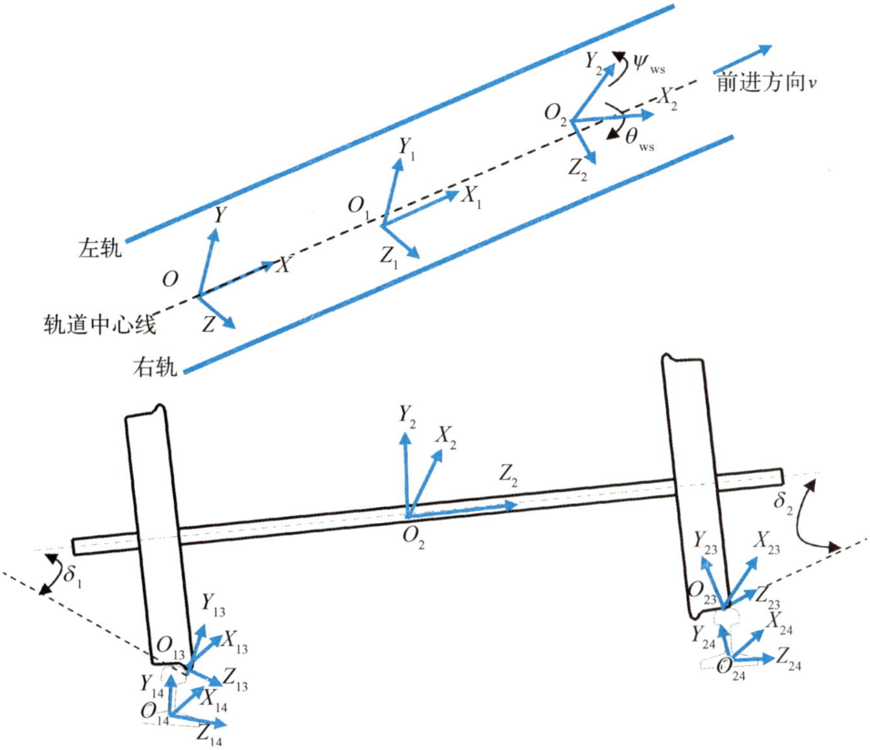

图 3-1　轮对与轨道的坐标系定义

$$\begin{Bmatrix}\vec{i}_2\\ \vec{j}_2\\ \vec{k}_2\end{Bmatrix}=[T_2]\begin{Bmatrix}\vec{i}\\ \vec{j}\\ \vec{k}\end{Bmatrix};\tag{3-1}$$

$$[T_2]=\begin{pmatrix}\cos\psi_{ws} & 0 & -\sin\psi_{ws}\\ \sin\theta_{ws}\sin\psi_{ws} & \cos\theta_{ws} & \sin\theta_{ws}\cos\psi_{ws}\\ \cos\theta_{ws}\sin\psi_{ws} & -\sin\theta_{ws} & \cos\theta_{ws}\cos\psi_{ws}\end{pmatrix}$$

式中，θ_{ws} 为轮对侧滚角，ψ_{ws} 为轮对摇头角。

(4) 左、右接触斑坐标系 $O_{13}-X_{13}Y_{13}Z_{13}$ 和 $O_{23}-X_{23}Y_{23}Z_{23}$，其坐标原点随轮对一起运动并随接触点变化而变化。这两个坐标系的基矢量分别为 $[\vec{i}_{13},\vec{j}_{13},\vec{k}_{13}]$、$[\vec{i}_{23},\vec{j}_{23},\vec{k}_{23}]$，其与绝对坐标系的旋转变换关系为

$$\begin{cases}\begin{Bmatrix}\vec{i}_{13}\\ \vec{j}_{13}\\ \vec{k}_{13}\end{Bmatrix}=[T_{13}]\begin{Bmatrix}\vec{i}\\ \vec{j}\\ \vec{k}\end{Bmatrix};\quad \begin{Bmatrix}\vec{i}_{23}\\ \vec{j}_{23}\\ \vec{k}_{23}\end{Bmatrix}=[T_{23}]\begin{Bmatrix}\vec{i}\\ \vec{j}\\ \vec{k}\end{Bmatrix}\\ [T_{13}]=\begin{bmatrix}\cos\psi_{ws} & 0 & -\sin\psi_{ws}\\ \sin(\delta_1+\theta_{ws})\sin\psi_{ws} & \cos(\delta_1+\theta_{ws}) & \sin(\delta_1+\theta_{ws})\cos\psi_{ws}\\ \cos(\delta_1+\theta_{ws})\sin\psi_{ws} & -\sin(\delta_1+\theta_{ws}) & \cos(\delta_1+\theta_{ws})\cos\psi_{ws}\end{bmatrix}\\ [T_{23}]=\begin{bmatrix}\cos\psi_{ws} & 0 & -\sin\psi_{ws}\\ -\sin(\delta_2-\theta_{ws})\sin\psi_{ws} & \cos(\delta_2-\theta_{ws}) & -\sin(\delta_2-\theta_{w2})\cos\psi_{ws}\\ \cos(\delta_2-\theta_{ws})\sin\psi_{ws} & \sin(\delta_2-\theta_{ws}) & \cos(\delta_2-\theta_{w2})\cos\psi_{ws}\end{bmatrix}\end{cases}\tag{3-2}$$

式中，δ_1、δ_2 分别为左、右侧轮轨接触角。

(5) 左、右钢轨坐标系 O_{14}- $X_{14}Y_{14}Z_{14}$ 和 O_{24}- $X_{24}Y_{24}Z_{24}$，其坐标原点固结于钢轨质心，随钢轨运动而变化，反映钢轨的横向、垂向平动和绕质心的扭转。这两个坐标系的基矢量分别为 $[\vec{i}_{14},\ \vec{j}_{14},\ \vec{k}_{14}]$、$[\vec{i}_{24},\ \vec{j}_{24},\ \vec{k}_{24}]$，其与绝对坐标系的旋转变换关系为

$$\begin{cases}\begin{Bmatrix}\vec{i}_{14}\\ \vec{j}_{14}\\ \vec{k}_{14}\end{Bmatrix}=[T_{14}]\begin{Bmatrix}\vec{i}\\ \vec{j}\\ \vec{k}\end{Bmatrix};\quad [T_{14}]=\begin{bmatrix}1 & 0 & 0\\ 0 & \cos(\phi_{r1}+\phi_0) & \sin(\phi_{r1}+\phi_0)\\ 0 & -\sin(\phi_{r1}+\phi_0) & \cos(\phi_{r1}+\phi_0)\end{bmatrix}\\ \begin{Bmatrix}\vec{i}_{24}\\ \vec{j}_{24}\\ \vec{k}_{24}\end{Bmatrix}=[T_{24}]\begin{Bmatrix}\vec{i}\\ \vec{j}\\ \vec{k}\end{Bmatrix};\quad [T_{24}]=\begin{bmatrix}1 & 0 & 0\\ 0 & \cos(\phi_{r2}-\phi_0) & \sin(\phi_{r2}-\phi_0)\\ 0 & -\sin(\phi_{r2}-\phi_0) & \cos(\phi_{r2}-\phi_0)\end{bmatrix}\end{cases}\tag{3-3}$$

式中，ϕ_0 钢轨的标准轨底坡；ϕ_{r1}、ϕ_{r2} 分别为左、右侧轮轨扭转角。式(3-3)表明，在轮轨接触计算时假定钢轨绕 Y 轴和 Z 轴的转动可忽略不计。

容易证明以上各旋转矩阵 $[T_2]$、$[T_{13}]$、$[T_{23}]$、$[T_{14}]$ 和 $[T_{24}]$ 均为正交矩阵，即它们的转置矩阵等于其对应的逆矩阵。

3.1.2 轮轨空间接触几何参数

轮轨接触问题包括轮轨接触几何参数的确定以及轮轨间接触力的计算，而

轮轨接触几何参数的计算又是轮轨接触力计算的基础。

1. 密贴接触

传统轮轨接触几何计算采用如下两个假设：轮轨均为刚体，不考虑其弹性变形；轮轨始终保持接触，不允许发生轮轨脱离。根据上述假设，轮轨接触几何参数(图 3-2)计算的过程可概括如下[85]：

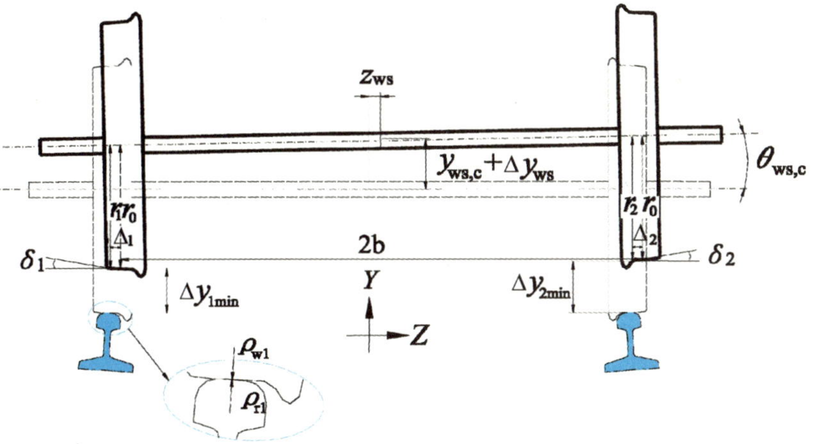

图 3-2　轮轨接触几何立面图

(1) 用实测或者计算的方法可求得车轮和钢轨主轮廓线上少数离散点的坐标值，然后用样条曲线拟合这些主轮廓线，根据主轮廓线即可得到车轮回转体和钢轨圆柱体轮廓面的曲面坐标。

(2) 将轮对竖直向上抬升足够的距离 Δy_{ws}，并将轮对平移和转动给定的横移量 z_{ws} 和摇头角 ψ_{ws}，并假定初始的侧滚角为 θ_{ws}^{0}。

(3) 扫描轮轨曲面上各点，计算得到左、右轮轨的最小竖向间距 $\Delta y_{1\min}$ 和 $\Delta y_{2\min}$(下标 1、2 分别代表左、右)。对第 i 次迭代，调整侧滚角为 θ_{ws}^{i} $(i=1, 2, 3, \cdots)$，重新计算左、右轮轨最小间距，直到 $\Delta y_{1\min}$ 接近 $\Delta y_{2\min}$ 达到给定的精度。此时，最小间距对应的轮轨坐标即为接触点。

(4) 根据接触点和对应的轮轨轮廓曲面，可得如下轮轨接触几何参数：接触角 $\delta_{1,2}$，由于轮对横移产生的侧滚角 $\theta_{ws,c}$(将 $\theta_{ws,c}$ 与由于左、右钢轨竖向位移不同而产生的轮对侧滚角叠加形成轮对总的侧滚角 θ_{ws})，车轮上接触点曲率半径 $\rho_{w1,2}$，钢轨上接触点曲率半径 $\rho_{r1,2}$，车轮实际滚动圆半径 $r_{1,2}$，由于几何接触导致的轮对沉浮量 $y_{ws,c}$(将 $y_{ws,c}$ 与由于钢轨竖向位移而产生的轮对沉浮量叠加形成轮对总的沉浮量 y_{ws} ），车轮上接触点横向位移 $\Delta_{1,2}$。

（5）对应不同的轮轨横移量和摇头角，可以计算得到不同的接触几何参数，将这些参数制成表格，供动力仿真计算中插值取用。

图 3-3 为在不同的横移和摇头角时对应的轮轨接触几何参数，对应的计算参数[52]为：车轮采用 LM 磨耗型踏面并与 60 kg 钢轨相匹配，车轮名义滚动半径为 420 mm，轨距 1 435 mm，轨底坡 1∶40。由图 3-3 可知，各个轮轨接触几何参数随着轮对横移量的增大而呈非线性变化，特别在轮对横移量超过 9 mm 时，接触几何参数将出现突变；在摇头角小于 1°情况下，摇头角对轮轨接触几何参数的影响可以忽略。

注意到，上述计算时假定钢轨为静止，且无轨道不平顺。这样，在动力计算插值得到接触几何参数时，必须采用轮轨相对运动量作为插值依据。

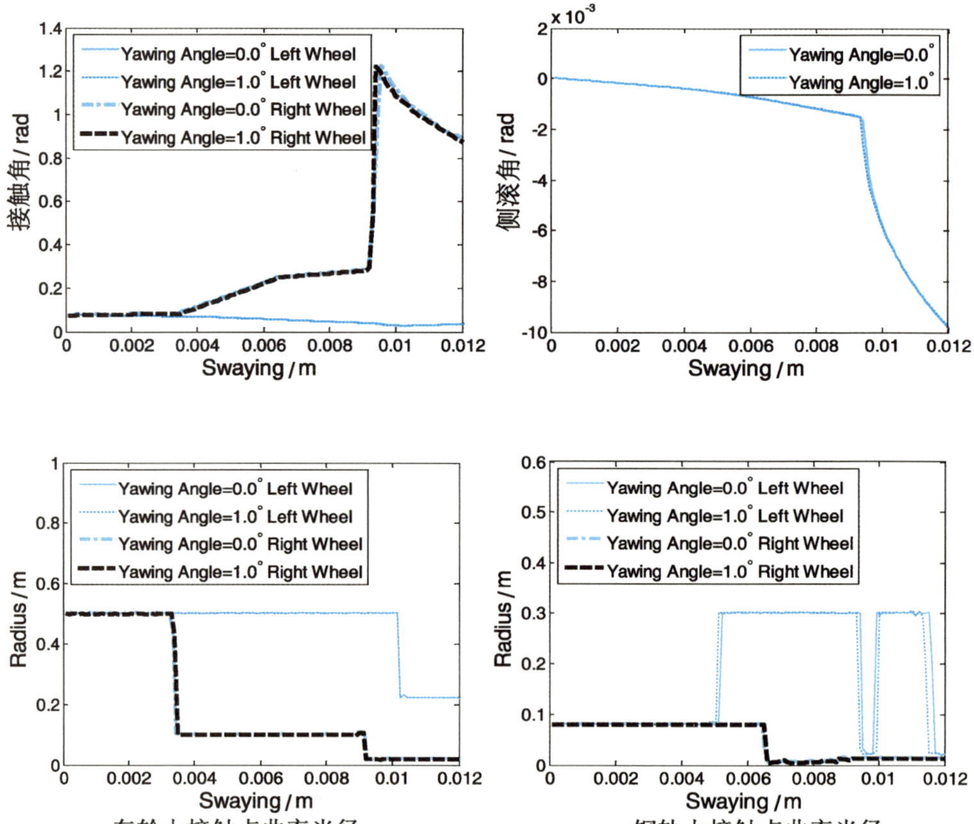

车轮上接触点曲率半径　　　　钢轨上接触点曲率半径

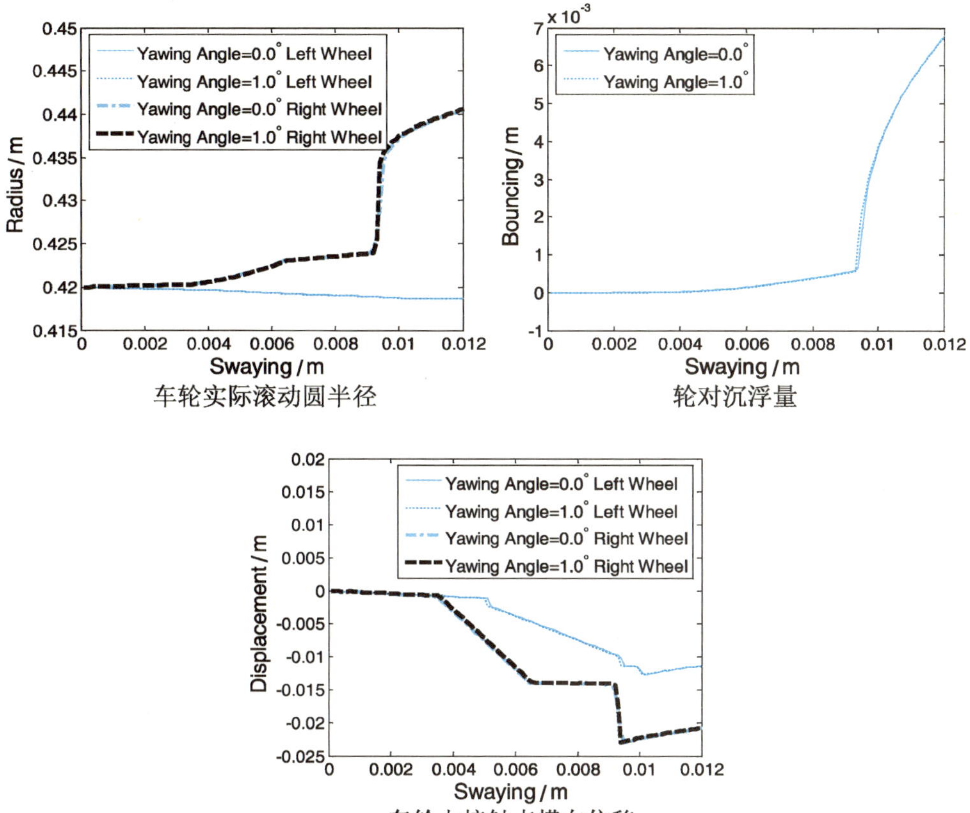

车轮实际滚动圆半径　　轮对沉浮量

车轮上接触点横向位移

图 3 - 3　不同轮对横移(Swaying)和摇头(Yawing)角下轮轨接触几何参数变化趋势

2. 非密贴接触

相对于上述传统的轮轨接触几何参数计算方法，翟婉明等人[11, 87]提出一种新的适用轮轨非密贴接触的计算方法。该方法放弃轮轨始终接触的假设，也就是说，左、右轮轨的最小竖向间距并不要求相等，它们的差别正好反映了轮轨的弹性变形。与传统计算方法不同之处在于，该方法不需要迭代计算以确定侧滚角。当某一时刻出现轮轨脱离时，轮轨力将消失。总的来说，该方法在轮轨接触几何参数计算时既能考虑轮轨弹性变形，也能考虑轮轨脱离，从理论上讲，这更符合实际情况。然而，这种方法需要在动力计算的每一时间步重新计算接触几何参数，不能采表格插值的方式，计算工作量较大。为提高在线寻找轮轨接触点的效率，可采用“迹线法”，使得对轮轨曲面的二维搜索问题转换为沿迹线的一维搜索问题。

轮轨非密贴接触下采用迹线法求解空间接触几何参数的步骤如下[11, 87]：

（1）在某一时刻，通过数值方法求得轮对和钢轨的运动位移量，主要包括轮对横移、侧滚、摇头及钢轨横移、扭转等。

（2）构建车轮踏面接触点的空间迹线。轮轨接触点示意图如图 3－4 所示。图中 C 为轮轨接触点位置，B 为滚动圆圆心位置，A 表示接触点公法线与轮对中心线的交点，D 接触点公切线与轮对中心线的交点。从空间几何关系可知，接触点 C 必定在三个面之内，即包含 B 点的滚动圆平面、以 B 为球心、以滚动圆 r_2 为半径的球面和平行于绝对坐标 OYZ 平面的（钢轨接触斑上法线 CA 必定平行于 OYZ 平面），即接触点 C 在绝对坐标系 $O-XYZ$ 下的坐标（x_C，y_C，z_C）需同时满足以下三个方程：

$$\begin{cases}(x_C-x_B)l_x+(y_C-y_B)l_y+(z_C-z_B)l_z=0\\(x_C-x_B)^2+(y_C-y_B)^2+(z_C-z_B)^2=r_2^2\\x_C=x_A=x_B-l_xr_2\tan\delta_2\end{cases}\tag{3-4}$$

其中，l_x、l_y、l_z 分别是轮对中心线（即向量 O_1A）在绝对坐标系下的方向余弦：

$$\begin{cases}l_x=\cos\theta_{ws}\sin\psi_{ws}\\l_y=-\sin\theta_{ws}\\l_z=\cos\theta_{ws}\cos\psi_{ws}\end{cases}\tag{3-5}$$

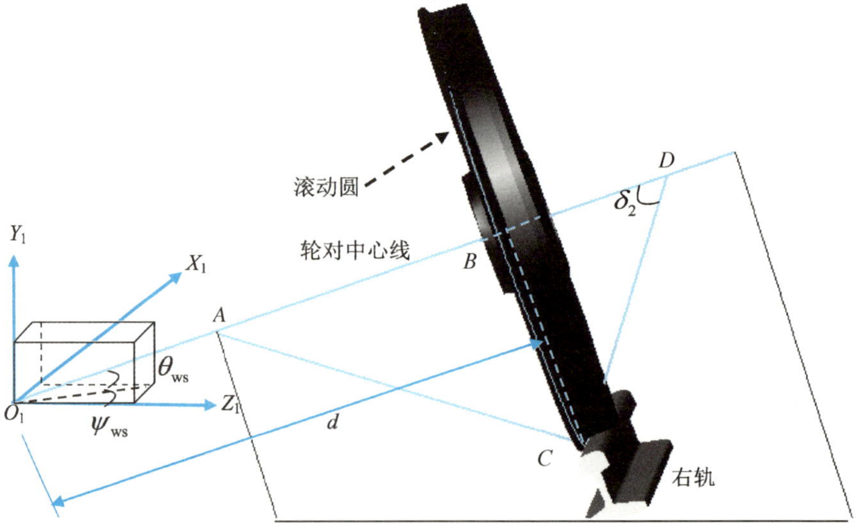

图 3－4　轮轨空间接触几何关系示意图（以右侧为例）

式中，θ_{ws} 和 ψ_{ws} 的正负号需根据右手螺旋法则确定。滚动圆圆心 B 的坐标为

$$\begin{cases} x_B = d \cdot l_x \\ y_B = d \cdot l_y \\ z_B = d \cdot l_z + z_{ws} \end{cases} \tag{3-6}$$

通过式(3-4)—式(3-6)，即可求得两组 (x_C, y_C, z_C) 的解，其中 y_C 较小的那一组坐标即对应某一车轮滚动圆横坐标 d 下的接触点坐标，即

$$\begin{cases} x_C = d \cdot l_x - l_x r_2 \tan\delta_2 \\ y_C = d \cdot l_y + \dfrac{r_2}{1-l_x^2}(l_x^2 l_y \tan\delta_2 - l_z\sqrt{1-l_x^2(1+\tan^2\delta_2)}) \\ z_C = d \cdot l_z + z_{ws} + \dfrac{r_2}{1-l_x^2}(l_x^2 l_z \tan\delta_2 + l_y\sqrt{1-l_x^2(1+\tan^2\delta_2)}) \end{cases} \tag{3-7}$$

(3) 逐步改变式(3-7)中 d 值即可得到轮轨空间接触迹线，在绝对坐标系离散左、右轮轨动态轮廓线，采用最小距离法沿空间迹线搜索左、右轮轨接触点，而后根据接触点求解各个接触几何参数。

由于轮轨非密贴接触且可能相互脱离，所以，左、右轮轨最小垂向间距不一定相等，其差别正好反映了左、右轮轨法向压缩量的不同。这是轮轨非密贴接触和密贴接触模型下计算轮轨接触几何参数的主要差别。

3.1.3　轮轨法向力的求解

考虑空间振动时，轮轨切向力与法向力是互相耦合的；同样，轮轨横向运动也不是独立于竖向运动的。因此，轮轨竖向力、横向力、法向力、切向力的必须联立求解。在轮轨密贴和非密贴接触这两种模型下，轮轨法向力的表达形式有所不同，需区别对待。

1. 密贴接触

在车桥耦合振动研究中，目前广泛采用的轮轨密贴接触模型认为，车辆运行过程中轮轨保持不脱离(图 3-5)，也就是说，任一轮子的竖向运动自由度(或者说轮对沉浮和侧滚自由度)是不独立的，它们可以表示为轮轨接触处轨道运动的函数，即

$$y_{wj} = y_{rj} + y_{vj} + y_{wj,c} = [N_{bj}]\{y_{bj}\} + y_{vj} + y_{wj,c} \tag{3-8}$$

式中，y_{wj} 和 y_{rj} 分别为第 j (j=1, 2, 分别代表左、右轮子，下同)个车轮和对应

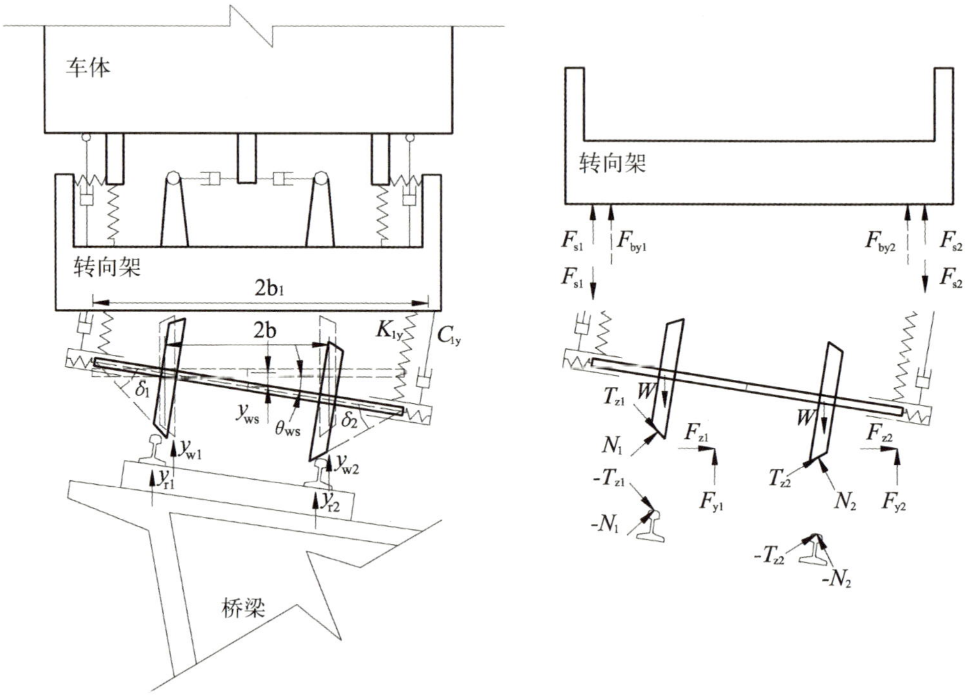

图 3-5 轮轨密贴接触模型下轮轨几何关系与轮轨激振力

的轨道的竖向位移；$[N_{bj}]\{y_{bj}\}$ 表示桥梁/轨道运动产生的轮轨接触点处的位移，可由第 j 个车轮对应单元的节点位移 $\{y_{bj}\}$ 向量和相应的形函数 $[N_{bj}]$ 确定；y_{vj} 为轮轨接触点处的轨道不平顺；$y_{wj,\,c}$ 由轮轨接几何参数变化导致的车轮位移，可由 $\theta_{ws,\,c}$ 和 $y_{ws,\,c}$ 计算得到。

方程式(3-8)为位移约束条件，可进一步扩展为速度和加速度的约束条件：

$$\dot{y}_{wj} = [N_{bj}]\{\dot{y}_{bj}\} + v[N_{bj}]_{,\,x}\{y_{bj}\} + v(y_{vj})_{,\,x} + \dot{y}_{wj,\,c} \qquad (3-9)$$

$$\ddot{y}_{wj} = [N_{bj}]\{\ddot{y}_{bj}\} + 2v[N_{bj}]_{,\,x}\{\dot{y}_{bj}\} + v^2[N_{bj}]_{,\,xx}\{y_{bj}\} + v^2(y_{vj})_{,\,xx} + \ddot{y}_{wj,\,c} \qquad (3-10)$$

式中，v 为列车匀速向前运动速度；下标“,”表示对相应坐标的微分。

由于密贴接触模型的采用，轮子的竖向运动自由度是不独立的，这就是第 2 章在车辆有限元模型中需要约束轮子竖向运动自由度的原因。尽管如此，桥梁/轨道结构对车辆的激振作用还是存在的，即根据式(3-8)—式(3-10)所决定的轮对运动状态作为基础运动对转向架施加作用力(图 3-5)，即

$$F_{byj} = (y_{ws} + (-1)^{j+1}\theta_{ws}b_1)K_{1y} + (\dot{y}_{ws} + (-1)^{j+1}\dot{\theta}_{ws}b_1)C_{1y} \qquad (3-11)$$

式中，F_{byj} 表示由于轮对运动作为基础振动而施加在第 j 轮子一侧转向架上的竖向作用力；K_{1y} 和 C_{1y} 分别为一系悬挂（轴箱弹簧）竖向弹簧刚度和阻尼；b_1 为轴箱弹簧横向间距之半。y_{ws} 和 θ_{ws} 为轮轨接触几何和轨道不平顺共同作用下的轮对沉浮位移和侧滚角，在刚性轮对假定下可表达为

$$y_{ws} = (y_{w1} + y_{w2})/2;\quad \theta_{ws} = (y_{w1} - y_{w2})/2/b \tag{3-12}$$

式中，b 为名义轨距之半。

由轮对沉浮和侧滚动力平衡条件可知，第 j 个轮子所受的绝对坐标系下轮轨竖向力 F_{yj} 和横向力 F_{zj} 可由下式确定：

$$\begin{cases} F_{y1} + F_{y2} - m_{ws}\ddot{y}_{ws} - F_{s1} - F_{s2} - W = 0 \\ (F_{y1} - F_{y2})b - J_{ws}\ddot{\theta}_{ws} - (F_{s1} - F_{s2})b_1 - (F_{z1} + F_{z2})r_0 = 0 \end{cases} \tag{3-13}$$

式中，m_w 和 J_w 分别为轮对质量和侧滚质量惯矩；F_{s1} 和 F_{s2} 分别为作用于轮对两端的一系悬挂竖向力；W 为静轮重；r_0 为车轮名义滚动半径。

在小摇头角假设下，绝对坐标系下轮轨竖向力 F_{yj} 和横向力 F_{zj} 与接触点坐标系下轮轨法向力 N_j 和切向力 T_{zj} 的关系（图 3-5）可近似表达为

$$\begin{cases} F_{y1} = N_1\cos(\delta_1 + \theta_{ws}) - T_{z1}\sin(\delta_1 + \theta_{ws}) \\ F_{z1} = N_1\sin(\delta_1 + \theta_{ws}) + T_{z1}\cos(\delta_1 + \theta_{ws}) \\ F_{y2} = N_2\cos(\delta_2 - \theta_{ws}) + T_{z2}\sin(\delta_2 - \theta_{ws}) \\ F_{z2} = -N_2\sin(\delta_2 - \theta_{ws}) + T_{z2}\cos(\delta_2 - \theta_{ws}) \end{cases} \tag{3-14}$$

式(3-13)和式(3-14)提供了 6 个方程，而单个轮对有 8 个轮轨力待求，还需 2 个方程。实际上，轮轨切向力不独立于法向力，根据蠕滑力的计算表达式还可以引入 2 个方程。

在密贴接触模型下，轮子竖向运动自由度不存在，轨道对车辆的激振力需施加于转向架上，而车辆对桥梁/轨道的作用力则施加于轮对下的轨道上。根据式(3-11)可知，轮轨密贴接触模型只适用于一系悬挂为线弹性刚度和黏性阻尼的情况。而对于轮轨非密贴接触模型，则不存在这一限制。

2. 轮轨非密贴接触

密贴接触模型是早期车桥耦合振动研究中常采用的一个理想假定，具有一定的适用性。实际上，轮子和轨道由于弹性变形而存在法向相对位移。在接触面为二次曲面、接触面无切向力和弹性半空间理论假设下，左、右轮轨法向力可

由著名的赫兹弹性接触理论[88]所确定：

$$N_j = \begin{cases} \left[\dfrac{1}{G_j}(\Delta_{wrj})\right]^{3/2}, & \Delta_{wrj} > 0 \\ 0, & \Delta_{wrj} \leqslant 0 \end{cases} \tag{3-15}$$

式中，G_j 为赫兹接触常数，对等锥度踏面取 $G_j = 4.57 r_j^{-0.149} \times 10^{-8}\ \mathrm{m/N^{2/3}}$，对磨耗型踏面取 $G_j = 3.86 r_j^{-0.115} \times 10^{-8}\ \mathrm{m/N^{2/3}}$ [11]；Δ_{wrj} 轮轨法向压缩量，可由式(3－16)得到：

$$\Delta_{wrj} = [y_{wrj} + \Delta_{wr0}]/\cos(\delta_j + (-1)^{j+1}\theta_{ws}) \tag{3-16}$$

式中，Δ_{wr0} 为静轮重作用下轮轨竖向变形量；y_{wrj} 为根据轮轨空间接触几何关系计算得到的轮轨动态竖向最小间距，须考虑轮对位移、钢轨位移和几何不平顺的综合影响。

在轮轨非密贴模型下，式(3－14)仍然适用，这样式(3－15)和式(3－14)共提供了6个方程，根据蠕滑力的表达式还引入2个方程后，根据这8个方程即可确定而每个轮对的8个轮轨力。

3. 密贴接触与非密贴接触的差异

与密贴接触模型相比，非密贴接触模型具有如下不同之处：

(1) 由于非密贴接触情况下单个轮子竖向运动自由度是独立的，上述轨道对轮子作用力即为车辆系统受到的激振力，其反作用力即为桥梁/轨道系统所受作用力，可见采用非密贴接触模型优点是受力比较明确。对密贴接触模型而言，轮子竖向自由度不独立，即在系统运动自由度中不存在这一类自由度，轨道施加于轮子的竖向力需转移到转向架之上。实际上，非密贴接触模型类似于有限元理论中的弹性连接，而密贴接触模型则类似于刚性连接或者约束方程的处理方式。

(2) 采用非密贴接触模型时，由于不需要将轮子竖向运动自由度进行约束，车辆模型所受轨道竖向激振力可直接作用于轮子上，而不需要转化为基础激振的形式作用于转向架上，因而采用这种模型可以不受一系竖向悬挂必须为线弹性刚度和黏性阻尼的限制。

(3) 在桥梁和车辆结构频率一定的情况下，由于轮轨接触刚度很大，轮轨接触频率很高，采用非密贴模型一般需要相对于密贴接触条件下小得多的时间步长进行数值计算，这是采用非密贴接触模型的劣势。

(4) 赫兹非线性接触只是轮轨非密贴接触的一种力学模型，若将这种接触模型一般化，则可以用来处理其他接触模型，如汽车车轮与路面的弹性接触模型。

(5) 采用密贴接触模型时，轮轨力表达式(3－13)中含有桥梁/轨道结构和车辆的位移、速度和加速度，而采用非密贴接触模型时，轮轨力表达式(3－15)仅含有桥梁/轨道和车辆的位移响应。这种差别将从根本上影响迭代求解的数值稳定性，关于这一点将在第 4 章详细阐述。

(6) 需要指出的是，轮轨密贴和非密贴接触的概念是针对接触模型或者假设而言的，并不是指实际接触的状态。非密贴接触并不意味着轮轨脱离，而只是表示轮轨之间存在弹性压缩变形，只有当这一弹性压缩变形为零时才出现瞬时轮轨脱离。轮轨脱离之后轮对与轨道的间隙可能继续扩大，但一段时间之后轮对将在重力作用下重新与轨道保持接触。虽然轮轨出现脱离而又再次接触的过程是一种强非线性状态，但这一非线性状态是符合实际情况的，实践表明可以通过数值方法成功模拟这一过程。密贴接触模型则不考虑轮轨之间的弹性压缩变形，认为轮、轨均为刚性，轮、轨的位移、速度和加速度均存在相互约束关系，若程序计算过程中出现轮、轨法向拉力，则须强制将这一拉力置为零。虽然采用密贴接触模型计算得到的轮轨力也可能为零，但在轮轨空间几何位置上却不能反映出轮轨脱离的现象，特别是强制轮轨法向力为零这一操作将容易导致数值计算困难，因此，密贴接触模型在反映轮轨脱离方面存在先天不足。

3.1.4　轮轨蠕滑力的求解

轮对在钢轨上滚动时，车轮接触斑和钢轨接触斑上的物质点流过接触斑的速度不同，在存在摩擦情况下，接触斑上会出现粘着或滑动现象，即接触斑上的轮、轨物质点存在相对运动趋势或者相对运动，从而产生轮轨间切向力，称之为轮轨蠕滑力。一般情况下，接触斑上粘着区和滑动区同时存在，若接触斑全部为粘着区，则蠕滑力表现为静摩擦力，蠕滑力的大小与接触界面的弹性滑动量或者说应变差有关，若接触斑全部为滑动区，则蠕滑力等于滑动摩擦力。一般采用蠕滑率来描述轮轨接触斑之间相对运动趋势或者相对运动的大小，而将蠕滑力表达为蠕滑率的函数。

1. 蠕滑率的定义

为说明蠕滑率的定义，首先考虑一般滚动接触物体接触界面质点移动情况[85]。设在接触斑局部坐标系下，t' 时刻两个物体上的点 p_1 和 p_2 在未变形状

态下的坐标分别为 x'_{11}、x'_{12}、x'_{21}、x'_{22}，弹性变形分别为 u'_{11}、u'_{12}、u'_{21}、u'_{22}（以上变量中第一个下标表示物体 1、2，第二个下标表示接触斑平面的两个坐标方向）。若此时 p_1 和 p_2 点相接触，则有

$$x'_{1j}+u'_{1j}-(x'_{2j}+u'_{2j})=0 \quad (j=1,\ 2) \tag{3-17}$$

又设经过极小时间 Δt 后的到达 t 时刻，两个物体上的点 p_1 和 p_2 在未变形状态下的坐标分别变为 x_{11}、x_{12}、x_{21}、x_{22}，弹性变形分别为 u_{11}、u_{12}、u_{21}、u_{22}。p_1 和 p_2 两点在 t' 接触，在 t 时刻又分开，各自与其他质点相接触，从而这两点在接触斑的切向位置上产生差异，相差的位移量可表示为

$$s_j=x_{1j}+u_{1j}-(x_{2j}+u_{2j}) \quad (j=1,\ 2) \tag{3-18}$$

式中，s_j 为滑移量。将式(3-18)与式(3-17)相减，得到

$$s_j=[x_{1j}-x'_{1j}-(x_{2j}+x'_{2j})]+[u_{1j}-u'_{1j}-(u_{2j}-u'_{2j})] \quad (j=1,\ 2) \tag{3-19}$$

若 $\Delta t\to 0$，则可得到滑移速度 γ_j：

$$\gamma_j=(\dot{x}_{1j}-\dot{x}_{2j})+v_j(u_{1j,\,j}-u_{2j,\,j})+\frac{\partial(u_{1j}-u_{2j})}{\partial t} \quad (j=1,\ 2) \tag{3-20}$$

式中，下标“，j”表示对坐标的求偏导；v_j 为 p_1 和 p_2 两点的平均滚动速度，即

$$v_j=(\dot{x}_{1j}+\dot{x}_{2j})/2 \quad (j=1,\ 2) \tag{3-21}$$

在稳态滚动情况下，有

$$\frac{\partial u_{1j}}{\partial t}=\frac{\partial u_{2j}}{\partial t}=0 \quad (j=1,\ 2) \tag{3-22}$$

若假设 p_1 和 p_2 位于粘着区，即滑移速度 $\gamma_j=0$，则式(3-20)可表达为

$$\xi_j\triangleq-(\dot{x}_{1j}-\dot{x}_{2j})/v_j=(u_{1j,\,j}-u_{2j,\,j}) \quad (j=1,\ 2) \tag{3-23}$$

式中，ξ_j 定义为蠕滑率。由弹性理论可建立切向力与粘着区界面接触点应变差 $(u_{1j,\,j}-u_{2j,\,j})$ 之间的关系，而根据式(3-23)即可建立切向力(蠕滑力)与蠕滑率的关系。由式(3-23)所示蠕滑率的定义可知其物理意义为接触点的刚体速度差与刚体速度平均值之比。

20 世纪 70 年代后，Kalker 的轮轨滚动接触理论，考虑了大蠕滑情况下车轮在钢轨上的运动特点，对蠕滑率进行了更确切的定义。在左、右接触斑坐标系下，定义的轮轨滚动的纵向、横向和自旋的蠕滑率的计算公式如下[11]：

$$\begin{cases} \xi_{1j} = \dfrac{(v_{w1j} - v_{r1j})}{v} \\ \xi_{2j} = \dfrac{(v_{w2j} - v_{r2j})}{v} \\ \xi_{3j} = \dfrac{(\omega_{w3j} - \omega_{r3j})}{v} \end{cases} \tag{3-24}$$

式中，下标 $j=1,\ 2$ 分别表示左右，ξ_{1j}、ξ_{2j} 和 ξ_{3j} 分别为左、右轮轨纵向蠕滑率、横向蠕滑率和自旋蠕滑率；v 为轮对在钢轨上的名义前进速度；v_{w1j}、v_{w2j} 和 ω_{w3j} 分别为在车轮上的接触斑沿接触斑坐标系 $O_{13}-X_{13}(O_{23}-X_{23})$轴、$O_{13}-Z_{13}(O_{23}-Z_{23})$轴和绕$O_{13}-Y_{13}(O_{23}-Y_{23})$轴的运动速度；$v_{r1j}$、$v_{r2j}$ 和 ω_{r3j} 分别为在钢轨上的接触斑沿接触斑坐标系 $O_{13}-X_{13}(O_{23}-X_{23})$轴、$O_{13}-Z_{13}(O_{23}-Z_{23})$轴和绕 $O_{13}-Y_{13}(O_{23}-Y_{23})$轴的运动速度。

2. 蠕滑率的求解

以下按照蠕滑率的定义来推导已知轮轨运动状态下的蠕滑率表达式。轮对质心在绝对坐标系下的平动速度 $\vec{v}_{ow}$ 和角速度 $\vec{\omega}_{ow}$ 分别为

$$\vec{v}_{ow} = v\vec{i} + \dot{y}_{ws}\vec{j} + \dot{z}_{ws}\vec{k} \tag{3-25}$$

$$\vec{\omega}_{ow} = \dot{\theta}_{ws}\vec{i}_2 + \dot{\psi}_{ws}\vec{j}_2 + \dot{\Omega}_{ws}\vec{k}_2 = [\dot{\theta}_{ws} \quad \dot{\psi}_{ws} \quad \dot{\Omega}_{ws}][T_2]\begin{Bmatrix} \vec{i} \\ \vec{j} \\ \vec{k} \end{Bmatrix} \tag{3-26}$$

式中，$\dot{\Omega}_{ws}$ 为轮对名义滚动角速度，且有

$$\dot{\Omega}_{ws} = -v/r_0 \tag{3-27}$$

轮对小横移情况下，轮对质心到左、右接触点的矢径 $\vec{R}_j\ (j=1,\ 2)$可表示为

$$\vec{R}_j = [0 \quad -r_j \quad (-1)^j b - \Delta_j][T_2]\begin{Bmatrix} \vec{i} \\ \vec{j} \\ \vec{k} \end{Bmatrix} \tag{3-28}$$

根据速度合成定理，轮对上接触斑在绝对坐标系下的平动速度 $\vec{v}_{wj}$ 为

$$\vec{v}_{wj} = \vec{v}_{ow} + \vec{\omega}_{ow} \times \vec{R}_j \tag{3-29}$$

对于轨道而言，左右钢轨上接触点的绝对平动速度 $\vec{v}_{rj}$ 为

$$\vec{v}_{rj} = [0 \quad \dot{y}_{rj} + \dot{y}_{vj} \quad \dot{z}_{rj} + \dot{z}_{vj}] \begin{Bmatrix} \vec{i} \\ \vec{j} \\ \vec{k} \end{Bmatrix} \tag{3-30}$$

式中，$\dot{y}_{vj}$ 和 $\dot{z}_{vj}$ 为轨道不平顺变化速度，可由轨道不平顺位移值 y_{vj}、z_{vj} 与车速耦合关系得到[89]

$$\begin{cases} \dot{y}_{vj} = v \dfrac{\partial y_{vj}}{\partial x} \\ \dot{z}_{vj} = v \dfrac{\partial z_{vj}}{\partial x} \end{cases} \tag{3-31}$$

忽略钢轨绕局部坐标 Y、Z 轴的角速度，则钢轨上接触点的绝对角速度 $\vec{\omega}_{rj}$ 为

$$\vec{\omega}_{rj} = [\dot{\phi}_{rj} \quad 0 \quad 0] \begin{Bmatrix} \vec{i} \\ \vec{j} \\ \vec{k} \end{Bmatrix} \tag{3-32}$$

由于蠕滑率是在接触斑坐标系内定义的，因此须将上述轮轨接触斑的绝对速度转换到接触斑坐标系。定义符号 $\Lambda(\vec{X}, T)$ 表示将绝对坐标下的向量 $\vec{X}$ 按照转换矩阵 T 求得接触斑坐标系下的向量，并将该向量写为分量形式，则有

$$\begin{Bmatrix} v_{w1j} \\ v_{w3j} \\ v_{w2j} \end{Bmatrix} = \Lambda(\vec{v}_{wj}, [T_{j3}]^{-1}); \quad \begin{Bmatrix} v_{r1j} \\ v_{r3j} \\ v_{r2j} \end{Bmatrix} = \Lambda(\vec{v}_{rj}, [T_{j3}]^{-1}) \tag{3-33}$$

$$\begin{Bmatrix} \omega_{w1j} \\ \omega_{w3j} \\ \omega_{w2j} \end{Bmatrix} = \Lambda(\vec{\omega}_{ow}, [T_{j3}]^{-1}); \quad \begin{Bmatrix} \omega_{r1j} \\ \omega_{r3j} \\ \omega_{r2j} \end{Bmatrix} = \Lambda(\vec{\omega}_{rj}, [T_{j3}]^{-1}) \tag{3-34}$$

根据式(3-33)和式(3-34)计算得到 v_{w1j}、v_{w2j} 和 ω_{w3j} 以及 v_{r1j}、v_{r2j} 和 ω_{r3j} 后即可由式(3-24)的定义计算纵向、横向和自旋蠕滑率。

上述蠕滑率的计算精度较高，可用计算机程序实现，但是显示的蠕滑率表达式比较复杂。在小侧滚角、小摇头角和小接触角情况下，则 θ_{ws}、ψ_{ws}、Δ_j、δ_j、$y_{wj} - y_{rj}$

以及它们对时间的导数均为小量，根据式(3-24)—式(3-34)可得到蠕滑率的简化表达式为

$$\begin{cases} \xi_{1j} = \dfrac{1}{v}\left(v\left(1-\dfrac{r_j}{r_0}\right)+(-1)^j b\,\dot{\psi}_{ws}\right) \\ \xi_{2j} = \dfrac{1}{v}((\dot{z}_{wj}-\dot{z}_{rj})-r_j\,\dot{\theta}_{ws}+v\psi_{ws})\cos(\delta_j+(-1)^{j+1}\theta_{ws})-b\,\dfrac{\dot{\theta}_{ws}}{v}\sin(\delta_j) \\ \xi_{3j} = \dfrac{1}{v}\,\dot{\psi}_{wj}\cos(\delta_j+(-1)^{j+1}\theta_{ws})+(-1)^j\,\dfrac{1}{r_0}\sin(\delta_j) \end{cases} \tag{3-35}$$

若不计入式(3-35)中与轨道运动相关的量并考虑坐标系定义的差别，则式(3-35)与文献[85]中蠕滑率简化表达式是一致的，这验证了推导的正确性。

3. 蠕率力的求解

根据 Kalker 的线性理论，在定义的接触斑坐标系下，蠕滑力与蠕滑率、蠕滑系数在线性范围内的关系可表示为

$$\begin{cases} T_{xj} = -f_{11j}\xi_{1j} \\ T_{zj} = -f_{22j}\xi_{2j}+f_{23j}\xi_{3j} \\ M_j = -f_{23j}\xi_{2j}-f_{33j}\xi_{3j} \end{cases} \tag{3-36}$$

式中，T_{xj}、T_{zj} 为左右轮轨纵向、横向蠕滑力；M_j 为旋转蠕滑力矩；f_{11j}、f_{22j}、f_{23j} 和 f_{33j} 分别为左右轮轨纵向、横向、旋转/横向和旋转蠕滑系数，可由式(3-37)确定[11]：

$$\begin{cases} f_{11j} = G_s a_j b_j C_{11j} \\ f_{22j} = G_s a_j b_j C_{22j} \\ f_{23j} = G_s\,(a_j b_j)^{\frac{2}{3}} C_{23j} \\ f_{33j} = G_s\,(a_j b_j)^2 C_{33j} \end{cases} \tag{3-37}$$

其中，a_j、b_j 为接触斑椭圆的长、短半轴，可根据赫兹接触理论求出；G_s 为轮、轨材料的合成剪切模量；C_{11j}、C_{22j}、C_{23j} 和 C_{33j} 为 Kalker 系数，可由 Kalker 提供的图表[11, 90]查出，它们完全依赖于接触椭圆长短半轴之比 a_j/b_j。

a_j、b_j 值的计算，可采用文献[90]的方法，引入参数 ρ_j：

$$\frac{1}{\rho_j}=\frac{1}{4}\left[\frac{1}{r_j}+\left(\frac{1}{\rho_{rj}}+\frac{1}{\rho_{wj}}\right)\right] \tag{3-38}$$

根据 ρ_j 确定参数 β_j：

$$\beta_j=\arccos\left[\frac{\rho_j}{4}\left|\frac{1}{r_j}-\frac{1}{\rho_{wj}}-\frac{1}{\rho_{rj}}\right|\right] \tag{3-39}$$

由 β_j 值的大小，根据文献[90]提供的图表查得椭圆长短轴的系数 m_j 和 n_j。引入参数 a_{ej} 和 b_{ej}：

$$\begin{cases}\begin{cases}a_{ej}=0.150\,6m_j\left(\dfrac{\rho_j}{r_j}\right)^{\frac{1}{3}}\times 10^{-3}\\ b_{ej}=0.150\,6n_j\left(\dfrac{\rho_j}{r_j}\right)^{\frac{1}{3}}\times 10^{-3}\end{cases} & \text{if}\left(\dfrac{\rho_j}{r_j}\leqslant 2\right)\\ \begin{cases}a_{ej}=0.150\,6n_j\left(\dfrac{\rho_j}{r_j}\right)^{\frac{1}{3}}\times 10^{-3}\\ b_{ej}=0.150\,6m_j\left(\dfrac{\rho_j}{r_j}\right)^{\frac{1}{3}}\times 10^{-3}\end{cases} & \text{if}\left(\dfrac{\rho_j}{r_j}>2\right)\end{cases} \tag{3-40}$$

则椭圆的长短半轴可确定为

$$\begin{cases}a_j=a_{ej}(N_j r_j)^{\frac{1}{3}}\\ b_j=b_{ej}(N_j r_j)^{\frac{1}{3}}\\ a_j b_j=a_{ej}b_{ej}(N_j r_j)^{\frac{2}{3}}\end{cases} \tag{3-41}$$

从式(3-41)可知蠕滑系数与法向力有关，根据蠕滑力和蠕滑系数的关系可知法向力和蠕滑力是相关的。式(3-36)中第二项(T_{zj} 表达式)可为 8 个待求轮轨力的确定提供最后两个方程。

以上基于 Kalker 线性的蠕滑力的计算只适用于小蠕滑率和小自旋的情形，即轮轨接触面主要是由粘着区控制的情形，对于轮轨接触面主要由滑动区控制的大蠕滑，大自旋甚至完全滑动的情况，蠕滑力与蠕滑率将不再保持线性关系，随着蠕滑率继续增大，蠕滑力最后达到最大值。显然蠕滑率在非线性变化区域时用式(3－36)来计算蠕滑力将产生较大的误差,可采用 Shen－Hedrick－Elkins 理论进行非线性修正,从而使得蠕滑力的计算可以广泛适用于任意蠕滑率的情况。

将纵向蠕滑力和横向蠕滑力合成为

$$T_j = \sqrt{T_{xj}^2 + T_{yj}^2} \tag{3-42}$$

令

$$T'_j = \begin{cases} \mu N\left[\dfrac{T_j}{\mu N_j} - \dfrac{1}{3}\left(\dfrac{T_j}{\mu N_j}\right)^2 + \dfrac{1}{27}\left(\dfrac{T_j}{\mu N_j}\right)^3\right] & T_j \leqslant 3\mu N_j \\ \mu N_j & T_j > 3\mu N_j \end{cases} \tag{3-43}$$

其中,μ 为轮轨间摩擦系数。引入修正系数:

$$\varepsilon_j = T'_j / T_j \tag{3-44}$$

则得到修正后的蠕滑力为

$$\begin{cases} T'_{xj} = \varepsilon_j T_{xj} \\ T'_{zj} = \varepsilon_j T_{zj} \\ M'_j = \varepsilon_j M_j \end{cases} \tag{3-45}$$

Shen－Hedrick－Elkins 理论既考虑了自旋蠕滑又反映了蠕滑力/蠕滑率的非线性关系,与精确理论相比计算精度较高,且计算速度快,适合作为车辆-桥梁/轨道系统耦合振动分析中的轮轨接触模型。

3.1.5　轮轨激励模型及处理

由轮轨力的表达式可知,激振因素主要包括轨道静态不平顺和桥梁/轨道振动。动力仿真计算时,将上述两种激励因素叠加起来作为车辆振动的激振源。

1. 轨道不平顺

总体而言,轨道不平顺激扰可分为确定性和随机性两大类。根据激扰因素的性质,一般又将轮轨系统确定性激励划分为脉冲型、谐波型和动力型[11]三类。

当车轮通过低轨接头、错牙接头、接头轨缝及轨面剥离处时,由于车轮瞬时转动中心的突然改变,致使车轮对轨道产生一个垂直向下的冲击速度,从而使得轮轨系统发生突发性冲击与振动。此类激扰类型统称为脉冲型激扰,它们一般须以冲击速度的方式向轮轨系统输入。这里暂不讨论脉冲型轨道不平顺,而只考虑直接采用位移函数作为系统激励输入的不平顺，如谐波型激扰。

在很多情况下，轨道几何状态不平顺可以用单个或者多个谐波来近似描述，例如轨头局部压陷、钢轨波浪型磨耗等。需要特别指出的是，当谐波不平顺的波长极短时，则谐波不平顺成为脉冲型激扰。若谐波不平顺波长 L、波深 a 与车轮半径 R 满足下列关系[11]：

$$L < 2\sqrt{2Ra - a^2} \tag{3-46}$$

则谐波不平顺事实上将成为脉冲激扰。

动力型激扰指由于轨下基础缺陷或者轨道刚度过渡所引起的轨道沿纵向的弹性不均匀现象。从表面上看，弹性不平顺或许没有任何异常现象，但当车辆通过这些部位时，将出现较大冲击。动力型不平顺可以通过对轨道结构动力参数的处理来考虑，实际上也可划入桥梁/轨道响应激励一类。

上述均为确定性激励，而轮轨系统中典型的非确定性激励当属轨道随机不平顺。实际线路的几何状态受众多因素影响，表现出明显的随机性。受随机轨道不平顺激扰，系统会产生随机振动，在车桥耦合振动分析中，通常采用随机轨道不平顺作为系统激励源，计算系统动力响应，依此评价桥梁动力性能。

车桥耦合振动中考虑的随机轨道不平顺一般包括高低不平顺、水平不平顺和方向不平顺。随机不平顺的统计特性须由线路实地测量获得。美国联邦铁路管理局(FRA)根据大量实测资料得到线路不平顺功率谱密度，拟合成一个以截断频率和粗糙度常数表示的偶次函数。其波长范围可达 1.524～304.8 m，轨道级别分为 6 级。美国轨道高低不平顺功率谱 S_v 的表达式为[11]

$$S_v(\Omega) = \frac{kA_v\Omega_c^2}{\Omega^2(\Omega_c^2 + \Omega^2)} \tag{3-47}$$

轨道方向不平顺功率谱 S_a 的表达式为

$$S_a(\Omega) = \frac{kA_a\Omega_c^2}{\Omega^2(\Omega_c^2 + \Omega^2)} \tag{3-48}$$

轨道水平不平顺功率谱 S_c 的表达式为

$$S_c(\Omega) = \frac{4kA_v\Omega_c^2}{(\Omega_c^2 + \Omega^2)(\Omega_s^2 + \Omega^2)} \tag{3-49}$$

以上各式中，Ω 为轨道不平顺的空间频率；k 是安全系数，可根据需要在 0.25～

1.0 之间选取，一般取为 0.2；A_v、A_a 为粗糙度常数；Ω_c、Ω_s 为截断频率；美国轨道谱的粗糙度参数以及截断频率见表 3-1。

表 3-1　美国联邦铁路管理局轨道谱参数[11]

参数		各级轨道的参数					
符号	单位	6 级	5 级	4 级	3 级	2 级	1 级
A_v	$cm^2 \cdot rad/m$	0.033 9	0.209 5	0.537 6	0.681 6	1.018 1	1.210 7
A_a	$cm^2 \cdot rad/m$	0.033 9	0.076 2	0.302 7	0.412 8	1.210 7	3.363 4
Ω_s	rad/m	0.438 0	0.820 9	1.131 2	0.852 0	0.930 8	0.604 6
Ω_c	rad/m	0.824 5	0.824 5	0.824 5	0.824 5	0.824 5	0.824 5

美国轨道谱只适用于车速 176 km/h 以下的线路，高速线路的轨道不平顺一般采用德国高速谱进行模拟。以下给出德国高速轨道谱的表达形式和参数，其高低不平顺功率谱 S_v 的表达式为[11]

$$S_v(\Omega) = \frac{A_v\Omega_c^2}{(\Omega_r^2 + \Omega^2)(\Omega_c^2 + \Omega^2)} \tag{3-50}$$

轨道方向不平顺功率谱 S_a 的表达式为

$$S_a(\Omega) = \frac{A_a\Omega_c^2}{(\Omega_r^2 + \Omega^2)(\Omega_c^2 + \Omega^2)} \tag{3-51}$$

轨道水平不平顺功率谱 S_c 的表达式为

$$S_c(\Omega) = \frac{A_v b^{-2}\Omega_c^2\Omega^2}{(\Omega_r^2 + \Omega^2)(\Omega_c^2 + \Omega^2)(\Omega_s^2 + \Omega^2)} \tag{3-52}$$

其中，Ω_r 为截断频率；b 为轨距之半，一般可取 0.75 m。德国高速轨道谱的粗糙度参数以及截断频率见表 3-2。其中，“低干扰”可适用于德国时速250 km/h以上的高速铁路，“高干扰”适用于德国普通铁路。

表 3-2　德国高速轨道谱参数[11]

轨道级别	Ω_c /(rad/m)	Ω_r /(rad/m)	Ω_s /(rad/m)	A_v /($m^2 \cdot rad/m$)	A_a /($m^2 \cdot rad/m$)
低干扰	0.824 6	0.020 6	0.438 0	2.119e-7	4.032e-7
高干扰	0.824 6	0.020 6	0.438 0	6.125e-7	1.080e-6

我国尚未形成表征自己铁路线路状态的轨道谱标准，但是原长沙铁道学院和铁道科学研究院均对我国轨道不平顺进行了一定的实测和研究，并根据测量结果建议了适用于不同线路的轨道谱表达式。

一般在车桥耦合振动分析中采用的轨道不平顺的波长在 1～100 m 范围内，这一波长范围能满足车辆和桥梁结构的低频振动分析需要；若需要分析轨道结构的高频振动，则需要适当考虑 1 m 以下波长的轨道不平顺。短波不平顺主要对轮轨动力作用有重要影响，而长波不平顺则主要影响车辆运行平稳性。车速越高，需要考虑的轨道不平顺波长越大；需要研究的轮轨力和轨道结构振动频率越高，考虑的波长就要越小。

随机不平顺样本一般可采用实测值或者根据不平顺谱进行数值模拟。目前国内外最常用的轨道不平顺数值模拟方法主要有二次滤波法、白噪声滤波法、AR 法、三角级数法、基于频域功率谱等效的数值模拟方法[91]等。三角级数法是比较常用的简便模拟方法，通常将三角级数型式表达为傅里叶变换(FFT)或者傅里叶逆变换(IFFT)的方式来提高计算速度。基于频域功率谱等效的数值模拟方法[91]即是一种基于 IFFT 的三角级数法，以下介绍其计算原理和方法。

对于空间不平顺序列 $y_s(s=0,1,\cdots,N_r-1)$，其频谱为 $Y(k)\ (k=0,1,\cdots,N_r-1)$，双边功率谱为 $S_y(k)$。功率谱和横坐标轴围成的面积是平均功率的大小的度量，故关于序列 k 的功率谱和关于空间频率 f 的功率谱和相应横坐标轴围成的面积应该相等，即有如下关系：

$$1\cdot S_y(k)=\Delta f\cdot S_y(f=k\Delta f) \tag{3-53}$$

功率谱和频谱又有如下关系：

$$S_y(k)=\frac{1}{N^2}Y(k)\bar{Y}(k) \tag{3-54}$$

可见，功率谱密度值在离散的采样点上与信号的频谱有着一个确定的关系。如果能够在功率谱密度函数上离散采样并构造出频谱 $Y(k)$，再对其进行傅里叶逆变换，即可得到空间域的模拟轨道不平顺激励函数 y_s。此方法实施的步骤如下：

(1) 给定的轨道不平顺功率谱密度函数通常为单边谱，所以首先要将其转化为双边谱 $S_y(f)$。为保证获得最短波长 l_1 的不平顺的信息，则空间采样间距应满足 $\Delta\leqslant l_1/2$，一般取等号即可，另外，空间频率上限为 $f_u=1/l_1$。设需要模拟的空间距离序列总长度 L_s，则空间域和频域采样点数 $N_r=L_s/\Delta$，相应的频域

采样间距应为 $\Delta f = 1/(N_r\Delta)$，此时能满足 $N_r/2 \geqslant f_u/\Delta f$，以避免混淆。如果要提高精度且保证 N_r 为偶数，可取 $N_r = 2L_s/\Delta$。此时，频域采样间距 $\Delta f = 1/(N_r\Delta)$。频率下限的确定需要考虑到系统最小自振频率 f_{min} 和最大车速 v_{max}，则需要考虑的不平顺最小频率为 $f_l = f_{min}/v_{max}$，对应的最大波长为 $l_u = 1/f_l$。

(2) 确定了频率上、下限后，上、下限之外的值取为零。对双边功率谱对称取 N_r 个离散的功率谱采样点。由式(3-53)和式(3-54)可知

$$| Y(k) | = N_r\sqrt{S_y(k)} = N_r\sqrt{S_y(f = k\Delta f)\Delta f} \tag{3-55}$$

由于不平顺为随机过程，故其频谱为随机函数，可令

$$Y(k) = | Y(k) | \exp(i\varphi_k) \quad (k = 0,\ 1,\ \cdots,\ N_r/2) \tag{3-56}$$

其中，φ_k 为服从 $[0,\ 2\pi]$ 均匀分布的随机相位。因为要使得 $Y(k)$ 经过傅里叶逆变换后得到的随机过程为实数，则要求复序列 $Y(k)$ 的实部关于 $N_r/2$ 偶对称，虚部关于 $N_r/2$ 奇对称。故对上式对称处理后即可得到 N_r 个离散的频谱值 $Y(k)$。

(3) 将得到的复频谱序列进行傅里叶逆变换，即可得到随机不平顺的模拟值：

$$y_s = \frac{1}{N_r}\sum_{k=0}^{N_r-1} Y(k)\exp\left(i\,\frac{2\pi k}{N_r}s\right) \quad (s = 0,\ 1,\ \cdots,\ N_r - 1) \tag{3-57}$$

图 3-6 即为根据文献[91]方法模拟得到的高低不平顺样本及功率谱密度。给定功率谱为美国轨道 6 级谱轨道高低不平顺谱，不平顺波长范围为 1～100 m

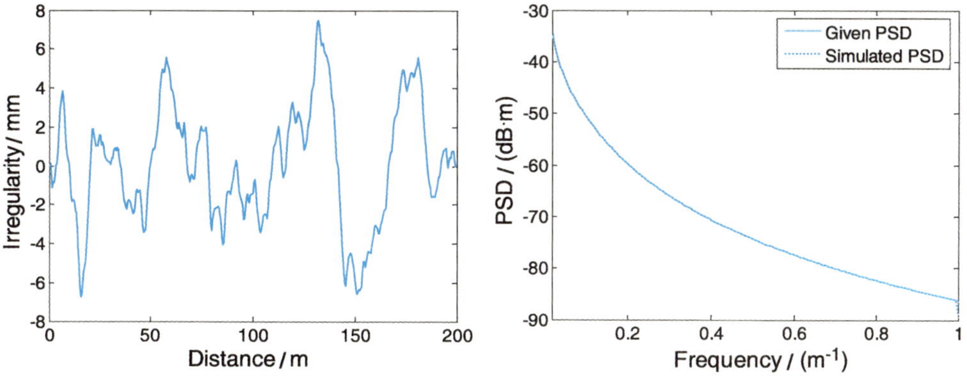

图 3-6　根据文献[91]方法模拟的美国 6 级轨道高低不平顺样本及其功率谱密度

(空间频率范围为 0.01～1/m),模拟不平顺空间长度为 200 m(不平顺间距 0.5 m,空间采样点数为 400)。从图中可见,由模拟样本估计得到的功率谱密度与给定的功率谱密度完全一致。

上述各种不平顺均可表达为离散的不平顺值,由于实测或者数值模拟的不平顺的间距一般较大(0.25～1 m),而轮对在每积分步长内走行的距离为 0.001～0.1 m 范围,因此必须对输入的不平顺进行插值处理。若每次计算均根据实际轮子位置进行样条插值,计算速度将大大降低。为此,首先按照给定的一个较小的间距(一般为 0.05～0.1 m)对原较大间距的离散不平顺进行样条插值,得到比较光滑的加密的离散不平顺点;然后采用差分方法计算加密离散点上的斜率和曲率值,进而得到轨道不平顺变化速度和加速度[89];最后,当轮对(或轮子)运行到上述加密点中间时,再采用线性插值得到最终的不平顺输入。

2. 桥梁/轨道振动

对任一时刻,车轮下钢轨所处位置一般不在桥梁/轨道结构有限元模型节点上,且实际有限元建模中并不一定将钢轨作为桥梁/轨道子系统的一部分进行建模,因此一般需要引入虚拟钢轨来实现轮轨耦合作用。如图 3－7 所示,C 点为

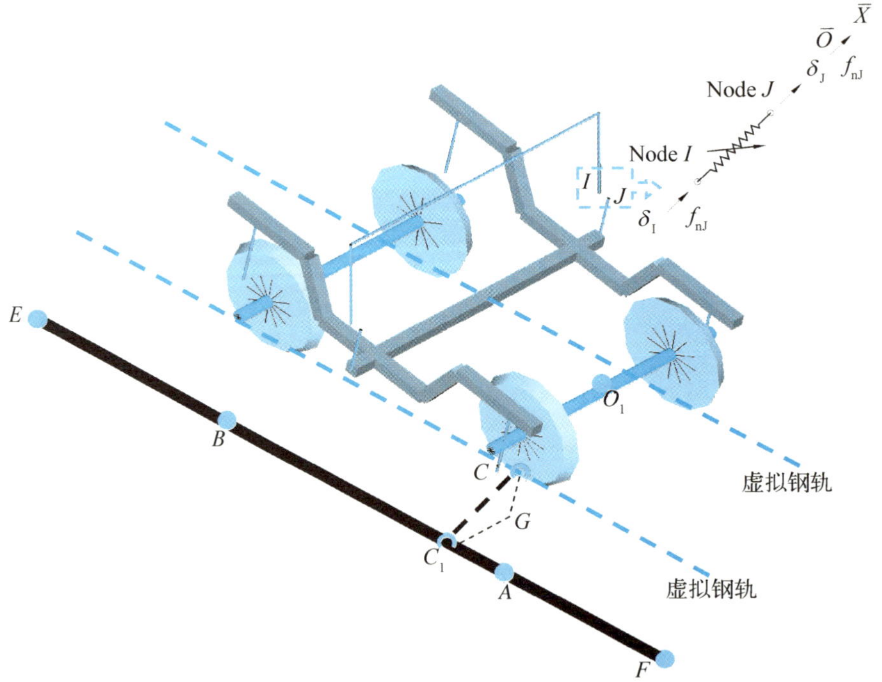

图 3－7 车辆与桥梁/轨道的空间关系

某一车轮下虚拟钢轨的形心位置，EB、BA、AF 为与车轮实际上发生耦合作用的桥梁/轨道子系统有限元模型的一部分，称之为轨道单元，E、B、A、F 称之为轨道节点，C_1 点为虚拟钢轨上 C 点在轨道单元 BA 上的投影。由于轨道节点与虚拟钢轨位置不重合，因此必须根据轨道节点运动状态插值得到 C_1 的运动状态，再根据刚臂关系外推得到 C 点的运动状态。

值得指出的是，插值和外推有如下两种处理方式：一是对轨道单元的振型向量进行插值和外推，以得到钢轨（或者虚拟钢轨）在一定间隔的加密点处的振型，然后在将振型向量与广义位移相乘得到物理坐标下钢轨任一加密点处的位移，再通过线性插值得到车轮下钢轨的位移；二是先根据节点振型和广义位移求得物理坐标下轨道节点位移，对物理坐标下的节点位移进行插值和外推，直接得到虚拟钢轨上的位移。这里采用第一种方式，原因在于：对振型进行样条插值或者 Hermite 插值操作只需计算一次，插值后的得到虚拟钢轨的振型位移可供不同轮对经过同一位置时的重复利用；此外，由于求得轮轨力后还需形成桥梁/轨道子系统广义力，轮轨力与振型向量相乘即可得到广义力，采用第一种方式可以省去将轮轨力转化为节点荷载的计算步骤。

若轨道单元为不考虑剪切变形的空间梁单元（通常钢轨和桥梁都采用这种单元），采用 Hermite 插值可精确得到单元上任一一点的运动状态。若单元尺寸本身较小，即使采用线性插值也能得到较好的精度。若轨道单元为板壳、实体单元（通常在桥梁局部振动分析，且不考虑轨道结构建模时采用），采用其本身的形函数可以精确得到单元上任一点的运动状态，但这种做法不具有通用性。由于板壳和实体单元的插值函数在单元的某一条边上时通常为线性函数，且单元尺寸通常较小，因此将轨道位置处划分节点，并采用线性插值。此外，基于多个轨道单元节点进行样条插值或者 Lagrange 插值也能满足较好的精度。计算表明，样条插值对各种单元类型均可得到较好的插值精度。文献[92]的研究也表明，由三次样条插值法构造的插值振型函数与结构的实际振型较为吻合。

设 $[\Phi_{b,E}]$、$[\Phi_{b,B}]$、$[\Phi_{b,A}]$ 和 $[\Phi_{b,F}]$ 分别为轨道节点 E、B、A、F 的振型矩阵，由桥梁/轨道结构的模态分析得到。采用某种插值函数，可得点 C_1 的振型矩阵为

$$[\Phi_{b,C_1}] = \Gamma(\cdots, [\Phi_{b,B}], [\Phi_{b,A}], \cdots) \tag{3-58}$$

其中，Γ 表示插值函数。

假定虚拟轨道上点 C 与点 C_1 由刚臂连接，且每个点都具有三个平动和三个转动自由度，则点 C 的振型矩阵可由点 C_1 的振型矩阵表达为

$$[\Phi_{b,C}]=[T_{CC_1}][\Phi_{b,C_1}] \tag{3-59}$$

式中，$[T_{CC_1}]$ 可由点 C 与点 C_1 在绝对坐标系下的坐标 (x_C, y_C, z_C) 和 (x_{C1}, y_{C1}, z_{C1}) 表示为

$$[T_{CC_1}]=\begin{pmatrix}1&0&0&0&z_C-z_{C1}&0\\0&1&0&-(z_C-z_{C1})&0&0\\0&0&1&(y_C-y_{C1})&0&0\\0&0&0&1&0&0\\0&0&0&0&1&0\\0&0&0&0&0&1\end{pmatrix} \tag{3-60}$$

根据振型矩阵和广义坐标响应，可求得轮子下虚拟轨道 C 点的物理坐标响应 $\{\delta_C\}$ 为

$$\langle x_{rj}\quad y_{rj}\quad z_{rj}\quad \theta_{rj}\quad \psi_{rj}\quad \Omega_{rj}\rangle^{T}\triangleq\{\delta_C\}=[\Phi_{b,C}]\{q_b\} \tag{3-61}$$

同理，根据轮对质心节点 O_1（见图 3－7）的模态矩阵 $[\Phi_{v,O_1}]$ 和车辆的广义坐标响应 $\{q_v\}$，以轮轨非密贴接触模型为例，物理坐标下轮对的响应可表示为

$$\langle 0\quad y_{ws}\quad z_{ws}\quad \theta_{ws}\quad \psi_{ws}\quad 0\rangle^{T}\triangleq\{\delta_{O_1}\}=[\Phi_{v,O_1}]\{q_v\} \tag{3-62}$$

根据式(3－61)和式(3－62)计算得到的物理坐标下轮对和轨道响应，即可由 3.1.3—3.1.4 节的方法计算轮轨接触力，进而计算由轮轨接触力产生的车辆、桥梁/轨道所受的广义力。例如，车轮 j 作用在桥梁/轨道结构上的广义力可表示为

$$\{f_{bc,j}\}=[\Phi_{b,C}]^{T}\left[\langle T_{xj}\quad N_j\quad T_{zj}\quad 0\quad M_j\quad 0\rangle\begin{pmatrix}[T_{j3}]&[0]\\ [0]&[T_{j3}]\end{pmatrix}\right]^{T} \tag{3-63}$$

可见，由轮轨接触产生的桥梁/轨道结构上的广义力是车辆子系统和桥梁子系统广义坐标响应的函数。与之类似，由轮轨接触产生的车辆上的广义力也一般须表达为车辆子系统和桥梁子系统广义坐标响应的函数。

3.1.6　轮轨耦合原理

若将车辆-桥梁/轨道耦合系统视为一个整体大系统，则轮轨接触力是系统的内力，轮轨接触处系统响应是系统内部响应。若车辆-桥梁/轨道耦合系统被分为车辆和桥梁/轨道两个子系统，则轮轨接触界面以及接触界面处系统响应就成为两个子系统的边界条件，这一边界条件可表达为 3.1.3—3.1.4 节所述的轮轨接触力的形式。两个子系统之间的耦合或者说轮、轨之间的耦合是通过轮轨接触力的耦合实现的。

对于车辆子系统而言，由于轮轨间蛇行运动和蠕滑现象的存在，空间车辆有限元模型必然是静不定的，车辆模型要在任一时刻实现动力平衡，必须依赖轨道为其提供的边界条件。由于车辆在轨道上的运行以及轨道结构本身的振动，轨道对车辆提供的边界条件不是固定不变的，而是动态的，正是因为这个动态边界条件的存在，使得车辆子系统振动起来并达到动态平衡。车辆所受的动态边界条件主要由三个部分决定：一是车辆在静态轨道不平顺上移动导致的边界条件变化，表达为轨道不平顺位移、轨道不平顺变化速率和轨道不平顺变化加速度的形式，如式(3－8)—式(3－10)中 y_{vj}、$v(y_{vj})_{,x}$、$v^2(y_{vj})_{,xx}$ 和式(3－30)中 $\dot{y}_{vj}$、$\dot{z}_{vj}$；二是轮轨接触处桥梁/轨道的振动位移、速度和加速度，如式(3－8)—式(3－10)中 $[N_{bj}]\{y_{bj}\}$、$[N_{bj}]\{\dot{y}_{bj}\}$、$[N_{bj}]\{\ddot{y}_{bj}\}$ 和式(3－30)中 $\dot{y}_{rj}$、$\dot{z}_{rj}$；三是车辆在桥梁/轨道变形曲线上移动导致的边界条件变化，如式(3－8)—式(3－10)中 $v[N_{bj}]_{,x}\{y_{bj}\}$ 和 $2v[N_{bj}]_{,x}\{\dot{y}_{bj}\}+v^2[N_{bj}]_{,xx}\{y_{bj}\}$。对于一般的铁路桥梁而言，由于其刚度较大，桥梁/轨道结构的变形斜率和曲率很小，第三类边界条件的影响很小。不论采用轮轨密贴接触模型还是非密贴接触模型，上述动态边界条件最终将体现在轮轨接触几何参数和轮轨接触力的计算中。

对桥梁/轨道子系统而言，虽然它本身是静定的，但是它的动态平衡同样依赖轮轨接接触位置以及接触处的车辆响应作为其动态边界条件。根据作用力与反作用力原理，车轮所受动态边界作用产生的轮轨接触力将反作用于桥梁/轨道上。作用在桥梁/轨道上的轮轨力也可划分为三个部分：一是车辆静轴重的移动效应；二是由于静态轨道不平顺产生的动态轮轨力；三是由桥梁/轨道振动与车辆振动的共同作用产生的动态轮轨力，轮轨耦合作用主要体现在这一部分。

综上所述，车辆子系统所受的边界条件和边界力依赖与桥梁/轨道子系统的响应，而桥梁/轨道子系统所受的边界力也依赖于车辆子系统的响应，这正是轮轨耦合作用的体现。由于这一耦合效应的存在，车辆子系统运动方程和桥梁/轨道子系统运动方程均不能独立求解,而必须联立求解,通常这一联立求解过程需要假定系统的初始响应并采用迭代计算使得假定响应逐步逼近真实响应。

3.2 由系统内力移到右端项产生的虚拟激振力

在以前的车桥耦合振动分析中,常常假定车辆悬挂系统为线弹性刚度和黏性阻尼。而实际上,车辆悬挂系统中常常包含非线元件,如货车干摩擦减振器、轴箱摩擦副和止挡,高速列车的抗蛇形减振器、Maxwell 减震器等。此外,桥梁中采用的橡胶支座、大跨度缆索承重桥梁上使用的阻尼减振器以及某些振动控制装置也通常为非线性元件。第 2 章中已经阐述,对于车辆或者桥梁/轨道结构中的集中阻尼和非线性弹簧阻尼元件,在有限元模型建立和模态分析时不予考虑,但通过拟力法考虑它们的效应。

考察车辆或者桥梁/轨道结构中任意两个节点 I 和 J(以图 3-7 中所示车辆悬挂弹簧阻尼为例),这两个节点之间某个方向的自由度(共 6 个,3 个平动,3 个转动)上连有一个集中阻尼或者非线性弹簧(图 3-7)。任意局部坐标轴 $\overline{O}-\overline{X}$ 下节点 I 和 J 的位移、速度和加速度为 δ_I、δ_J、$\dot{\delta}_\mathrm{I}$、$\dot{\delta}_\mathrm{J}$、$\ddot{\delta}_\mathrm{I}$、$\ddot{\delta}_\mathrm{J}$,它们可通过模态叠加法和必要的坐标转换求得。

对于黏滞阻尼元件,通过阻尼元件作用于节点 I 和 J 上的虚拟力可表示为

$$\begin{cases} f_{\mathrm{nI}} = -c_{\mathrm{IJ}}(\dot{\delta}_\mathrm{I} - \dot{\delta}_\mathrm{J}) \\ f_{\mathrm{nJ}} = -f_{\mathrm{nI}} \end{cases} \tag{3-64}$$

式中,c_{IJ} 为黏性阻尼系数。

对于双线性刚度元件,作用于节点 I 和 J 上的虚拟力可表示为

$$\begin{cases} f_{\mathrm{nI}} = \begin{cases} -k_{1\mathrm{IJ}}(\delta_\mathrm{I} - \delta_\mathrm{J}) + [\max(\delta_\mathrm{I} - \delta_\mathrm{J},\ \delta_0) - \delta_0](k_{2\mathrm{IJ}} - k_{1\mathrm{IJ}}) & \delta_\mathrm{I} - \delta_\mathrm{J} \geqslant 0 \\ -k_{1\mathrm{IJ}}(\delta_\mathrm{I} - \delta_\mathrm{J}) + [\min(-\delta_\mathrm{I} + \delta_\mathrm{J},\ -\delta_0) + \delta_0](k_{2\mathrm{IJ}} - k_{1\mathrm{IJ}}) & \delta_\mathrm{I} - \delta_\mathrm{J} < 0 \end{cases} \\ f_{\mathrm{nJ}} = -f_{\mathrm{nI}} \end{cases} \tag{3-65}$$

式中,$k_{1\mathrm{IJ}}$ 为初始刚度;$k_{2\mathrm{IJ}}$ 为相对变形超过 δ_0 后的刚度。

对于呈饱和非线性特性的减振器,作用于节点 I 和 J 上的虚拟力可表示为

$$\begin{cases} f_{nI} = \begin{cases} -f_{maxIJ}(\dot{\delta}_I - \dot{\delta}_J)/\dot{\delta}_{maxij} & |\dot{\delta}_I - \dot{\delta}_J| < \dot{\delta}_{maxIJ} \\ -f_{maxIJ}\,\mathrm{sign}(\dot{\delta}_I - \dot{\delta}_J) & |\dot{\delta}_I - \dot{\delta}_J| \geqslant \dot{\delta}_{maxIJ} \end{cases} \\ f_{nJ} = -f_{nI} \end{cases} \tag{3-66}$$

式中，f_{maxIJ} 为减振器饱和阻力；$\dot{\delta}_{maxIJ}$ 减振器卸荷速度。当卸荷速度 $\dot{\delta}_{maxIJ}$ 取为一个较小的数时，该阻尼模型可以近似模拟干摩擦阻尼。

上述非线性均只与当前状态有关，而与加载历程无关，对于弹塑性元件，其实现原理与上面类似，只是需要判断所处的加减载阶段。

下面介绍高速车辆中广泛采用的串联弹簧阻尼模型，即 Maxwell 阻尼模型[78]，如图 3-8所示。

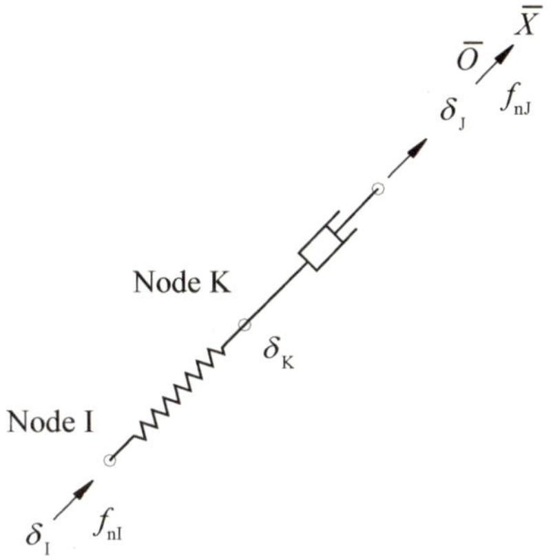

图 3-8　Maxwell 阻尼元件受力示意图

刚度为 k_{IK} 的弹簧元件对 K 点的作用力可表示为

$$f_{nIK} = k_{IK}(\delta_I - \delta_K) \tag{3-67}$$

阻尼系数为 c_{JK} 的阻尼元件对 K 点的作用力可表示为

$$f_{nJK} = c_{JK}(\dot{\delta}_J - \dot{\delta}_K) \tag{3-68}$$

根据 K 点的平衡条件可得

$$f_{nIK} = -f_{nJK} = -f_{nI} = f_{nJ} \tag{3-69}$$

将式(3-67)对时间求导后与式(3-68)相减，可得

$$\frac{\mathrm{d}f_{nI}}{\mathrm{d}t}/k_{IK} + f_{nI}/c_{JK} = (\dot{\delta}_J - \dot{\delta}_I) \tag{3-70}$$

式(3-70)包含力对时间的一阶导数项，若通过进一步运算在系统微分方程组中消除该导数项，则系统运动微分方程的阶数将达到 3 阶。由于数值稳定性和精度问题，直接求解三阶微分方程比较困难[78]。对同时含一阶微分方程式和二阶微分方程的振动系统，采用 Runge-Kutta 方法求解是一种较好的选择。

类似于式(3-61)、式(3-62)，阻尼和非线性元件产生的虚拟力的确定首先依赖于广义坐标响应，而后虚拟力对广义力贡献的计算与式(3-63)相似。因此，虚拟力产生的广义力一般也是车辆和桥梁/轨道系统广义坐标响应的函数。

3.3 其他外部激振力

这里考虑的其他外部激振力包括桥梁、车辆所受静风力和抖振力。

由于时域内风场模拟的限制，风-车-桥耦合振动分析中通常仅模拟主梁风场，如 Y. L. Xu 和夏禾及其合作者针对列车的研究[43, 44, 48, 93]，C. S. Cai & S. R. Chen 针对汽车的研究[94, 95]。他们所采用的风场模拟均应用曹映泓、项海帆等[96]提出的一维等距风场快速模拟方法。韩万水[97]根据丁泉顺[98]改进的谐波合成法在研究风-汽车-桥梁耦合振动时全面模拟主梁、桥塔及斜拉索风场。这里只模拟主梁高度处的一维风场。

静风力荷载根据静力三分力系数(或者静力六分力系数)确定；抖振力荷载按 Scanlan 的准定常气动公式计算。作用在桥梁和车辆上的风荷载的处理方式都是类似的，以桥梁为例，在风轴系中，桥梁结构单位展长的静风升力、阻力和扭矩可以表示如下：[97]

$$\begin{cases} L_{\mathrm{st}} = C_{\mathrm{L}}(\alpha)qB \\ D_{\mathrm{st}} = C_{\mathrm{D}}(\alpha)qB \\ M_{\mathrm{st}} = C_{\mathrm{M}}(\alpha)qB^2 \end{cases} \tag{3-71}$$

式中，$q=\rho U^2/2$，为气流动压；ρ 为空气密度；B 为桥梁截段的参考长度；$C_{\mathrm{L}}(\alpha)$，$C_{\mathrm{D}}(\alpha)$ 和 $C_{\mathrm{M}}(\alpha)$ 分别为风轴系中的静风升力、阻力和扭矩系数，α 为气流的攻角。静力三分力系数随攻角而变化，其值一般由节段模型风洞试验获得。

不考虑气动导纳情况下，桥梁结构单位展长的抖振力可按式(3-72)进行计算：

$$\begin{cases} L_{\mathrm{b}} = \dfrac{1}{2}\rho U^2 B\left[2C_{\mathrm{L}}(\alpha)\dfrac{u}{U} + \left(C'_{\mathrm{L}}(\alpha) + C_{\mathrm{D}}(\alpha)\right)\dfrac{w}{U}\right] \\ D_{\mathrm{b}} = \dfrac{1}{2}\rho U^2 B\left[2C_{\mathrm{D}}(\alpha)\dfrac{u}{U} + C'_{\mathrm{D}}(\alpha)\dfrac{w}{U}\right] \\ M_{\mathrm{b}} = \dfrac{1}{2}\rho U^2 B^2\left[2C_{\mathrm{M}}(\alpha)\dfrac{u}{U} + C'_{\mathrm{M}}(\alpha)\dfrac{w}{U}\right] \end{cases} \tag{3-72}$$

式中，$C'_{\mathrm{L}}=\mathrm{d}C_{\mathrm{L}}/\mathrm{d}\alpha$，$C'_{D}=\mathrm{d}C_{\mathrm{D}}/\mathrm{d}\alpha$ 和 $C'_{\mathrm{M}}=\mathrm{d}C_{\mathrm{M}}/\mathrm{d}\alpha$；$u$ 和 w 分别为紊流脉动风

速的纵向和竖向分量。

对于车辆、桥梁/轨道子系统所受的任何外部激振力，都需要采用类似于式(3－63)的表达将之转换为相应节点上所受的广义力。

3.4　本章小结

介绍了车辆、桥梁/轨道三种类型的右端激振力的具体求解过程，现总结如下：

(1) 分别阐述了轮轨密贴接触模型和非密贴接触模型下轮轨空间接触几何参数计算方法，并介绍了这两种轮轨接触模型下轮轨法向力的不同表达形式，然后介绍蠕滑率的计算过程和基于 Kalker 线性理论计算轮轨蠕滑力的方法以及采用 Shen－Hedrick－Elkins 理论对蠕滑力进行非线性修正的方法。

(2) 阐述了如何将黏性阻尼模型、双线性刚度模型、呈饱和非线性特性的阻尼模型以及 Maxwell 阻尼模型产生的内力转化为虚拟激振力的方法。

(3) 给出了桥梁和车辆所受静风力和抖振力的表达式。

由于车辆运动微分方程和桥梁/轨道运动微分方程分开建立，并将轮轨激振力、非比例阻尼力与非线性内力以及其他外力均作为虚拟力来处理，因而车辆、桥梁/轨道子系统的所受的模态广义力一般均是待求广义坐标响应的函数。鉴于广义力的这个特性，一般需要采用迭代法来求解系统响应，并有可能发生迭代计算不稳定性或者收敛性差的现象。有关迭代算法及迭代稳定性问题将在下一章详细讨论。

第4章 数值求解方法与迭代稳定性

由于将车辆-桥梁/轨道系统分为车辆子系统和桥梁/轨道子系统，分别建立它们的运动微分方程，并且由于拟力法的运用，使得两个子系统运动微分方程右端项均是待求响应量的函数。对这样的系统运动微分方程，一般需要采用迭代法来求解系统响应。本章采用求解系统响应的分离迭代算法，在迭代计算中可任意选用 Wilson - θ 法、Newmark - β 法或者新型显式积分法[69]进行数值积分运算，以寻求最优的算法。

通常，车辆-桥梁/轨道系统运动微分方程为二阶微分方程，若系统中存在用一阶微分方程表达的弹簧阻尼力，如 Maxwell 阻尼模型产生的弹簧阻尼力，则结构振动分析中常用的 Wilson - θ 法、Newmark - β 法不能用于求解系统响应。本章运用 4 阶 Runge - Kutta 法[99]实现了对含 Maxwell 阻尼元件的车辆-桥梁/轨道系统求解。Runge - Kutta 法是微分方程数值求解的一种常用算法，应用也较为广泛，特别对非线性问题计算精度和通用性都相当好。在用同步耦合方法求解车桥振动问题中，也有少数学者采用了 Runge - Kutta 法[100, 101]。本章在车辆子系统、桥梁/轨道子系统运动微分方程分离建立的基础上，通过 Runge - Kutta 法自动实现了这两个子系统的耦合，且不需迭代。这种处理方式既不同于分离迭代法，也不同于同步耦合法，可称之为“分离同步法”。

分离迭代法可以避免在每步计算中重新形成和分解等效刚度矩阵，但是少数情况下可能发生计算不稳定的现象。虽然在一定情况下采取 Seidel 迭代[35, 61, 62]、Aitken 加速[4, 63]、预测-校正[64, 65]和 Newton - Raphson 迭代[66]等措施确实能增强分离迭代法的稳定性、收敛性，但是这些辅助处理方式都没有正面对车桥耦合振动计算不稳定的机理进行深入研究，使得计算不稳定的根源仍然存在，并给一些对稳定性比较敏感的特殊问题的分析带来了困难。

Yang & Fonder[63]对采用松弛法和 Aitken 加速的迭代计算收敛性进行过

探讨，并指出采用松弛法改善迭代收敛性时必须选择合适的松弛系数，而采用 Aitken 方法则总能获得较好的收敛性。然而，Yang & Fonder 的研究至少有如下两点不足：一是用于理论分析的简化模型只能反映车桥弹性力和阻尼力的耦合，而不能体现轮对惯性力的耦合；二是只对采用改善迭代收敛性的辅助方法进行了研究，而并没有对不同的数值计算方法的收敛性的差别做分析。

本章从车桥轮轨接触模型以及积分方法这两个方面系统地研究车桥耦合振动计算不稳定现象发生的机理。首先提出研究计算稳定性问题的简化理论模型，推导判断计算稳定性的解析表达式，据此定量分析影响计算稳定性的主要因素，然后提出解决计算不稳定的合理措施。

4.1 分离迭代法

在运动微分方程的建立过程中，车辆-桥梁/轨道耦合系统被分为两个子系统，一个是车辆子系统，另一个是桥梁/轨道子系统。一般而言，若系统中不含 Maxwell 阻尼，则车辆-桥梁/轨道系统运动微分方程可表示为

$$\begin{cases} \{\ddot{q}_{\mathrm{v}}\}+2[\xi_{\mathrm{v}}][\omega_{\mathrm{v}}]\{\dot{q}_{\mathrm{v}}\}+[\omega_{\mathrm{v}}^{2}]\{q_{\mathrm{v}}\} \\ =\{f_{\mathrm{v}}(\{q_{\mathrm{v}}\},\{\dot{q}_{\mathrm{v}}\},\{\ddot{q}_{\mathrm{v}}\},\{q_{\mathrm{b}}\},\{\dot{q}_{\mathrm{b}}\},\{\ddot{q}_{\mathrm{b}}\})\} \\ \{\ddot{q}_{\mathrm{b}}\}+2[\xi_{\mathrm{b}}][\omega_{\mathrm{b}}]\{\dot{q}_{\mathrm{b}}\}+[\omega_{\mathrm{b}}^{2}]\{q_{\mathrm{b}}\} \\ =\{f_{\mathrm{b}}(\{q_{\mathrm{v}}\},\{\dot{q}_{\mathrm{v}}\},\{\ddot{q}_{\mathrm{v}}\},\{q_{\mathrm{b}}\},\{\dot{q}_{\mathrm{b}}\},\{\ddot{q}_{\mathrm{b}}\})\} \end{cases} \tag{4-1}$$

式(4－1)及其求解有两个特点：一是车辆子系统和桥梁/轨道子系统运动方程右端项分别含有待求车辆和桥梁/轨道响应量，这是运用拟力法的结果，导致运动方程需要采用拟力迭代求解；二是车辆子系统运动方程右端项与桥梁/轨道响应有关，而桥梁/轨道子系统运动方程右端项也与车辆响应有关，这是采用分离方法建立车辆、桥梁/轨道耦合关系的结果，导致运动方程需要采用分离迭代求解。拟力法和分离方法建立耦合关系的一个共同点是它们均导致运动微分方程右端项与待求响应有关，在某一时刻右端项的值是未知的，因此都需要通过迭代计算使得初始假定的右端项逐步逼近真实的右端项。由此可见，拟力迭代和分离迭代的本质是相同的，不需要分别处理，它们可统一为图 4－1 所示的分离迭代过程。

(1) 假定已经获得 t 时刻车辆、桥梁/轨道结构动力响应，并将这些响应作为 $t+\Delta t$ 第 1 次迭代开始前的初始条件，即

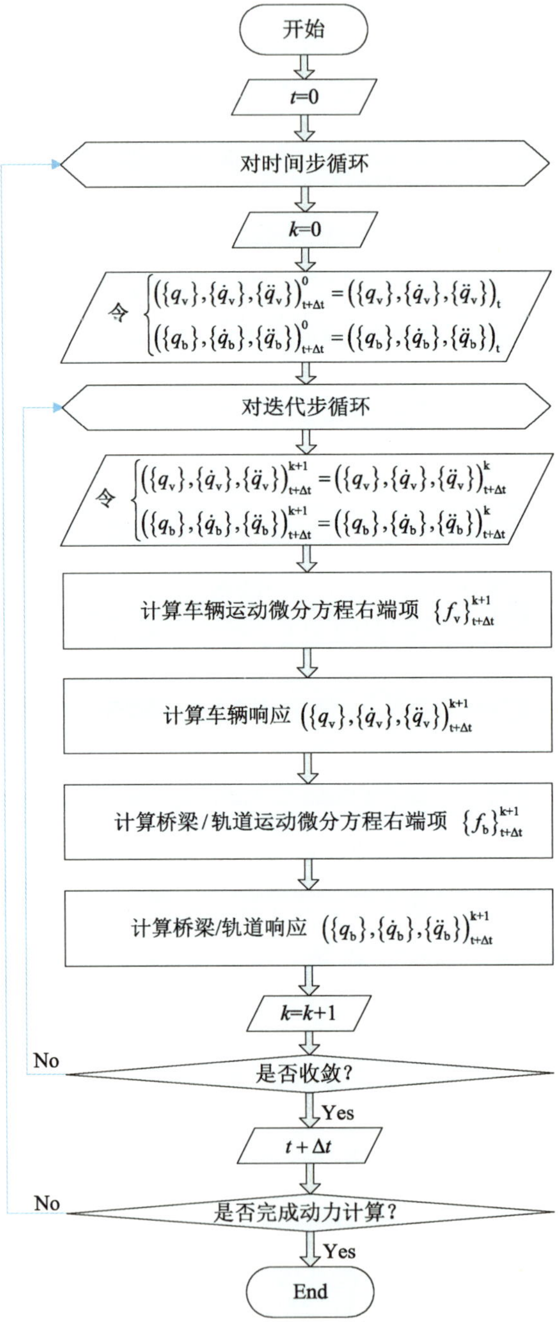
开始
t=0
对时间步循环
k=0
令
对迭代步循环
令
计算车辆运动微分方程右端项
计算车辆响应
计算桥梁/轨道运动微分方程右端项
计算桥梁/轨道响应
k=k+1
No
是否收敛?
Yes
t+Δt
No
是否完成动力计算?
Yes
End

图 4-1　迭代计算流程

$$\begin{cases}(\{q_{\mathrm{v}}\}, \{\dot{q}_{\mathrm{v}}\}, \{\ddot{q}_{\mathrm{v}}\})_{\mathrm{t+\Delta t}}^{0} = (\{q_{\mathrm{v}}\}, \{\dot{q}_{\mathrm{v}}\}, \{\ddot{q}_{\mathrm{v}}\})_{\mathrm{t}} \\ (\{q_{\mathrm{b}}\}, \{\dot{q}_{\mathrm{b}}\}, \{\ddot{q}_{\mathrm{b}}\})_{\mathrm{t+\Delta t}}^{0} = (\{q_{\mathrm{b}}\}, \{\dot{q}_{\mathrm{b}}\}, \{\ddot{q}_{\mathrm{b}}\})_{\mathrm{t}}\end{cases} \tag{4-2}$$

(2) 根据第 k 次迭代计算的车辆响应 $(\{q_{\mathrm{v}}\}, \{\dot{q}_{\mathrm{v}}\}, \{\ddot{q}_{\mathrm{v}}\})_{\mathrm{t+\Delta t}}^{\mathrm{k}}$ 和桥梁/轨道响应 $(\{q_{\mathrm{b}}\}, \{\dot{q}_{\mathrm{b}}\}, \{\ddot{q}_{\mathrm{b}}\})_{\mathrm{t+\Delta t}}^{\mathrm{k}}$，计算用于第 $k+1$ 次迭代的车辆运动方程右端激项 $\{f_{\mathrm{v}}\}_{\mathrm{t+\Delta t}}^{\mathrm{k+1}}$。

(3) 在求得 $\{f_{\mathrm{v}}\}_{\mathrm{t+\Delta t}}^{\mathrm{k+1}}$ 后运用一种逐步积分方法如 Wilson－θ 法、Newmark－β 法及新型显式积分法求解第 $k+1$ 次迭代后的车辆响应 $(\{q_{\mathrm{v}}\}, \{\dot{q}_{\mathrm{v}}\}, \{\ddot{q}_{\mathrm{v}}\})_{\mathrm{t+\Delta t}}^{\mathrm{k+1}}$。

(4) 根据 $k+1$ 次迭代计算得到的车辆响应 $(\{q_{\mathrm{v}}\}, \{\dot{q}_{\mathrm{v}}\}, \{\ddot{q}_{\mathrm{v}}\})_{\mathrm{t+\Delta t}}^{\mathrm{k+1}}$ 和第 k 次迭代得到的桥梁/轨道响应 $(\{q_{\mathrm{b}}\}, \{\dot{q}_{\mathrm{b}}\}, \{\ddot{q}_{\mathrm{b}}\})_{\mathrm{t+\Delta t}}^{\mathrm{k}}$，计算用于第 $k+1$ 次迭代的桥梁/轨道运动方程右端项 $\{f_{\mathrm{b}}\}_{\mathrm{t+\Delta t}}^{\mathrm{k+1}}$。

(5) 在求得 $\{f_{\mathrm{b}}\}_{\mathrm{t+\Delta t}}^{\mathrm{k+1}}$ 后，运用逐步积分方法计算第 $k+1$ 次迭代后的桥梁/轨道响应 $(\{q_{\mathrm{b}}\}, \{\dot{q}_{\mathrm{b}}\}, \{\ddot{q}_{\mathrm{b}}\})_{\mathrm{t+\Delta t}}^{\mathrm{k+1}}$。

(6) 根据第(3)步得到的车辆响应和第(5)步得到的桥梁/轨道响应，转至第(2)步进行下一次迭代计算。重复(2)—(6)步直至满足迭代收敛准则。

(7) 迭代收敛后得到当前时刻 $t+\Delta t$ 的系统动力响应。重复(1)—(7)步计算下一时刻系统动力响应。

在收敛准则上，以桥梁/轨道和所有车辆的广义位移、广义速度和广义加速度的收敛性作为控制目标，前后两次迭代的收敛率 α 定义为

$$\alpha = \max_{\mathrm{n}} \left| \frac{\{q\}_{\mathrm{i}}^{\mathrm{k+1}}}{\{q\}_{\mathrm{i}}^{\mathrm{k}}} - 1 \right|, \quad \{q\}_{\mathrm{i}}^{\mathrm{k}} > \varepsilon \tag{4-3}$$

迭代收敛准则为

$$\alpha \leqslant \alpha_{\mathrm{d}} \tag{4-4}$$

上式中，$\{q\}_{\mathrm{i}}$ 为系统广义位移、广义速度和广义加速度中第 i 个(共有 n 个)响应量；α_{d} 为迭代收敛精度控制参数；参数 ε 为使得个别接近于零的响应量不参与收敛性判断而设定的小量。

上述步骤(1)—(7)是当前时刻 $t+\Delta t$ 的系统响应的迭代求解过程，其中第(3)步和第(5)步包含从前一时刻 t 到当前时刻 $t+\Delta t$ 的逐步积分过程。下面以第(3)步中采用 Wilson－θ 法求解车辆子系统运动方程的步骤为例来阐述这一逐步积分过程。由于车辆运动方程左端项已经采用模态方法解耦，车辆运动方

程的求解可以由多个单自由度系统的求解来代替。

首先计算以下常数：

$$\begin{cases} a_0 = \dfrac{6}{\tau^2},\ a_1 = \dfrac{3}{\tau},\ a_2 = 2a_1,\ a_3 = \dfrac{\tau}{2},\ a_4 = \dfrac{a_0}{\theta} \\ a_5 = \dfrac{-a_2}{\theta},\ a_6 = 1 - \dfrac{3}{\theta},\ a_7 = \dfrac{\Delta t}{2},\ a_8 = \dfrac{\Delta t^2}{6} \end{cases} \tag{4-5}$$

式中，θ 为 Wilson 常数；$\tau = \Delta t\theta$。

而后，进行如下步骤求解当前时刻对应第 $k+1$ 次迭代的广义坐标响应：

1) 第 i 个广义单自由度系统的等效刚度为

$$\overline{k} = \omega_{\mathrm{vi}}^2 + 2\xi_{\mathrm{vi}}\omega_{\mathrm{vi}}a_1 + a_0 \tag{4-6}$$

2) 第 i 个广义单自由度系统的等效荷载为

$$\begin{aligned} \overline{p}_{\mathrm{t+\tau}}^{\mathrm{k+1}} = {} & f_{\mathrm{vi,\,t}} + \theta(f_{\mathrm{vi,\,t+\Delta t}}^{\mathrm{k+1}} - f_{\mathrm{vi,\,t}}) + [a_0 q_{\mathrm{vi,\,t}} + a_2\,\dot{q}_{\mathrm{vi,\,t}} + 2\ddot{q}_{\mathrm{vi,\,t}}] \\ & + 2\xi_{\mathrm{vi}}\omega_{\mathrm{vi}}[a_1 q_{\mathrm{vi,\,t}} + 2\,\dot{q}_{\mathrm{vi,\,t}} + a_3\,\ddot{q}_{\mathrm{vi,\,t}}] \end{aligned} \tag{4-7}$$

3) $t+\tau$ 时刻的广义坐标位移可表达为

$$q_{\mathrm{vi,\,t+\tau}}^{\mathrm{k+1}} = \overline{k}^{-1}\ \overline{p}_{\mathrm{t+\tau}}^{\mathrm{k+1}} \tag{4-8}$$

4) $t+\Delta t$ 时刻的广义坐标响应可表示为

$$\begin{cases} \ddot{q}_{\mathrm{vi,\,t+\Delta t}}^{\mathrm{k+1}} = a_4(q_{\mathrm{vi,\,t+\tau}}^{\mathrm{k+1}} - q_{\mathrm{vi,\,t}}) + a_5\,\dot{q}_{\mathrm{vi,\,t}} + a_6\,\ddot{q}_{\mathrm{vi,\,t}} \\ \dot{q}_{\mathrm{vi,\,t+\Delta t}}^{\mathrm{k+1}} = \dot{q}_{\mathrm{vi,\,t}} + a_7(\ddot{q}_{\mathrm{vi,\,t+\Delta t}}^{\mathrm{k+1}} + \ddot{q}_{\mathrm{vi,\,t}}) \\ q_{\mathrm{vi,\,t+\Delta t}}^{\mathrm{k+1}} = q_{\mathrm{vi,\,t}} + \Delta t\,\dot{q}_{\mathrm{vi,\,t}} + a_8(\ddot{q}_{\mathrm{vi,\,t+\Delta t}}^{\mathrm{k+1}} + 2\ddot{q}_{\mathrm{vi,\,t}}) \end{cases} \tag{4-9}$$

在逐步积分过程中，式(4－5)—式(4－9)中运动方程右端项 $f_{\mathrm{vi,\,t+\Delta t}}^{\mathrm{k+1}}$ 是可以在迭代过程中不断更新的。由于右端项的更新，根据逐步积分计算得到的广义坐标响应也将得到更新，从而使得广义坐标响应在迭代过程中不断逼近真实解。

4.2 分离同步法

根据第 3 章的讨论，当采用轮轨非密贴接触模型时，系统运动微分方程右端项则不含待求的加速度响应量，在这种情况下，式(4－1)可重新表达为

$$\begin{cases}\{\ddot{q}_v\}=\{f_v(\{q_v\},\{\dot{q}_v\},\{q_b\},\{\dot{q}_b\})\}-2[\xi_v][\omega_v]\{\dot{q}_v\}-[\omega_v^2]\{q_v\}\\\{\ddot{q}_b\}=\{f_b(\{q_v\},\{\dot{q}_v\},\{q_b\},\{\dot{q}_b\})\}-2[\xi_b][\omega_b]\{\dot{q}_b\}-[\omega_b^2]\{q_b\}\end{cases} \tag{4-10}$$

令

$$\{u\}=\langle\{\dot{q}_v\}^T,\{q_v\}^T,\{\dot{q}_b\}^T,\{q_b\}^T\rangle^T \tag{4-11}$$

则式(4-10)可转化为一阶微分方程组：

$$\{\dot{u}\}=\{f(\{u\})\} \tag{4-12}$$

式(4-12)可由标准的四阶 Runge-Kutta 法求解，假定已求得 t 时刻响应为 $\{u_t\}$，Δt 时刻之后，待求响应 $\{u_{t+\Delta t}\}$ 可根据以下步骤求解：

$$\{a_t\}=\{f(\{u_t\})\} \tag{4-13}$$

$$\{b_t\}=\{f(\{u_t\}+0.5\Delta t\{a_t\})\} \tag{4-14}$$

$$\{c_t\}=\{f(\{u_t\}+0.5\Delta t\{b_t\})\} \tag{4-15}$$

$$\{d_t\}=\{f(\{u_t\}+\Delta t\{c_t\})\} \tag{4-16}$$

$$\{u_{t+\Delta t}\}=\{u_t\}+(\Delta t/6)(\{a_t\}+2\{b_t\}+2\{c_t\}+\{d_t\}) \tag{4-17}$$

从以上求解步骤可知，式(4-12)的右端项在每一时间步内需要计算 4 次，且后一次计算依赖于前一次计算的结果。虽然车辆、桥梁/轨道两个子系统的运动微分方程分开建立，但车辆响应和桥梁/轨道响应是同步求解得到的，故这种方法可称为分离同步法。

分离同步法要求系统运动微分方程右端项不含待求加速度响应量，一般只适用于轮轨非密贴接触模型；若采用密贴接触模型但忽略桥梁/轨道结构振动导致的轮对惯性力，则同样可以采用分离同步法求解。文献[4]在求解轮轨力时即假定轮对沉浮和侧滚惯性力可忽略，虽然这一假定并不会带来很大误差，但还是需要谨慎处理。

若车辆-桥梁/轨道系统含有 Maxwell 阻尼元件，则系统运动微分方程式(4-10)可改写为

$$\begin{cases}\{\ddot{q}_v\}=\{f_v(\{q_v\},\{\dot{q}_v\},\{q_b\},\{\dot{q}_b\},\{f_{vn,M}\})\}-2[\xi_v][\omega_v]\{\dot{q}_v\}-[\omega_v^2]\{q_v\}\\\{\ddot{q}_b\}=\{f_b(\{q_v\},\{\dot{q}_v\},\{q_b\},\{\dot{q}_b\},\{f_{bn,M}\})\}-2[\xi_b][\omega_b]\{\dot{q}_b\}-[\omega_b^2]\{q_b\}\\\{\dot{f}_{vn,M}\}=\{f_{vM}(\{f_{vn,M}\},\{\dot{q}_v\})\}\\\{\dot{f}_{bn,M}\}=\{f_{bM}(\{f_{bn,M}\},\{q_b\})\}\end{cases} \tag{4-18}$$

式中，$\{f_{vn,M}\}$ 和 $\{f_{bn,M}\}$ 为 Maxwell 阻尼产生的虚拟激励力向量。式(4-18)转化为一阶运动微分方程组后同样可由标准的四阶 Runge-Kutta 法求解。

由于不需要迭代计算，分离同步法不存在迭代稳定性问题，但时间步长的选择要满足 Runge-Kutta 数值积分的稳定性要求[99]和精度要求，一般要求进行自动化的误差检测和步长控制。也可用定步长的方式，合适的步长通过数值实验和经验确定。

4.3 用于迭代稳定性分析的简化模型

式(4-1)表达振动微分方程求解一般过程包括两个部分：一是时间步间的数值积分，可采用 Wilson-θ 法或者 Newmark-β 法等；二是时间步内的迭代。时间步间的数值积分的稳定性由数值积分方法决定；时间步内的迭代则是分离迭代计算特点的反映，计算不稳定问题主要由之引起，值得研究。

式(4-1)一般含有非线性项，且为矩阵表达形式，难以进行迭代稳定性的理论分析。用简单的模型和谱半径概念[102]分析复杂系统数值计算的稳定性，这是数值积分中常用和认可的方法，可将之推广到分离迭代法的稳定性分析。Wilson-θ 法或者 Newmark-β 法等数值积分方法的稳定性分析一般采用线性单自由度弹簧振子模型来进行研究，且只需要研究自由振动，迭代稳定性研究同样可以通过简化线性模型的自由振动分析来实现。根据轮轨耦合关系及迭代算法特点，提出如下 3 种抽象模型(图 4-2)以进行迭代稳定性的研究。

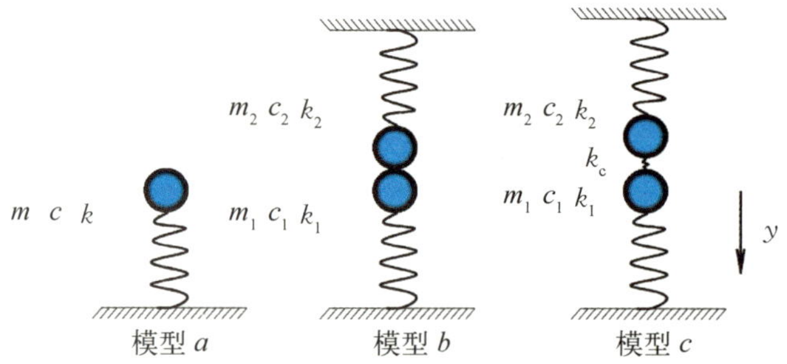

图 4-2 迭代稳定性分析抽象模型

模型 a：单自由度弹簧振子，用于与模型 2 和模型 3 进行对比与验证。

模型 b：密贴接触弹簧振子，该模型两质量块紧密接触，具有相同的位移、速度和加速度，用以模拟车桥耦合振动计算中轮轨密贴接触假设。该模型实质上为单自由度体系，通过选取适当的弹簧质量参数，该模型在理论上与模型 1 可以做到等价，但是采用分离迭代格式进行计算。

模型 c：非密贴接触弹簧振子，该模型两质量块之间连有一个刚度为 k_c 的弹簧，用于模拟车桥耦合振动中轮轨非密贴接触假设。该模型具有 2 个自由度，同样采用分离迭代格式计算系统的动力响应。

模型 b 和模型 c 中，振子 1 代表桥梁/轨道结构系统，振子 2 代表车辆/轮对系统。由于计算不稳定现象主要发生在某个时间步内的迭代过程，对于某一时刻的迭代而言，车辆在桥梁上并无移动，因此采用上述简化模型研究车桥系统的迭代计算稳定性是可行的。

4.4　对应于简化模型的迭代稳定性分析

数值积分方法的稳定性分析思路是建立相应积分格式的前一时间步振动响应和当前时间步振动响应的递推关系，根据递推关系的逼近算子的谱半径[102]即可判断计算稳定性。依据这种思路，可建立相应迭代格式的前次迭代振动响应和当前振动响应之间的递推关系，同样，根据递推关系的逼近算子的谱半径大小即可判断迭代稳定性。

4.4.1　密贴接触弹簧振子模型

假定模型 b 中各参数满足如下关系

$$m_1 + m_2 = m,\ k_1 + k_2 = k,\ c_1 + c_2 = c \tag{4-19}$$

则模型 a 和模型 b 完全等价。对模型 a 所示的单自由度弹簧振子，其自由振动微分方程为

$$m\ddot{y} + c\dot{y} + ky = 0 \tag{4-20}$$

上式是一个等式，移动部分左端项到右端项后变成

$$m_1\ddot{y} + c_1\dot{y} + k_1 y = -m_2\ddot{y} - c_2\dot{y} - k_2 y \tag{4-21}$$

式(4 - 21)将待求的响应作为激振力的一部分，这与式(4 - 1)表达的车桥系

统典型振动方程是类似的。不难看出，式(4－21)是模型 b 的迭代格式。将一整体系统振动微分方程响应的左端项的一部分移动到方程右端项作为激振力来处理，等价于将一个系统分组为两个系统分别建立振动方程，再用迭代法求解。因此，研究迭代稳定性，可以直接对式(4－21)进行分析。

1. Wilson－θ 法的迭代稳定性

以采用 Wilson－θ 法对式(4－21)的求解为例，假定 t 时刻的动力响应已知，则根据 4.1 节所述积分格式可建立 $t+\Delta t$ 时刻的迭代计算步骤：

1）得到等效刚度为

$$\bar{k}=k_1+\frac{3}{\tau}c_1+\frac{6}{\tau^2}m_1 \tag{4-22}$$

2）运用第 k 次迭代后的动力响应，更新式(4－21)右端项，并将其作为虚拟外荷载进行下一次迭代计算，则第 $k+1$ 次迭代计算的等效荷载为

$$\bar{p}_{t+\tau}^{k+1}=\theta\cdot(-m_2\ddot{y}_{t+\Delta t}^{k}-c_2\dot{y}_{t+\Delta t}^{k}-k_2y_{t+\Delta t}^{k})+F_1(t) \tag{4-23}$$

其中，$F_i(t)$ $(i=1,2,3,\cdots)$ 为与 t 时刻响应有关的函数，与迭代稳定性分析无关，故不给其具体形式。

3）$t+\tau$ 时刻的位移可表达为

$$y_{t+\tau}^{k+1}=\bar{k}^{-1}\bar{p}_{t+\tau}^{k+1} \tag{4-24}$$

4）$t+\Delta t$ 时刻的响应可表示为

$$\begin{cases}\ddot{y}_{t+\Delta t}^{k+1}=\dfrac{6}{\theta\tau^2}y_{t+\tau}^{k+1}+F_2(t)\\[2ex]\dot{y}_{t+\Delta t}^{k+1}=\dfrac{3}{\theta^2\tau}y_{t+\tau}^{k+1}+F_3(t)\\[2ex]y_{t+\Delta t}^{k+1}=\dfrac{1}{\theta^3}y_{t+\tau}^{k+1}+F_4(t)\end{cases} \tag{4-25}$$

5）根据式(4－24)和式(4－25)可得第 k 次迭代和第 $k+1$ 次迭代的递推关系为

$$\{\ddot{y}_{t+\Delta t}^{k+1}\quad \dot{y}_{t+\Delta t}^{k+1}\quad y_{t+\Delta t}^{k+1}\}^{\mathrm{T}}=[B]\{\ddot{y}_{t+\Delta t}^{k}\quad \dot{y}_{t+\Delta t}^{k}\quad y_{t+\Delta t}^{k}\}^{\mathrm{T}}+\{F_5(t)\} \tag{4-26}$$

式中，$[B]$ 称为迭代逼近算子，可表示为

$$[B]=\frac{-1}{k_1+\frac{3}{\tau}c_1+\frac{6}{\tau^2}m_1}\begin{bmatrix} m_2\frac{6}{\tau^2} & c_2\frac{6}{\tau^2} & k_2\frac{6}{\tau^2} \\ m_2\frac{3}{\theta\tau} & c_2\frac{3}{\theta\tau} & k_2\frac{3}{\theta\tau} \\ m_2\frac{1}{\theta^2} & c_2\frac{1}{\theta^2} & k_2\frac{1}{\theta^2} \end{bmatrix} \tag{4-27}$$

迭代逼近算子 $[B]$ 的谱半径为

$$\rho([B])=\frac{m_2+\Delta t^2k_2/6+\Delta tc_2/2}{m_1+\theta^2\Delta t^2k_1/6+\theta\Delta tc_1/2} \tag{4-28}$$

根据谱半径理论可知，$\rho([B])\leqslant 1$ 时是迭代计算收敛的必要条件。

2. Newmark - β 法的迭代稳定性

对 Newmark - β 法，取积分常数 $\beta=0.25$，$\delta=0.5$（常加速度法），同样可得迭代逼近算子为

$$[B]=\frac{-1}{k_1+\frac{c_1}{12\Delta t}+\frac{8m_1}{\Delta t^2}}\begin{bmatrix} \frac{8m_2}{\Delta t^2} & \frac{8c_2}{\Delta t^2} & \frac{8k_2}{\Delta t^2} \\ \frac{4m_2}{\Delta t} & \frac{4c_2}{\Delta t} & \frac{4k_2}{\Delta t} \\ m_2 & c_2 & k_2 \end{bmatrix} \tag{4-29}$$

其对应的谱半径为

$$\rho([B])=\frac{m_2+\Delta t^2k_2/8+\Delta tc_2/2}{m_1+\Delta t^2k_1/8+\Delta tc_1/96} \tag{4-30}$$

3. 新型显式积分法的迭代稳定性

若采用翟婉明提出的新型显式积分法[69]，其数值积分的递推关系为

$$\begin{cases} \bar{p}_{t+\Delta t}=-m_2\ddot{y}^{k}_{t+\Delta t}-c_2\dot{y}^{k}_{t+\Delta t}-k_2y^{k}_{t+\Delta t} \\ \qquad -k_1y_t-(c_1+k_1\Delta t)\dot{y}_t \\ \qquad -[(1+\varphi)c_1+(0.5+\psi)k_1\Delta t]\ddot{y}_t\Delta t \\ \qquad +(\varphi c_1+\psi k_1\Delta t)\ddot{y}_{t-\Delta t}\Delta t \\ \ddot{y}^{k+1}_{t+\Delta t}=m_1^{-1}\bar{p}_{t+\Delta t} \\ \dot{y}^{k+1}_{t+\Delta t}=\dot{y}_t+(1+\varphi)\ddot{y}_t\Delta t-\psi\ddot{y}_{t-\Delta t}\Delta t \\ y^{k+1}_{t+\Delta t}=y_t+\dot{y}_t\Delta t+(0.5+\psi)\ddot{y}_t\Delta t^2-\psi\ddot{y}_{t-\Delta t}\Delta t^2 \end{cases} \tag{4-31}$$

对任意积分参数 φ、ψ，可得迭代逼近算子为

$$[B]=\frac{-1}{m_1}\begin{bmatrix} m_2 & c_2 & k_2 \\ 0 & 0 & 0 \\ 0 & 0 & 0 \end{bmatrix} \tag{4-32}$$

其谱半径为

$$\rho([B])=\frac{m_2}{m_1} \tag{4-33}$$

新型显式积分法与 Newmark - β 法相比，前者属于显式格式，后者为隐式格式。隐式格式的位移、速度和加速度的递推关系均建立在当前时间步的右端项之上，因而迭代逼近算子的谱半径与质量、刚度和阻尼项均相关。由式(4 - 31)可知，新型显式积分法只有加速度的递推关系与当前时间步有关，而位移和速度均根据前两步的已知响应得到，因此其迭代逼近算子的谱半径只与质量项有关。可以推论，采用其他只有加速度的递推关系与当前时间步有关的显式积分方法，其谱半径特性与新型显式积分法类似。需要注意的是，虽然中心差分法也属于显式积分方法，但其位移、速度和加速度均与当前时间步有关，其迭代稳定性与质量、刚度和阻尼项均有关。

若积分步长足够小(满足数值积分精度)，则与时间步长相乘的项为小量，式(4 - 28)和式(4 - 30)可近似表达为式(4 - 33)。可见，以上三种积分格式在迭代收敛性问题上基本一致，影响收敛性的关键因素是分离迭代的两个子系统接触部分的质量比，当 $m_2>m_1$ 时，一般有 $\rho([B])>1$，则迭代不收敛。根据初步类比分析可知，以上分析从理论上指出了采用轮轨密贴接触假设且当轮对质量大于轮对下桥梁/轨道节点集中质量时将导致迭代不收敛问题。

4.4.2 非密贴接触弹簧振子模型

对模型 c 所示的两自由度弹簧振子，采用分离迭代方法求解的自由振动微分方程可表示为

$$\begin{cases} m_1\ddot{y}_1+c_1\dot{y}_1+k_1y_1=k_t(y_2-y_1) \\ m_2\ddot{y}_2+c_2\dot{y}_2+k_2y_2=-k_t(y_2-y_1) \end{cases} \tag{4-34}$$

根据迭代求解步骤，当采用 Wilson - θ 法进行数值积分时，得到 $t+\Delta t$ 时刻

的当前迭代与前次迭代的递推关系为

$$\langle \ddot{y}_{1,\,t+\Delta t}^{k+1} \quad \dot{y}_{1,\,t+\Delta t}^{k+1} \quad y_{1,\,t+\Delta t}^{k+1} \quad \ddot{y}_{2,\,t+\Delta t}^{k+1} \quad \dot{y}_{2,\,t+\Delta t}^{k+1} \quad y_{2,\,t+\Delta t}^{k+1} \rangle^{T}$$
$$= [B'] \langle \ddot{y}_{1,\,t+\Delta t}^{k} \quad \dot{y}_{1,\,t+\Delta t}^{k} \quad y_{1,\,t+\Delta t}^{k} \quad \ddot{y}_{2,\,t+\Delta t}^{k} \quad \dot{y}_{2,\,t+\Delta t}^{k} \quad y_{2,\,t+\Delta t}^{k} \rangle^{T} + \{F_6(t)\} \tag{4-35}$$

逼近算子为

$$[B'] = \begin{bmatrix} 0 & 0 & 6k_c/\lambda_2 & 0 & 0 & -6k_c/\lambda_2 \\ 0 & 0 & 3\Delta t \cdot k_c/\lambda_2 & 0 & 0 & -3\Delta t \cdot k_c/\lambda_2 \\ 0 & 0 & \Delta t^2 k_c/\lambda_2 & 0 & 0 & -\Delta t^2 k_c/\lambda_2 \\ 0 & 0 & -6k_c/\lambda_1 & 0 & 0 & 6k_c/\lambda_1 \\ 0 & 0 & -3\Delta t \cdot k_c/\lambda_1 & 0 & 0 & 3\Delta t \cdot k_c/\lambda_1 \\ 0 & 0 & -\Delta t^2 k_c/\lambda_1 & 0 & 0 & \Delta t^2 k_c/\lambda_1 \end{bmatrix} \tag{4-36}$$

式中，$\lambda_1 = 6m_1 + \tau^2 k_1 + 3\tau c_1$，$\lambda_2 = 6m_2 + \tau^2 k_2 + 3\tau c_2$。逼近算子 $[B']$ 的谱半径为

$$\rho([B']) = \Delta t^2 k_c \left(\frac{1}{\lambda_1} + \frac{1}{\lambda_2}\right) \tag{4-37}$$

若积分步长足够小，则上式可简化为

$$\rho([B']) = \Delta t^2 k_c \frac{m_1 + m_2}{6m_1 m_2} \tag{4-38}$$

易知 Newmark - β 法对应的谱半径与式(4 - 37)类似，而新型显式积分法对应的谱半径为零，即

$$\rho([B']) = 0 \tag{4-39}$$

式(4 - 28)、式(4 - 30)、式(4 - 33)与式(4 - 38)、式(4 - 39)对比表明，对于 Wilson - θ 法或者 Newmark - β 法，采用密贴模型的收敛性主要由 m_2/m_1 决定，易于出现计算不收敛问题，而非密贴接触模型的收敛性主要由积分步长 Δt 确定，在足够小的积分步长下基本不存在稳定性问题。对于新型显式积分法，采用非密贴模型时不存在迭代稳定性问题，但数值积分步长必须满足该积分方法本身稳定性和计算精度的要求。

比较以上两种模型的谱半径可知，谱半径主要受右端虚拟激励的质量、阻尼、刚度项的影响。其中阻尼和刚度项含有步长因子，其对谱半径的贡献可随步长减小而减弱，也随积分方法的不同而有较大差别；但质量项与时间步长无关，基本不受数值积分方法的影响。密贴接触模型运动方程式(4-21)右端虚拟激励项含有质量项，因而其迭代稳定性受质量影响，难以通过积分步长或者积分方法改变其数值稳定性；而非密贴接触模型运动方程式(4-34)右端虚拟激励项不含质量项，其谱半径主要受接触刚度因素影响，可通过步长调节其收敛性，选择合适的数值积分方法(新型显式积分法)能大大改善收敛性。

4.5 车辆-桥梁/轨道系统模型迭代稳定性分析

基于以上简化模型，可以定性地认为车辆和桥梁的刚度、阻尼在积分步长足够小的情况下对迭代稳定性的影响很小。也就是说，虚拟激励项中含有位移(刚度)及速度(阻尼)的项对迭代稳定性的影响可以不予考虑，关键是虚拟激励项中的加速度(质量)成分对迭代稳定性起决定作用。由于采用非密贴模型时的轮轨法向力、轮轨切向力均是待求位移及速度的函数，其迭代稳定性可由时间步长自动满足，故对非密贴接触情况可不予分析。另外，虽然采用模态叠加方法，这里假定模态坐标变换不会对迭代稳定性产生根本的影响。

影响迭代稳定性的关键因素是密贴假定时的轮对惯性力成分，据此将式(4-1)表达为如下形式以便于进行车辆-桥梁/轨道耦合系统的迭代稳定性分析：

$$
\begin{cases}
\{\ddot{\delta}_{\mathrm{ws}}\} = [N_{\mathrm{b}}]\{\ddot{\delta}_{\mathrm{b}}\} + f_{\mathrm{ws}}(\{\dot{\delta}_{\mathrm{b}}\},\ \{\delta_{\mathrm{b}}\},\ \cdots) \\
[m_{\mathrm{b}}]\{\ddot{\delta}_{\mathrm{b}}\} = \begin{Bmatrix} \{0\} \\ -[m_{\mathrm{ws}}]\{\ddot{\delta}_{\mathrm{ws}}\} \end{Bmatrix} + f_{\mathrm{b}}(\{\dot{\delta}_{\mathrm{b}}\},\ \{\delta_{\mathrm{b}}\},\ \{\dot{\delta}_{\mathrm{v}}\},\ \{\delta_{\mathrm{v}}\},\ \cdots)
\end{cases}
\tag{4-40}
$$

式中，$\{\ddot{\delta}_{\mathrm{ws}}\}$ 为轮对惯性力向量；$[N_{\mathrm{b}}]$ 为轨道单元插值函数；f_{ws} 和 f_{b} 为其他非惯性力成分。将式(4-40)中第一式代入第二式，得

$$
[m_{\mathrm{b}}]\{\ddot{\delta}_{\mathrm{b}}\} = \begin{bmatrix} [0] \\ -[m_{\mathrm{ws}}][N_{\mathrm{b}}] \end{bmatrix}\{\ddot{\delta}_{\mathrm{b}}\} + f_{\mathrm{bws}}(\{\dot{\delta}_{\mathrm{b}}\},\ \{\delta_{\mathrm{b}}\},\ \{\dot{\delta}_{\mathrm{v}}\},\ \{\delta_{\mathrm{v}}\},\ \cdots)
\tag{4-41}
$$

式中，f_{bws} 与 f_{ws}、f_b 类似，也为其他非惯性力成分。

明显地，轮对质量矩阵 $[m_{vs}]$ 为对角矩阵。假定桥梁/轨道结构也采用集中质量矩阵，则 $[m_b]$ 也为对角矩阵。值得指出的是，根据一致质量矩阵和集中质量矩阵对动力响应影响较小的特点，可认为假定桥梁/轨道结构采用集中质量矩阵不会对迭代稳定性产生较大影响。

若只考虑惯性力项对迭代稳定性的影响，则式(4-41)可以解耦为多个单自由度振动方程，从而可利用简化模型 b 的分析结论。这样，则式(4-41)的迭代收敛条件可表示为

$$\max_{i}\left(\frac{\begin{bmatrix}[0]\\ [m_{ws}][N_b]\end{bmatrix}_{i,\,i}}{[m_b]_{i,\,i}}\right) \leqslant 1 \tag{4-42}$$

假定轮对刚好作用在桥梁/轨道模型的节点上，则可不考虑插值函数 $[N_b]$，这样，式(4-42)可简化为

$$\frac{m_{max,\,ws}}{m_{min,\,b}} \leqslant 1 \tag{4-43}$$

式中，$m_{max,\,ws}$ 为轮对最大质量或者质量惯矩；$m_{min,\,b}$ 表示桥梁/轨道模型车道单元上最小节点集中质量或者质量惯矩。

可见迭代收敛条件式(4-41)与式(4-33)是类似，也就是说，车桥/轨道系统可与模型 b 作如下类比分析：各个轮对质量相当于图 4-2 所示模型 b 中的质量 m_2，轮对接触处桥梁节点集中质量相当于 m_1；当 $(m_2/m_1)_{max}$ 小于 1 时迭代收敛，否则不收敛，即轮对质量越大，桥梁/轨道质量越小，迭代越容易发散，这与质量较小的钢板梁桥车桥耦合振动分析容易出现计算发散的经验是一致的；桥梁单元的划分也将影响节点集中质量，从而对迭代稳定性产生影响。实际车桥系统为多自由度体系，采用的积分步长对桥梁高频振动而言不可能足够小，因此积分步长对谱半径的贡献也可能是可观的，适当增大积分步长可增大式(4-28)或者式(4-30)中分母部分数值，减小谱半径，从而增强迭代收敛性。

根据以上迭代稳定性的分析，对于通常的混凝土桥梁，桥梁节点集中质量与轮对相比较大，迭代稳定性较好。对于质量较小的钢桥，若出现迭代不收敛的问题，可有如下解决或者增强迭代稳定性的方法：

(1) 采用轮轨非密贴接触模型，这更符合轮轨接触实际，但需要采用很小的

积分步长；

(2) 若采用轮轨密贴接触模型，可忽略桥梁/轨道结构振动加速度产生的轮对惯性力，使得其迭代稳定性问题与轮轨非密贴接触情况类似，文献[4]忽略了轮对惯性力对桥梁的作用，但没有指出其目的是为了提高迭代稳定性；

(3) 采用增强迭代稳定性的算法，如采用 Aitken 加速，不但能减少迭代次数，也能增强迭代稳定性，文献[4]也采用了这种方法；

(4) 在保证一定精度的情况下选取较大的积分步长或较粗的有限元网格。

4.6 迭代稳定性与收敛性、计算效率的关系

根据上述迭代收敛性判断的谱半径理论，当逼近算子的谱半径大于 1 时迭代发散，小于 1 时则迭代收敛。随着谱半径的增大，迭代收敛速度越慢，当谱半径超过 1 时，即发生迭代计算不稳定的现象。根据式(4-28)或者式(4-30)可知，在采用 Wilson-θ 法或 Newmark-β 法的情况下，谱半径的大小与运动方程右端项所含有的质量、刚度和阻尼特性有关，还与时间积分步长有关。一般情况下，刚度和阻尼特性不会影响迭代的收敛与否，但是它们的存在将影响谱半径的大小，从而影响收敛速度。这一点已经得到大量计算的证实。不同车辆-桥梁/轨道结构模型，其右端项虚拟激励所包含的质量、刚度和阻尼特性是不同的，因而其逼近算子的谱半径也不同，迭代收敛速度也不同。对于特定的系统，为达到最优的计算效果，在时间步长的选择上首先要满足迭代稳定性的要求，其次要考虑数值积分精度的需要，最后也需要权衡考虑迭代收敛速度。

根据式(4-33)可知，对于新型显式积分方法，谱半径的大小只与右端项的质量特性有关，而与刚度、阻尼特性无关。当右端项含有质量特性时，新型显式积分方法的谱半径与 Wilson-θ 法或者 Newmark-β 法基本一致。而对于右端项不含质量特性的运动方程，它对应的谱半径总是为 0，则采用该方法的数值积分收敛速度将比 Wilson-θ 法或者 Newmark-β 法好得多，这一点可从第 5 章的数值实验得到证实。

根据理论分析和数值计算经验，将各种数值积分方法的在车辆-桥梁/轨道系统动力求解方面的适用性、稳定性、计算效率和精度对比见表 4-1，“★”越多，表示性能越好。可见，对求解方法而言，一般新型显式积分法具有最好的综合求解性能；在采用非密贴接触模型或者采用密贴接触模型但忽略轮对

惯性力时，Runge - Kutta 法的求解性能，主要是对非线性的适用性较新型显式积分法好。采用密贴接触模型时，忽略桥梁/轨道结构产生的轮对惯性力对精度影响较小，但能大大提高求解的稳定性；采用非密贴接触模型较密贴接触模型一般稳定性和精度更好，但计算时间步长很小，因而计算效率较低。

表 4 - 1　不同数值求解方法计算性能对比

轮轨接触模型	辅助策略	性能指标	求解方法		
			分离迭代法		分离同步法
			Wilson 或 Newmark	新型显式积分	Runge - Kutta
密贴接触	无	适用性	★★★★	★★★★	—
		稳定性	★★	★★	—
		计算效率	★★★	★★★	—
		计算精度	★★★★	★★★★	—
	忽略轮对惯性力	适用性	★★★★	★★★★	★★★★★
		稳定性	★★★	★★★★★	★★★★★
		计算效率	★★★	★★★★★	★★★★★
		计算精度	★★★	★★★	★★★
非密贴接触	无	适用性	★★★★	★★★★	★★★★★
		稳定性	★★★	★★★★★	★★★★★
		计算效率	★★	★★★	★★★
		计算精度	★★★★★	★★★★★	★★★★★

4.7　本 章 小 结

(1) 采用了车辆-桥梁/轨道系统耦合振动计算的分离迭代方法和分离同步方法，以适用不同的计算需要，并寻求最优的计算方案。

(2) 若采用轮轨非密贴接触模型或者采用密贴接触模型但忽略桥梁/轨道振动产生的轮对竖向惯性力,则可采用基于 Runge - Kutta 的分离同步法进行耦合系统动力求解。特别地,分离同步法可求解含 Maxwell 阻尼元件的车辆-桥梁/轨道系统。

(3) 分离迭代法可适用于轮轨密贴接触和非密贴接触模型,在满足数值积分精度要求的时间步长下,采用轮轨非密贴接触模型计算稳定,而采用轮轨密贴接触模型则可能导致不稳定。

(4) 轮轨密贴接触假设是迭代计算不收敛的根源,而轮对质量与轮轨接触处桥梁单元的节点集中质量之比是决定迭代稳定性的主要因素;在足够小的积分步长下,桥梁和车辆系统的刚度、阻尼因素是影响迭代稳定性的次要因素。

(5) 若采用轮轨密贴模型,可采取如下方法改善迭代稳定性:忽略桥梁振动产生的轮对惯性力;采用 Aitken 加速迭代技术;在满足精度要求的条件下采用较大的积分步长和较粗的桥梁单元划分等。

(6) 翟婉明教授提出的新型显式积分方法的迭代逼近算子分子与刚度和阻尼项无关,当右端项不含惯性力项时,谱半径为零。此时,对于线性系统,不需要迭代,对于非线性系统,迭代收敛速度也极快,可见该积分方法具有良好的迭代收敛性。尽管新型显式积分方法本身是条件稳定的,但在车桥耦合振动分析中的迭代稳定性、计算精度和速度上都优于 Wilson - θ 法或者 Newmark - β 法。

第5章

程序编制及数值验证

根据第 2 章至第 4 章阐述的理论方法，运用 Visual Fortran 语言编制了车辆-桥梁/轨道系统耦合振动计算程序 VBC2.0（VBC，即 Vehicle - Bridge Coupling，为同济大学桥梁系轨道交通研究室自主开发的第 1 代车桥耦合振动分析程序）。本章首先介绍 VBC2.0 程序的主要分析选项、功能和计算流程，然后采用数值算例从多层面考核计算方法以及计算程序的正确性和适用性。

5.1 程序编制介绍

5.1.1 前处理功能

目前国内外已有不少程序或者软件（见附录 B）能够进行车辆-桥梁/轨道系统耦合振动仿真计算。为提升 VBC2.0 程序的竞争力和仿真能力，做了两方面的工作，一是计算方法上的考虑，二是计算程序编制上的考虑。计算方法已经在前几章中介绍，以下主要介绍程序编制方面的考虑。图 5 - 1 所示表示计算程序编制时考虑的不同的分析选项的汇总，即实际分析中在车辆模型、激励模型、桥梁/轨道模型和求解方法上可有多种的选择，从而实现不同的分析功能、达到不同的分析目标。

以下对车辆子系统、激励模型、桥梁/轨道子系统和求解方法方面的多选择性进行具体阐述。

1. 车辆子系统方面

（1）分别考虑轮轨密贴接触和非密贴接触模型，可相互对比验证，并确定不同接触模型的适用性。

（2）分别考虑磨耗型踏面和等锥度踏面（车轮主轮廓线为坡度 0.05 的直线）是为了进行对比分析，确定以往近似模型的适用性。

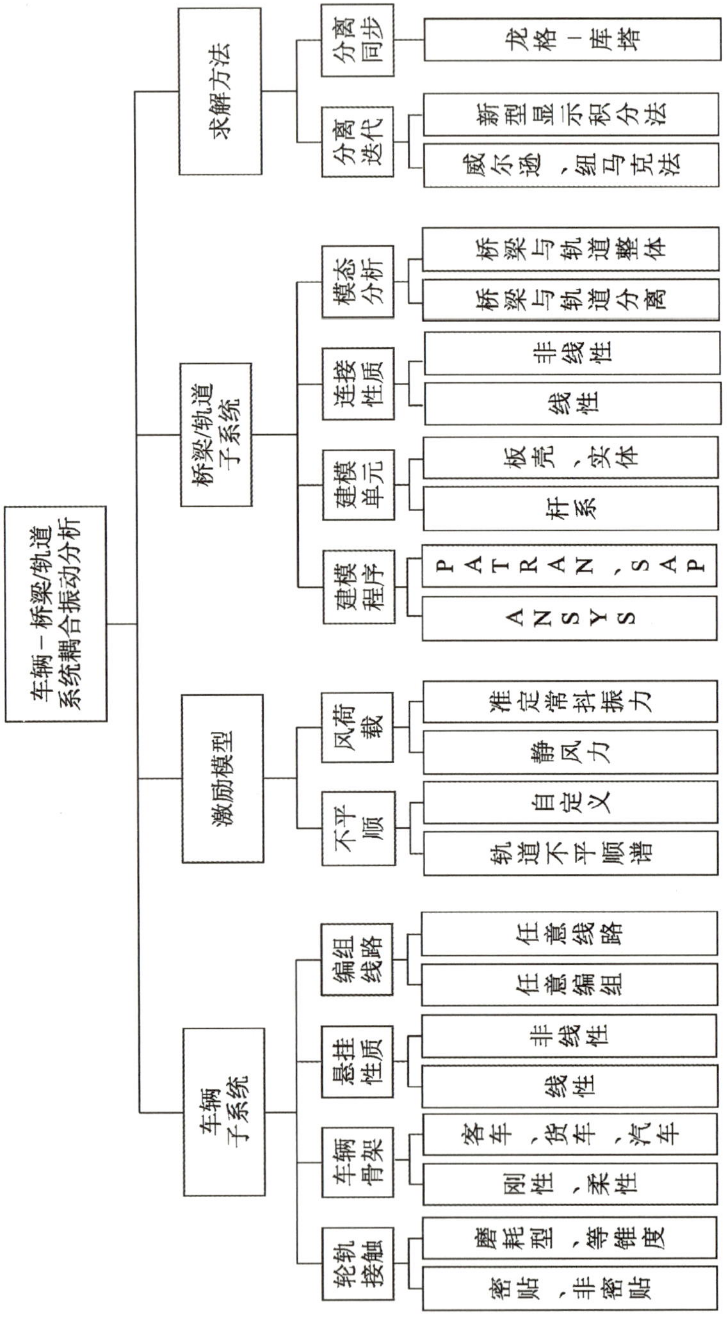

图5－1 车辆-桥梁/轨道系统耦合振动分析选项

(3) 车辆建模理论上基于柔性假设,刚性车体作为柔性车体的一种特例,车体和转向架的刚性和柔性是可以任意选择的,由于接触几何计算的假定限制,轮对假定为刚体。

(4) 所有车辆均抽象为有限元模型,车辆的几何构型不受限制。同一几何类型的车辆只需进行一次参数化的有限元建模即可重复利用。

(5) 能考虑车辆中常用的非线性元件,并可根据需要添加不同的非线性模型,线性悬挂只是作为非线性的一种特例。

(6) 理论上可任意对车辆进行编组,任意选择车辆走行轨道(线路)。可分析多车道、多线公铁两用大桥,同时考虑多线列车和汽车运行。

2. 激励模型方面

(1) 可选择采用根据轨道不平顺谱生成的随机轨道不平顺样本,也可以选择任意类型的不平顺,如实测不平顺和谐波不平顺。

(2) 可根据需要是否考虑车辆和桥梁所受静风力和抖振力。

3. 桥梁/轨道子系统方面

(1) 理论上可采用任一通用有限元程序进行桥梁建模和模态分析,只需要提取模态分析结果用于动力分析即可,主要考虑自动从 ANSYS 和 PATRAN & NASTRAN 以及 SAP2000 中提取分析结果。

(2) 桥梁和轨道结构建模所采用的单元的种类取决于所采用的有限元分析软件,分析时可根据需要选择。

(3) 车辆作用下桥梁/轨道结构一般处于正常使用状态,只需考虑大跨度桥梁结构自重产生的几何刚度,而没有必要考虑车辆活载作用下桥梁的几何非线性和材料非线性效应。因此,主要考虑桥梁和轨道结构的某些连接元件,如支座、阻尼减振器、轨下胶垫、轨道板弹性支撑等的材料非线性。

(4) 可根据需要决定是否考虑轨道结构。若考虑轨道结构的建模,则桥梁和轨道结构可以作为一个整体进行建模和分析,也可以分别对桥梁和轨道结构分别进行模态分析,通过拟力方法建立桥梁和轨道结构之间的联系。这种处理方式可以大大提高轨道结构建模和分析方面的灵活性。

4. 求解方法方面

求解方法可以采用分离迭代法和分离同步法,分离迭代法中又可以选择采用 Wilson - θ 法、Newmark - β 法或者新型显式积分法。采用多种分析方法,一方面,便于相互验证,确保数值计算的可信性,同时,也是为了针对具体问题中的不同特点,采用不同的求解方法,以获得较好的稳定性、适用性、计算精度和效率。

5.1.2 后处理功能

后处理主要包括车辆、桥梁/轨道系统动力响应结果的输出、动力学性能评价指标的计算。在动力计算过程中，程序在每隔一定的时间间隔将指定位置的车辆、桥梁/轨道系统动力响应存入二进制文件，同时将车辆和桥梁/轨道的广义坐标响应存入二进制文件。动力计算结束后，程序再读取二进制文件，根据动力响应时程数据计算相关的动力学评价指标并进行一定的统计分析。

由于保存了车辆和桥梁/轨道的广义坐标响应时程数据，故可根据需要在后处理阶段计算任意位置的物理坐标下动力响应。除 VBC2.0 程序自带部分后处理功能外，还利用 Matlab 软件对计算结果进行整理分析，并考虑利用通用有限元软件 ANSYS 的后处理功能进行云图显示和动画处理。

车辆系统动力学评价指标主要包括车辆运行安全性指标和车辆运行平稳性(舒适性)指标。车辆运行安全性在车辆动力学上是用脱轨系数 Q/P、轮重减载率 $\Delta P/\overline{P}$ 以及轮轨横向摇摆力等几个参数大小来评定的。脱轨系数是某一时刻作用在轮对一侧车轮的横向压力 Q 与动轮重 P 之比，记作 Q/P，轮重减载率定义为某一时刻轮对减载侧车轮减载量 ΔP 与轮对的平均静轮重 $\overline{P}$ 之比，记作 $\Delta P/\overline{P}$[2, 11]。平稳性(舒适性)通常是根据列车车体竖向、横向加速度大小以及振动的频率来确定，目前国际上有多种评判乘坐舒适性的指标，如斯佩林(Sperling)平稳性指标、Janeway 指标、ISO2631 指标等，我国车辆部门采用的是斯佩林指标。这里暂时只采用最大加速度和斯佩林指标对车辆平稳性和舒适性进行评价。根据 GB5599－85[103]，在输出客车车体前端和后端加速度时，均指定输出位置为前后心盘一侧 1 000 mm 的车体地板面上，在输出货车车体前端和后端加速度时，均指定输出位置为前后心盘内侧距心盘中心线为 1 000 mm 的车底架中梁上，为对比需要，同时指定输出车体质心位置的加速度。关于我国和国外车辆、桥梁/轨道动力学评价指标及其标准可参见文献[2, 11, 103]，不再赘述。

5.1.3 程序流程

VBC2.0 程序主要计算流程如图 5－2 所示。

在进行车辆-桥梁/轨道耦合振动分析前，须首先在通用有限元程序中建立车辆和轨道桥梁/轨道结构的有限元模型并进行模态分析，然后将模态分析结果写入数据文件供 VBC2.0 程序读取。VBC2.0 程序读取车辆、桥梁/轨道的模态

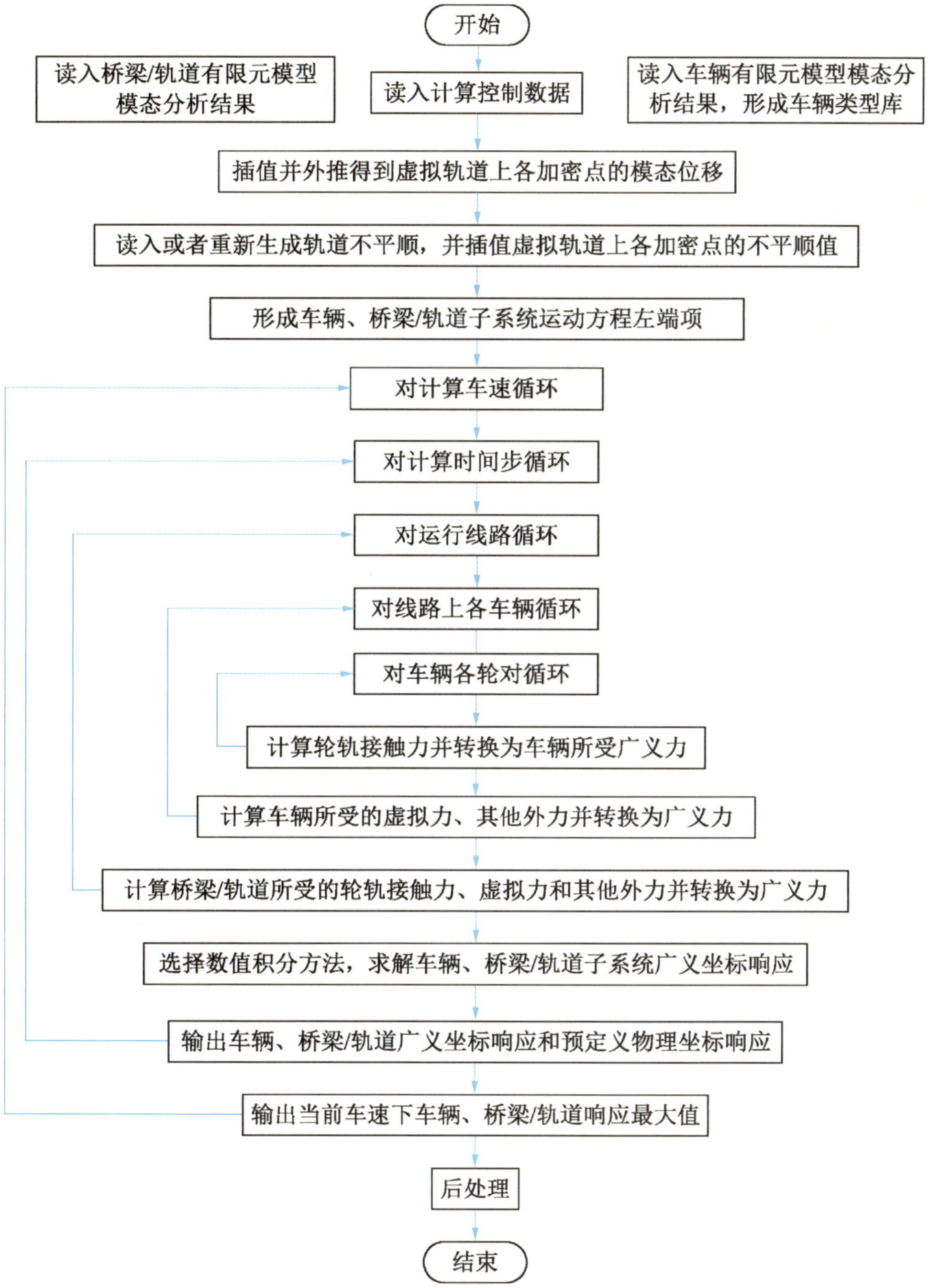

图 5－2　车辆-桥梁/轨道系统耦合振动分析程序流程

数据后即可脱离通用有限元程序独立进行车辆-桥梁/轨道耦合振动计算。轨道不平顺的生成与插值、轮轨接触几何参数以及轮轨力的计算、车辆和桥梁/轨道结构动力响应的计算等核心计算环境均在 VBC2.0 程序中进行。耦合振动结束后，可通过数据文件将计算结果与其他软件进行接口，进行后处理。

5.2 程序考核与数值实验

5.2.1 匀速移动簧上质量过桥验证

采用一简单的移动簧上质量过桥模型(图 5-3)验证程序的耦合振动计算能力。C. J. Bowe & T. P. Mullarkey[104]利用该算例对其提出的轮轨接触单元(WRC Element)方法进行了验证。

图 5-3 所示簧上质量过桥模型的各项参数为：桥长 $l=25$ m，弹性模量 $E=2.87e9$ Pa，截面惯性矩 $I=2.9\ \mathrm{m}^4$，线密度 $m=2.303$ t/m，质量块质量 $M_W=5.75$ t，弹簧刚度 $k_H=1\,595$ kN/m，运行速度 $c=27.78$ m/s。

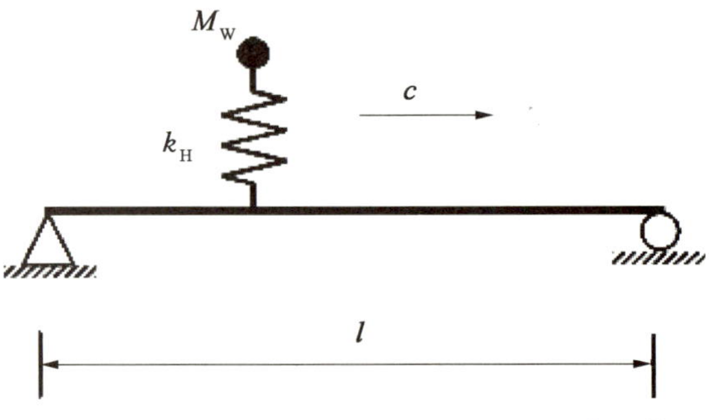

图 5-3 移动簧上质量过桥(来源：文献[104])

采用本书所提方法时，取桥梁前 5 阶竖向模态。若将质量块看作轮对，采用轮轨“密贴接触”模型计算时，则质量块具有一个圆频率为 $\sqrt{k_H/M_W}$ 的振动模态；若采用“非密贴接触”模型，则 k_H 相当于轮轨接触刚度，质量块具有一个零频率的刚体模态。这两种处理方式对本算例而言是一致的。图 5-4 所示为 C. J. Bowe 和本书方法计算的桥梁跨中位移响应和簧上质量加速度时程曲线对比，可见，本书的计算结果具有可靠的精度。

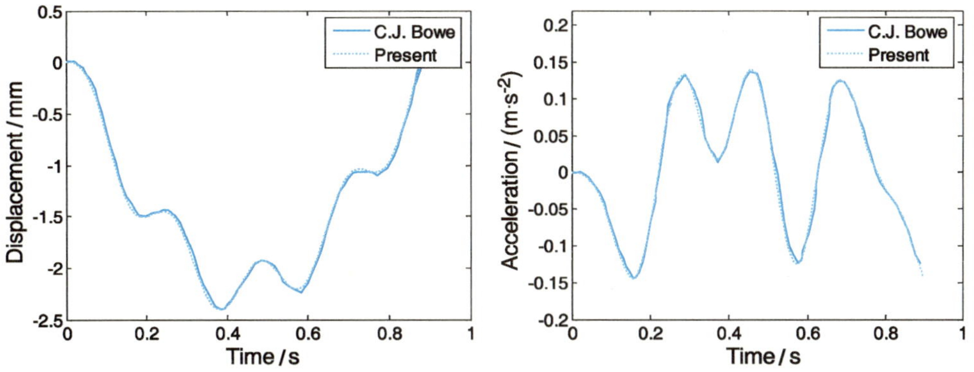

桥梁跨中位移　　簧上质量加速度

图 5－4　桥梁跨中位移响应和簧上质量加速度时程曲线

5.2.2　非线性处理功能验证

采用简单的具有局部非线性的悬臂梁模型(图 5－5)验证拟力法处理非线性振动的精度。B. Kuran[105]在研究非线性结构模态叠加法的半解析解时采用了图 5－5 所示的算例，其中相关参数为：梁长 $L=0.787$ m，弹性模量 $E=20\text{e}11$ Pa，截面高度 $h=0.0127$ m，截面宽度 $h=0.0635$ m，密度 $\rho=7\,800$ kg/m^3。

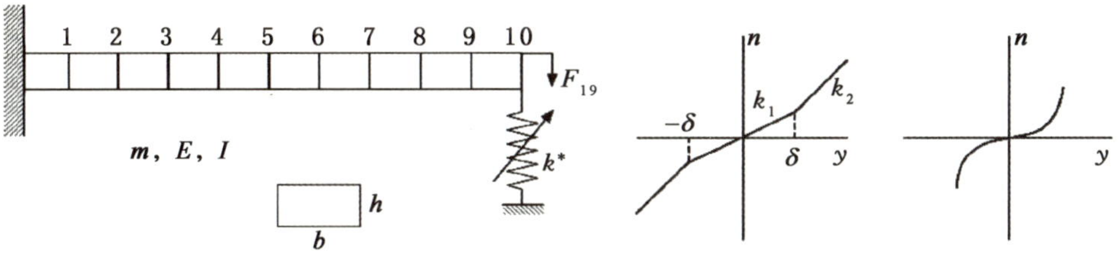

(a) 悬臂梁　　(b) 双线性弹簧和三次非线性弹簧特性

图 5－5　具有局部非线性的悬臂梁(来源：文献[105])

首先，采用双线性弹簧($k_1=200$ N/m，$k_2=0$，$\delta=0.002$ m)进行验证计算，取简谐外荷载幅值 F_{19} 为 1 N，频率为 105.20 rad/s(悬臂结构基频为 105.24 rad/s)。按本文方法提取悬臂结构 1 阶模态，非线性弹簧采用拟力法进行处理，并利用 ANSYS 建立上述结构有限元模型并进行非线性瞬态分析，积分步长均为 0.001 s。ANSYS 和本文程序计算得到的非线性弹簧滞回曲线如图 5－6(a)所示，可见本书的方法在计算共振响应时也具有较高精度。

而后，采用三次非线性弹簧($n=csy^3$，$cs=10^8$ N/m^3)进行验证计算，取悬臂结构的模态阻尼分别为 $\xi=0.01$ 和 $\xi=0.02$，外荷载幅值 F_{19} 为 1 N。提取悬臂结构一阶模态，分别采用本书的方法和 Matlab 软件中四阶 Runge - Kutta 法计算的悬臂梁位移频响曲线如图 5 - 6(b)所示，可见本书的方法和 Runge - Kutta 法的数值解都准确反映了共振点附近的突变。

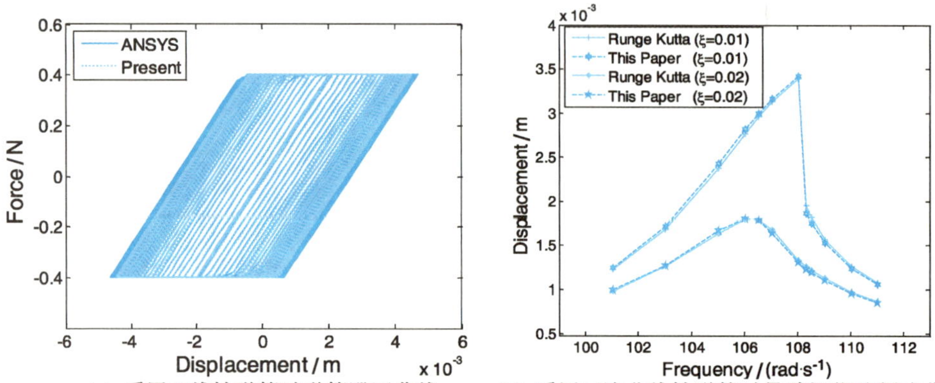

(a) 采用双线性弹簧时弹簧滞回曲线　(b) 采用三次非线性弹簧时悬臂梁位移频响曲线

图 5 - 6　采用不同非线性弹簧时弹簧和悬臂梁响应

5.2.3　轨道不平顺作用下车辆振动响应验证

对轨道不平顺作用下车辆振动响应进行验证，验证参照分别采用 VBC 程序和商业化车辆动力学分析软件 MSC. ADAMS/Rail。

1. 与 VBC 程序对比

VBC 程序为同济大学桥梁工程系轨道交通研究室在吴定俊教授的组织下开发的车辆耦合振动分析程序，该程序的可靠性已经过多方面的考核[6, 52]。VBC 程序中车辆运动微分方程为解析表达式，与本书基于有限元法和模态叠加法的车辆运动微分方程不同，但在采用密贴接触模型时二者轮轨接触算法一致。

验证采用的参数为：车辆为 AW3 地铁车辆模型(参数见附录 A)；车速为 100 km/h；轨道不平顺采用美国 6 级轨道谱模拟的轨道高低、方向和水平不平顺样本，所考虑的最大波长为 100 m，最小波长为 1 m；VBC 程序计算采用 Wilson - θ 法，积分步长为 0.001 s，VBC2.0 程序采用 Newmark - β 法，积分步长为 0.000 5 s。

所考虑的多刚体车辆模型具有 23 个自由度，采用轮轨密贴接触模型和磨耗型踏面。两种方法计算得到的车辆各项动力响应时程曲线比较如图 5 - 7 所示。可见，本书程序计算结果与 VBC 程序计算结果吻合良好，表明本书基于有限元

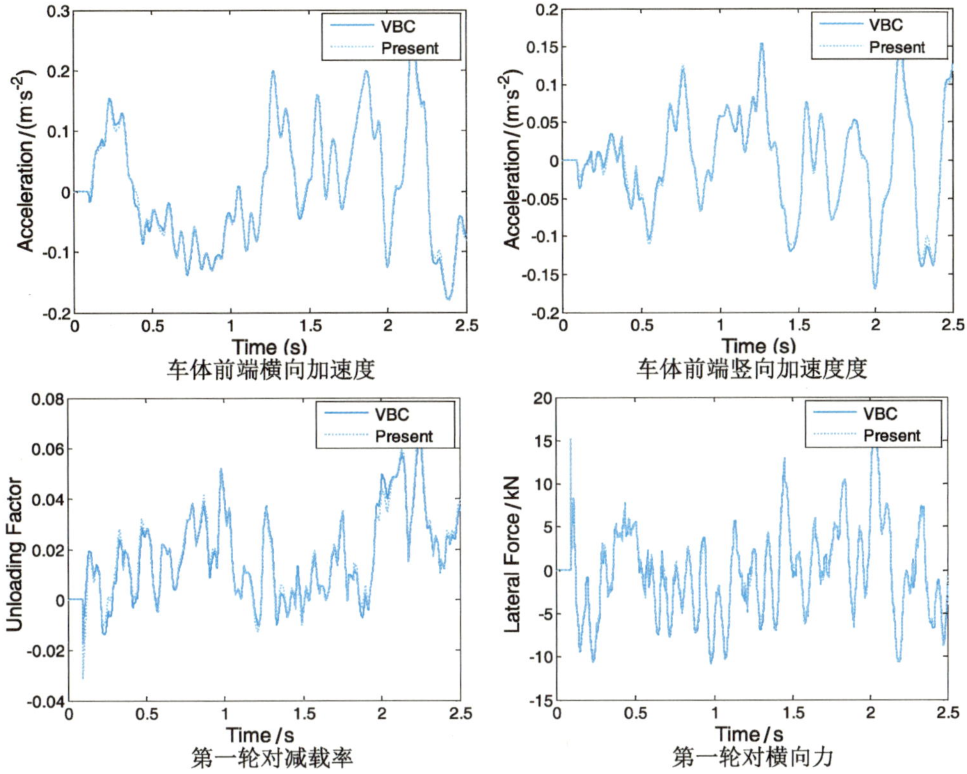

图 5－7　本书程序与 VBC 程序计算车辆动力响应比较

法和模态叠加法的车辆建模方式是正确可靠的。

2. 与 MSC. ADAMS/Rail 软件对比

将本书计算结果与铁路车辆动力学分析通用软件 MSC. ADAMS/Rail 计算结果进行比较，以进一步验证本书方法在车辆动力响应计算方面的可靠性。

1) 竖向振动

车辆和轨道不平顺样本与 5.2.3.1 节一致，车速设为 100 km/h，且只考虑车辆在高低不平顺下的振动，分别采用轮轨密贴（Non－Jump）接触和非密贴（Jump）接触两种模型。VBC2.0 程序采用新型显式积分法，采用轮轨密贴接触时积分步长取为 0.001 s，非密贴接触时为 0.000 5 s，设定最大迭代次数为 1。ADAMS 和 VBC2.0 计算的轮轨力和车体加速度采样频率均为 100 Hz。图 5－8所示为本书两种轮轨接触模型下计算得到的轮轨力和车体加速度都与 ADAMS 计算结果对比。可见，本书方法计算结果与 ADAMS 计算结果基本一致。

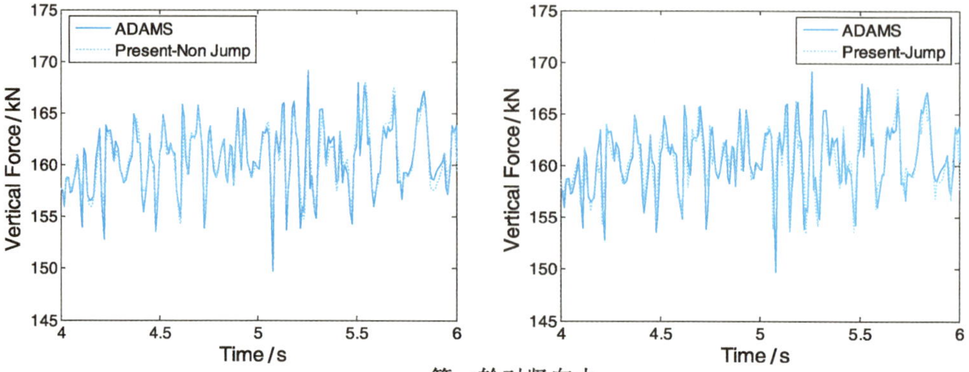

第一轮对竖向力

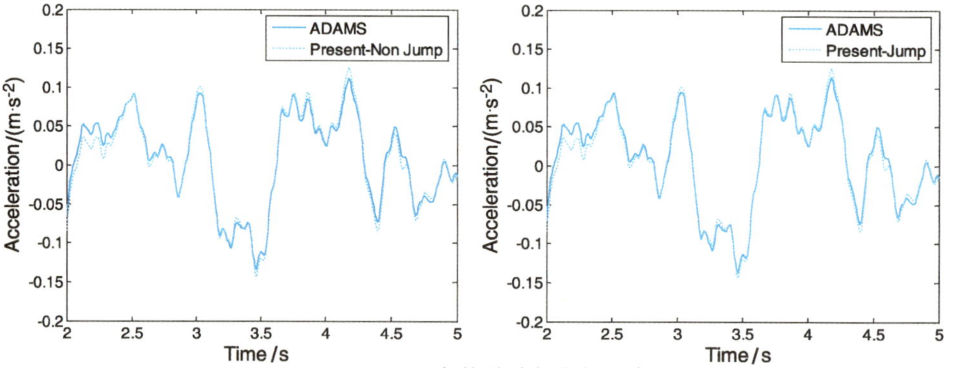

车体前端竖向加速度

图 5-8　本书程序与 ADAMS 计算的车辆竖向响应结果对比

2）空间振动

以下对高低和方向不平顺共同激励下的车辆响应进行比较校核。本书程序 VBC2.0 采用轮轨密贴接触模型，且分别考虑等锥度和磨耗型踏面；而 MSC.ADAMS/Rail 程序只采用磨耗型踏面。两个程序计算得到的车辆动力响应时程曲线对比如图 5-9 所示。从图中可见，不同车速下两个程序计算的车辆的横向和竖向加速度的幅值、趋势以及频率均有一定的相似性。两个程序计算结果的差别主要是由于轮轨蠕滑力计算模型稍有不同引起的，即本文采用 Kalker 线性理论并经非线性修正，而 ADAMS 则默认采用 Kalker 的 FASTSIM 改进理论。特别地，当车速为 300 km/h 时，ADAMS 计算 1 s 后出错终止，计算结果已经出现发散现象，VBC2.0 程序也出现计算不稳定现象，表明 300 km/h 的车速已经超过车辆的临界车速，也体现了两个程序在反映车辆动力失稳上的一致性。

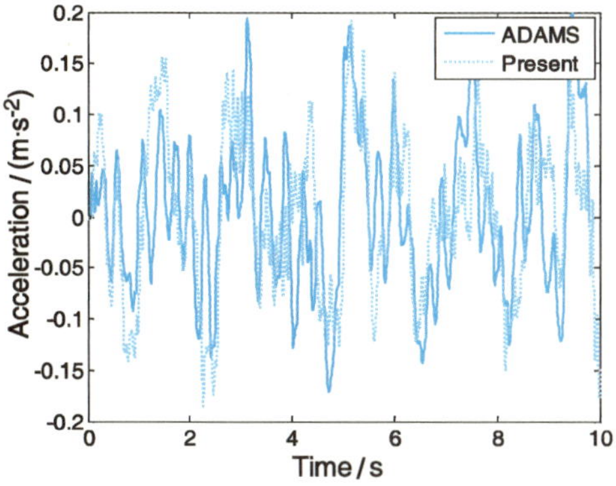

车速100 km/h下车体前端竖向加速度时程

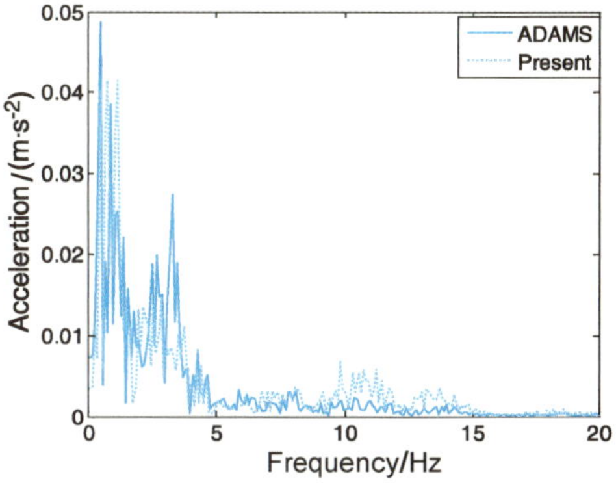

车速100 km/h下车体前端竖向加速度幅值谱

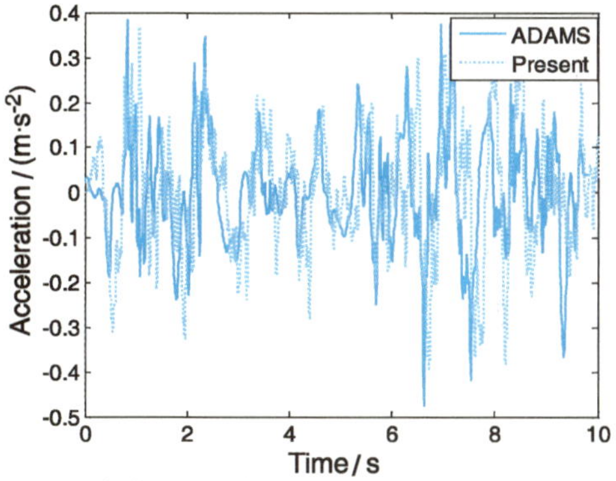

车速200 km/h下车体前端横向加速度时程

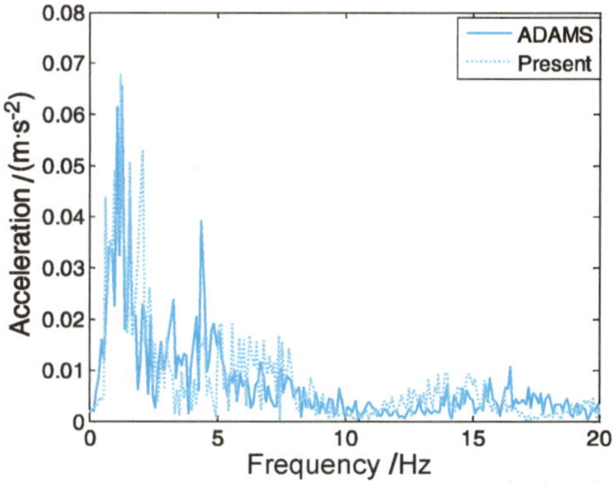

车速200 km/h下车体前端横向加速度幅值谱

(a) VBC2.0 采用等锥度踏面

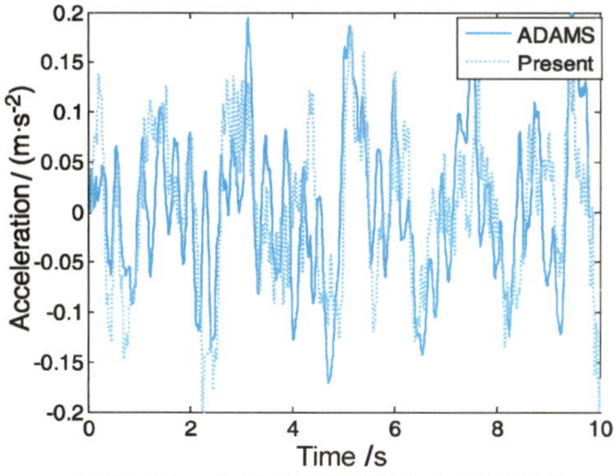

车速100 km/h下车体前端竖向加速度时程

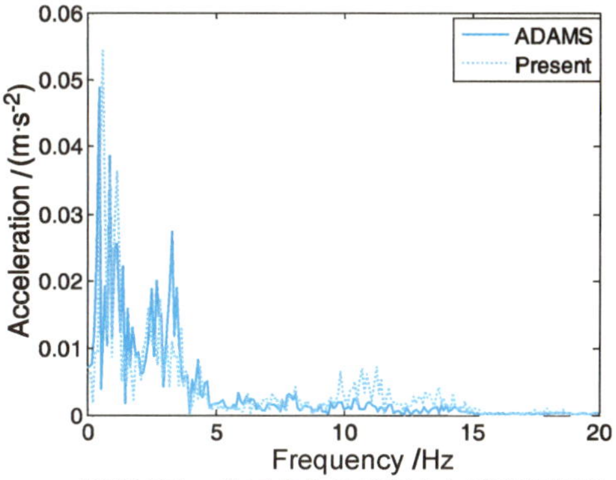

车速100 km/h下车体前端竖向加速度幅值谱

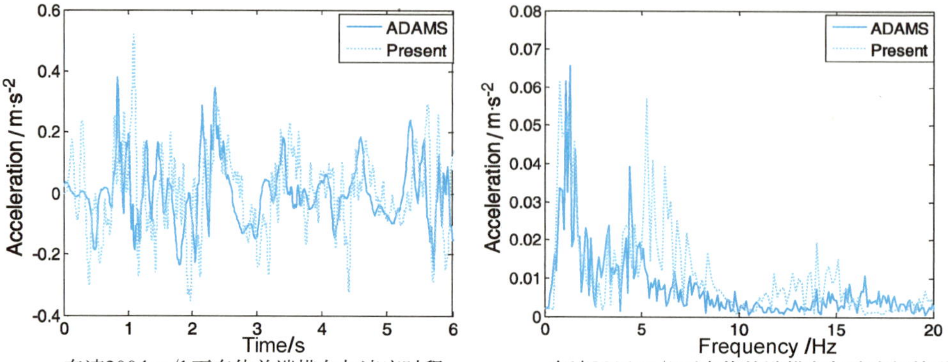

车速200 km/h下车体前端横向加速度时程　　车速200 km/h下车体前端横向加速度幅值谱

(b) VBC2.0 采用磨耗型踏面

图 5-9　本书程序与 ADAMS 计算的车辆空间响应比较

3）非线性车辆悬挂

1997 年 7 月，在曼彻斯特城市大学召开的国际会议“Computer Simulation of Rail Vehicle Dynamics”提出了一种基准车辆模型[106]供不同车辆动力学计算软件相互对比计算结果。该基准车辆模型为普通客车模型，包含一个车体、两个转向架和四个轮对，以及第一系悬挂和第二系悬挂。车辆假定为多刚体系统，第一系和第二系悬挂竖向、横向和纵向阻尼器均为 Maxwell 阻尼元件。该车辆模型即为 ADAMS 自带车辆模型 Manchester_Passenger_Wagon，车辆各项参数可见文献[106]，部分参数见附录 A。

与本书计算结果对比时，只考虑车辆在高低不平顺下的竖向振动，设定车速为 100 km/h。由于车辆含 Maxwell 阻尼元件，本书程序运用 Runge - Kutta 法求解，采用轮轨非密贴接触模型，时间步长取为 0.000 5 s。图 5-10 所示为

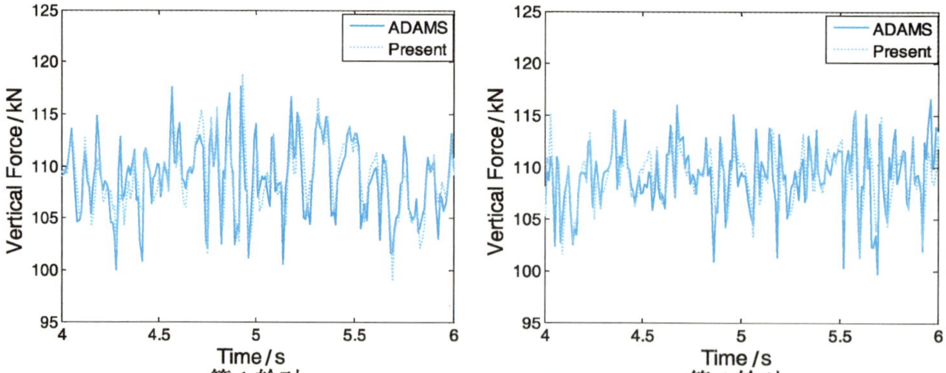

第 1 轮对　　第 4 轮对

图 5-10　本书程序与 ADAMS 计算的车辆竖向轮轨力比较

ADAMS 和 VBC2.0 计算的轮轨力时程曲线对比。可见，本书程序计算结果与 ADAMS 软件计算结果吻合良好。

5.2.4　车辆-轨道-桥梁系统耦合振动验证

采用 Wu & Yang[107] 提供的车辆-轨道-桥梁耦合系统算例验证本书方法在系统耦合振动计算方面的可靠性。该车辆-轨道-桥梁耦合系统包含一列 10 节编组的高速列车和 11 孔跨径为 30 m 的等截面简支梁以及桥上道砟轨道结构。车、桥和轨道结构各项参数可参见文献[107]，这里不予列出（经与该文作者联系后确认，原文中桥梁和道床总的线密度为 31.4 t/m 的说法存在笔误，实际上，桥梁结构的线密度为 31.4 t/m，而道床线密度为 8.98 t/m）。

以下将 VBC2.0 程序计算结果与 VBC 程序的计算结果以及文献[107]的计算结果进行相互比较验证。文献[107]采用的是同步耦合法求解系统动力响应，假定轮轨竖向密贴接触，车辆、桥梁和轨道模型均为竖向平面模型，轨道结构采用单层弹性支撑连续梁模拟，运用 Newmark - β 法进行数值积分计算，积分步长为 0.005 s。VBC 程序计算时不考虑轨道结构建模，只将轨道结构的质量计算桥梁中，采用 Wilson - θ 法进行数值积分，积分步长 0.005 s。本书方法建模时采用梁单元模拟桥梁结构和钢轨，钢轨和桥梁之间的弹性支撑刚度采用离散弹簧单元模拟，阻尼通过拟力法处理为虚拟机理。根据第 4 章关于迭代稳定性的讨论，钢轨单元的节点集中质量与轮对质量相比很小，若采用轮轨密贴接触模型，将出现迭代不收敛问题。在轮轨密贴接触模型下，若要考虑轨道单元的建模，则需忽略轮对竖向运动惯性力以避免计算不稳定现象，或者不忽略轮对竖向惯性力但不考虑轨道结构的建模，也可以放弃轮轨密贴假设，采用轮轨非密贴接触模型。因此，本书程序 VBC2.0 计算时考虑如下 3 种不同情况：① 轮轨非密贴接触模型，考虑轨道结构建模；② 轮轨密贴接触模型，不忽略轮对惯性力，但不考虑轨道结构建模；③ 轮轨密贴接触模型，考虑轨道结构建模，但忽略轮对惯性力。VBC2.0 程序均采用新型显式积分法进行分离迭代求解，考虑到轨道结构的振动频率较高，采用积分步长 0.000 1 s。

采用本书程序 VBC2.0 计算需要的车辆和桥梁/轨道结构有限元模型均在商业化有限元软件 ANSYS 中建立。采用非密贴接触模型的车辆有限元模型自振特性如图 5 - 11 所示。考虑轮轨非密贴接触，多刚体车辆模型具有 10 个自由度，对应图 5 - 11 所示的 10 个模态，若采用轮轨密贴接触，则车辆具有 6 个自由度。

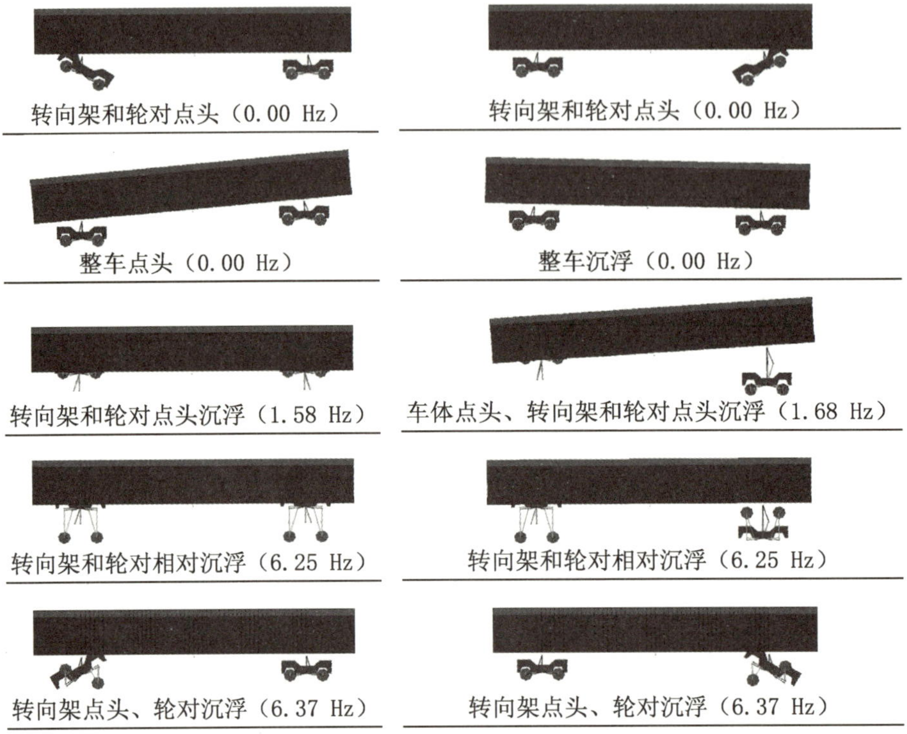

图 5－11　采用轮轨非密贴接触模型的车辆自振频率和振型

桥梁和轨道结构有限元模型如图 5－12 所示，桥梁和轨道结构自振特性如图 5－13 所示。

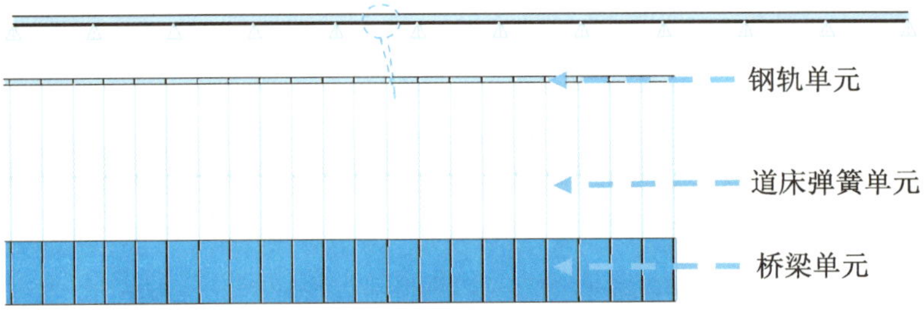

图 5－12　桥梁和轨道结构有限元模型

本书方法所考虑的桥梁轨道结构频率范围为 4.28～398.50 Hz，包含前 536 阶模态。图中较粗的线条为桥梁单元，较细的为轨道单元，桥梁和轨道之间采用弹簧单元连接。由于有 11 孔简支梁，振型不同但频率基本相同的模态将重复出现 11 次，在本书考虑的频率范围内，只包含每个简支梁的前 5 阶模态，其余均为钢轨的振动模态或者轨道与桥梁的耦合振动模态。由于单元划分不可能很小，

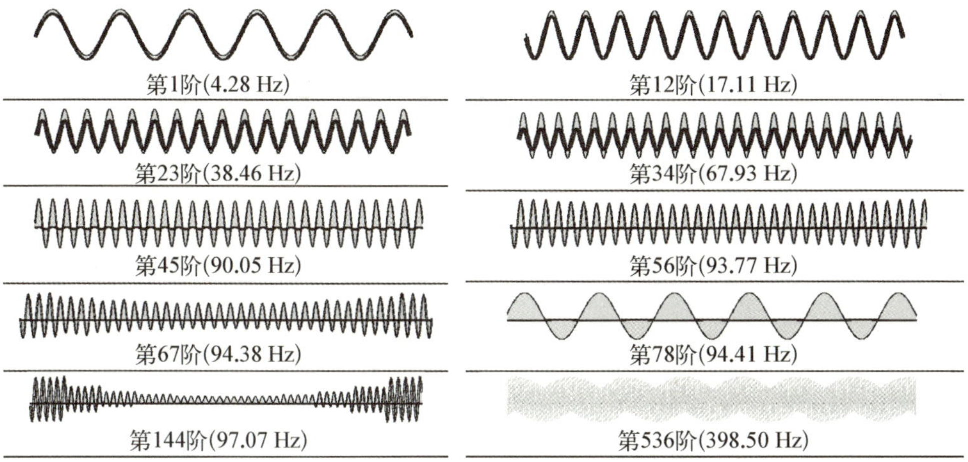

图 5－13　桥梁和轨道结构自振频率和振型

轨道结构的高阶模态准确性较差，从振型图可见，到 536 阶模态时，轨道振动模态已不太平滑，这是由于采用有限元建模所能考虑的频率范围与单元划分密切相关。

表 5－1 给出了车速 300 km/h 和 375 km/h 下，文献[107]、VBC 程序和 VBC2.0 程序计算的桥梁、轨道和车辆动力响应结果对比，其中桥梁和轨道响应取第 2 孔简支梁跨中位置，车辆响应取第 5 辆车车体前端。从表中可见，除车速 300 km/h 时轨道加速度响应外，本书程序计算的系统动力响应与 VBC 和文献[107]计算结果均吻合较好。

总的来看，以上对比表明，本书计算方法和计算程序在车辆-桥梁/轨道系统耦合振动计算方面具良好的可靠性。然而，本书计算与文献[107]计算的桥梁、轨道加速度在较高频率成分上有一定的差异，导致差异的可能原因如下：① 轨道加速度属于高频振动，对建模方式非常敏感，本书采用有限元建模并采用了模态叠加法，可能导致轨道结构动力特性的误差；② 本书采用模态叠加方法，所考虑的频率范围是有限的，能考虑 398.50 Hz 以下的频率，文献[107]虽然采用直接有限元的方法，所采用的积分步长为 0.005 s，根据数值积分理论，其实际上能准确计算的频率范围为 20 Hz 以下，该文中反映的轨道结构主频为 60 Hz 左右可能有一定的数值误差；③ 轮轨力的高频成分与轮轨接触模型密切相关，轮轨接触模型的不同导致轮轨力的不同，使得结构加速度有差异。

表 5-1　不同程序计算的桥梁、轨道和车辆动力响应对比

桥　梁　响　应					
车速	模　　型	位移/mm	加速度/(m·s^{-2})	第一主频/Hz	第二主频/Hz
v=300	文献[107]	−1.40	0.32	3.32	33.40
	VBC	−1.44	0.44	3.32	33.20
	VBC2.0(非密贴接触)	−1.40	0.27	3.32	33.33
	VBC2.0(密贴接触,无轨道结构)	−1.44	0.27	3.32	33.33
	VBC2.0(密贴接触,不考虑轮对惯性力)	−1.40	0.26	3.32	33.33
v=375	文献[107]	−3.50	1.91	4.10	41.60
	VBC	−3.41	1.92	4.16	41.60
	VBC2.0(非密贴接触)	−3.40	1.75	4.15	41.57
	VBC2.0(密贴接触,无轨道结构)	−3.39	1.71	4.15	41.60
	VBC2.0(密贴接触,不考虑轮对惯性力)	−3.33	1.68	4.15	41.57
轨　道　响　应					
车速	模　　型	位移/mm	加速度/(m·s^{-2})	第一主频/Hz	第二主频/Hz
v=300	文献[107]	−1.90	9.70	63.30	66.60
	VBC2.0(非密贴接触)	−1.80	9.00	33.33	36.73
	VBC2.0(密贴接触,不考虑轮对惯性力)	−1.80	8.38	33.33	30.02
v=375	文献[107]	−4.20	−16.80	41.60	45.90
	VBC2.0(非密贴接触)	−3.80	14.37	41.67	45.82
	VBC2.0(密贴接触,不考虑轮对惯性力)	−3.70	14.01	41.67	45.91
车　辆　响　应					
车速	模　　型	位移/mm	加速度(m·s^{-2})	第一主频/Hz	第二主频/Hz
v=300	文献[107]	—	−0.06	2.83	5.56
	VBC	—	−0.07	2.75	5.49
	VBC2.0(非密贴接触)	—	−0.07	2.77	5.53
	VBC2.0(密贴接触,无轨道结构)	—	−0.07	2.77	5.53
	VBC2.0(密贴接触,不考虑轮对惯性力)	—	−0.06	2.77	5.53

续　表

车　辆　响　应					
车速	模　　型	位移 /mm	加速度 /($m \cdot s^{-2}$)	第一主频 /Hz	第二主频 /Hz
v=375	文献[107]	—	−0.19	3.52	7.03
	VBC	—	−0.19	3.46	6.91
	VBC2.0(非密贴接触)	—	−0.19	3.46	6.91
	VBC2.0(密贴接触,无轨道结构)	—	−0.19	3.46	6.91
	VBC2.0(密贴接触,不考虑轮对惯性力)	—	−0.17	3.46	6.91

注：第一主频和第二主频为加速度响应频谱曲线的两个最大峰值点对应的频率。

5.2.5　迭代稳定性分析数值实验

根据第 4 章的迭代稳定性分析,轮轨密贴接触模型下即使采用任意小的积分步长也可能出现计算不稳定现象,且步长越小可能越容易导致不收敛,这一现象可由以下算例说明。

假定图 4-2 所示模型 a 的参数为：$m = 1$ kg, $k = 4 \times (2\pi)^2$ N/m, $c = 0$, 初值为 $y(0) = 0.005$ m, $\dot{y}(0) = 0$。给定模型 b 的参数为：$m_1 = 0.6$ kg, $c_1 = 0$, $k_1 = 16\pi^2$ N/m, $m_2 = 0.4$ kg, $c_2 = 0$, $k_2 = 0$, $y(0) = 0.005$ m, $\dot{y}(0) = 0$。在上述参数和初始条件下,模型 a 和模型 b 的精确解均为：$y = 0.005\cos(4\pi t)$ m, 其振动周期为 $T=0.5$ s。以下求解均采用 Wilson - θ 法($\theta=1.4$)进行数值积分,时间步长为 $T/20$。

对模型 b,因为 $m_2/m_1 = 0.40/0.60$, 此时谱半径约为 0.67,得到振子位移时程曲线如图 5-14(a)所示。可见,如果迭代次数不够,将产生算法阻尼;采用 10 次数迭代后,模型 b 的计算结果接近模型 a 的精确解。这就验证了在谱半径小于 1 的情况下,迭代是收敛的,同时也能达到要求的精度;若迭代次数不够,则不会导致计算发散但会产生较大数值误差,此时若减小积分步长,则误差可减小。

若取 $m_2/m_1 = 0.52/0.48$, 此时谱半径为 1.01,在迭代 1 次的情况下得到振子位移时程曲线如图 5-14(b)所示。迭代次数越多,则发散越快,步长越小,发散越快。若继续增大 m_2/m_1, 则谱半径越大,发散越快。计算表明,若采用 Aitken 加速技术后能改善计算稳定性,但在谱半径较大的情况下计算误差较大。

以下采用 VBC 程序计算一辆 DF11 机车以车速 160 km/h 通过一 32 m 跨

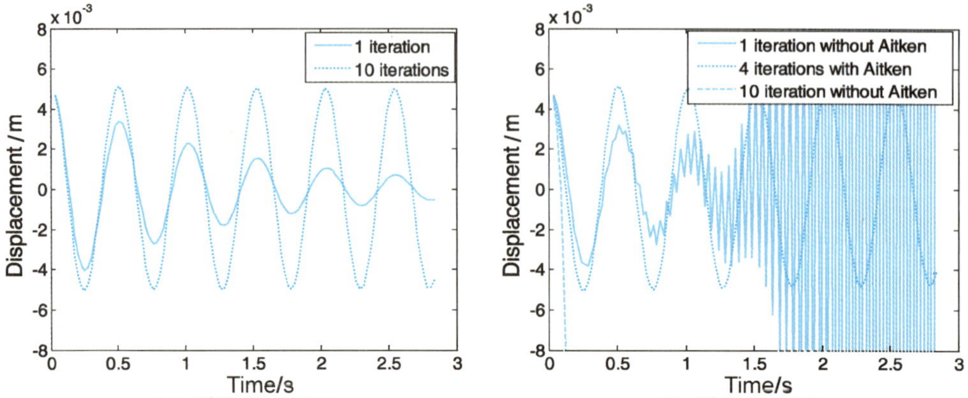

(a) 谱半径小于 1　　　　(b) 谱半径大于 1

图 5-14　模型 b 振子迭代求解位移

度等截面简支梁的竖向动力响应，进一步验证轮轨密贴接触模型下的迭代稳定性分析结论。为便于观察计算不稳定现象，计算中不计桥梁和车辆阻尼。桥梁截面抗弯惯性矩为 2.02 m^4，线密度为 $\overline{m}$=1.13e4 kg/m^3，全桥等分为 8 个单元，节点集中质量为 m_1=45 200 kg。机车为 6 轮对，每个轮对质量为 m_2=2 447 kg。根据以上参数，轮对与桥梁节点集中质量比 $m_2/m_1=0.05$，即使考虑车桥复杂因素后谱半径也不会超过 1，因而迭代求解收敛。将桥梁线密度减小至 0.80e3 kg/m^3，在不同积分步长下计算得到的桥梁跨中位移时程曲线如图 5-15 所示(计算均限制迭代次数最多为 10 次)。可见，在 0.000 4 s 步长下，在车辆进桥大约 6 m (0.135 s)后桥梁计算位移值开始发散；当步长增大为 0.001 s，车辆进桥大约 22 m(0.5 s)后开始发散；而当步长增大为 0.004 s 时，计算收敛。

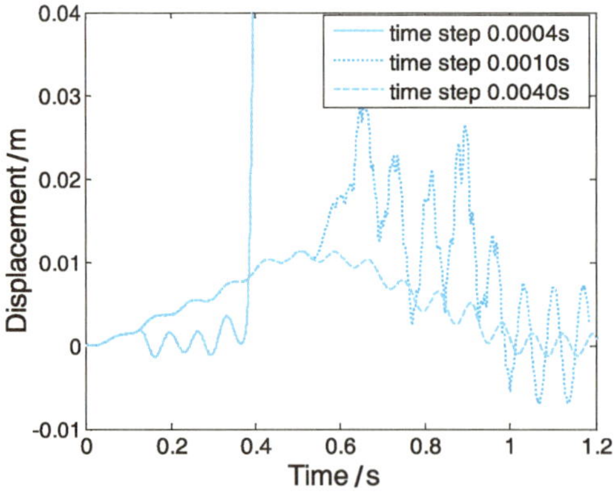

图 5-15　车桥系统作用下桥梁跨中位移曲线

在减小桥梁密度后，可知 m_2/m_1=0.76，考虑车辆一个转向架上有 3 个轮对的共同作用后，在一定的积分步长下，谱半径可能接近并超过 1。图 5-15 所示现象与常规数值积分方法步长越大稳定性越差的计算结论是不同的。其原因在于：本算例不考虑车辆和桥梁阻尼，且采用的桥梁竖向刚度大于车辆第一系悬挂竖向弹簧刚度，根据式(4-28)可知，步长越大，谱半径越小；当时间步长为 0.004 s 时，桥梁刚度项的贡献使得谱半径小于 1，因而迭代计算收敛；数值积分中计算稳定性由时间步间的递推关系逼近算子确定，而迭代计算稳定性由时间步内的递推关系逼近算子确定，数值积分稳定性和迭代稳定性是两个不同的概念，时间步长对其影响不同是合理的、不矛盾的。另外，本文所述谱半径与迭代稳定性的关系还可进一步验证如下：在进桥距离不大的情况下，轮对处桥梁（支座附近）刚度趋于无穷大，据式(4－28)，在有限的时间步长下，谱半径必然小于 1，因而计算收敛；随着车辆的向跨中行走，轮对处桥梁刚度不断减小，谱半径逐渐增大，当谱半径增大到 1 以上时计算发散。该算例充分揭示了质量、刚度和步长对迭代稳定性的影响。

采用密贴接触模型时，如果出现数值发散问题，最有效的方式应该是略去轮对惯性力，这一点已经在 5.2.4 节中得到应用，再次表明本书在迭代计算稳定性理论分析方面的正确性。

以下验证轮轨非密贴模型下迭代稳定性问题。对图 4－2 所示模型 c，采用 Wilson－θ 法计算，取其弹簧质量参数及初始条件为

$$\begin{cases} m_1 = 0.01\ \text{kg} \\ m_2 = 0.99\ \text{kg} \\ k_1 = 2\times(2\pi)^2\ \text{N/m} \\ k_2 = 2\times(2\pi)^2\ \text{N/m} \\ k_t = 400\times(2\pi)^2\ \text{N/m} \\ c_1 = c_2 = 0 \end{cases} \qquad \begin{cases} y_1(0) = y_2(0) = 0.005\ \text{m} \\ \dot{y}_1(0) = \dot{y}_2(0) = 0 \end{cases}$$

由上述参数计算，根据式(4－38)可知，当取 $\Delta t = 0.0019$ s 和 $\Delta t = 0.0018$ s 时，谱半径分别为 0.95 和 0.86。图 5－16 所示是在 10 次迭代的情况下，不同步长下质量块 1 的位移时间曲线。从图中可见，步长为 0.000 1 s 时计算结果逼近精确解，步长增大为 0.001 0 s 和 0.001 8 s 时，虽然迭代收敛，但计算结果存在较大误差，而当步长为 0.001 9 s时，计算发散。可见如果步长过大，尽管迭代收敛，但是将产生较大算法误差；如果步长达到使得谱半径接近 1，在直接迭代计算下将很快

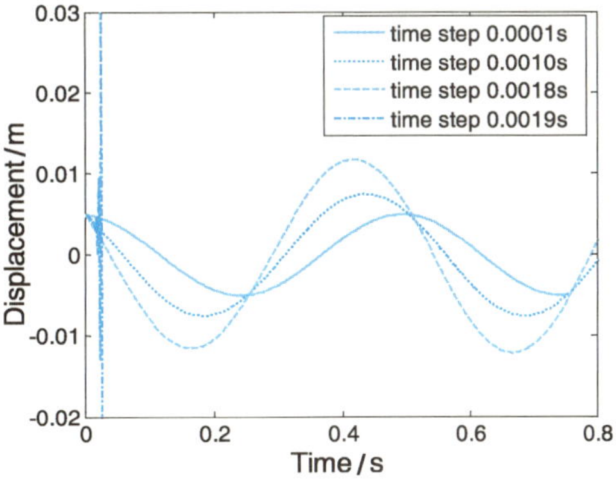

图 5－16　不同步长下模型 c 中质量块 2 位移计算结果

发散，同样，采用 Aitken 加速迭代技术后能解决发散问题，但是计算结果可能失真。这是因为步长过大，接触力的高频成分就不能正常反映。对于非密贴接触模型，尽管两质量块质量比很大，但只要步长足够小，谱半径即可以足够小，这与密贴条件下的减小积分步长对谱半径的影响较小的情况是不同的。

而由于接触弹簧刚度很大，模型 c 的高阶的频率达到 200 Hz 左右，要得到满足精度的结果，则积分步长应该在周期的二十分之一(0.000 25 s)以下，此时谱半径必然小于 1。可见，对于非密贴接触模型，主要需要关心精度问题而不是稳定性问题。

5.2.6 新型显式积分方法迭代收敛性验证

根据第 4 章的谱半径分析，若待求运动方程右端项不含待求响应的加速度(惯性力)项，则新型显式积分方法的谱半径总是为 0。对线性系统而言，谱半径为 0 意味着不需要迭代；对非线性车桥耦合系统而言，新型显式积分法的迭代收敛性如何，可通过数值计算予以展示。

表 5-2 为本书程序分别采用 Wilson-θ 法、Newmark-β 法和新型显式积分法计算 5.2.4 节中轮轨非密贴接触下车辆-轨道-桥梁耦合系统动力响应时在不同时刻的迭代收敛性对比。该系统存在集中阻尼产生的虚拟激励项和轮轨非线性赫兹接触力，采用 Wilson-θ 法或者 Newmark-β 法需要迭代 4～5 次才能达到万分之一的收敛率，而采用新型积分法，1 次迭代即可达到万分之一的收敛率。可见，采用新型显式积分法进行车辆-桥梁/轨道系统耦合振动分离迭代计算能大大提高计算收敛性和计算效率。

表 5-2　轮轨非密贴接触模型下不同积分方法迭代收敛性对比

时刻(s)	积分方法	收敛率(%)					
		第 1 次迭代	第 2 次迭代	第 3 次迭代	第 4 次迭代	第 5 次迭代	第 6 次迭代
0.100 0	Wilson-θ 法	23 203.18	202.91	6.02	0.02	<0.01	
	Newmark-β 法	3 244.73	8 748.71	32.96	0.21	<0.01	
	新型显式积分法	6 792.10	<0.01				
0.100 1	Wilson-θ 法	4 088.54	519.17	1.18	0.13	0.01	<0.01
	Newmark-β 法	9 342.54	1 513.17	18.34	2.54	0.01	<0.01
	新型显式积分法	38 868.44	<0.01				

续 表

时刻(s)	积分方法	收 敛 率(%)					
		第 1 次迭代	第 2 次迭代	第 3 次迭代	第 4 次迭代	第 5 次迭代	第 6 次迭代
0.100 2	Wilson - θ 法	1 499.07	81 203.12	2.22	0.08	<0.01	
	Newmark - β 法	1 868.31	1 282.77	6.74	0.42	<0.01	
	新型显式积分法	26 604.40	<0.01				
0.100 3	Wilson - θ 法	2 477.22	145.94	86.17	0.03	<0.01	
	Newmark - β 法	9 347.54	906.65	14.20	1.58	0.03	<0.01
	新型显式积分法	1 996.27	<0.01				
0.100 4	Wilson - θ 法	16 659.50	3 151.45	1.24	0.03	<0.01	
	Newmark - β 法	18 358.93	677.71	3.40	0.03	<0.01	
	新型显式积分法	12 055.66	<0.01				

5.3 本 章 小 结

首先阐述本文程序 VBC2.0 的编制情况、前后处理功能和计算流程。阐述实际分析中在车辆模型、激励模型、桥梁/轨道模型和求解方法上具有灵活的可选择性，从而实现不同的分析功能、达到不同的分析目标。

随后通过多个算例由简到繁、层层递进地对本书计算方法和计算程序进行验证。数值考核结果表明：本书基于有限元法、模态叠加法和拟力法的车辆-桥梁/轨道耦合振动分析方法是合理的；根据本书计算方法编制的计算程序是可靠的；关于分离迭代计算稳定性问题的理论研究是正确的，相应的研究结论成功地应用于数值计算中，以避免计算不稳定现象的发生。

第 2 章至第 5 章已经完成对车辆-桥梁/轨道系统耦合振动计算方法的理论阐述和计算程序考核工作，第 6 章还将根据香港青马大桥的实测数据对本书计算方法和计算程序进行一定程度上的实测验证。第 6 章至第 10 章将应用本书的计算方法和计算程序做一些专题研究。

第6章

大跨度悬索桥应力和加速度分析与实测验证

车辆-桥梁/轨道耦合振动分析理论涉及多学科的交叉，计算程序较为复杂，在进行必要的数值验证工作之后，需要采用试验或者实测数据对计算理论的正确性和计算程序的可靠性进行检验。本章采用香港青马大桥健康监测系统提供的桥梁动力响应实测数据检验数值计算结果的正确性与精确性。

由于监测数据能比较全面地反映桥梁整体振动和局部振动状况，因此必须进行精细化的车桥振动数值分析，从而使得数值计算结果不但能在低频振动和整体振动上并且能在中高频振动和局部振动上与实测结果具有较强的可比性。只有进行精细化的数值分析以及中高频振动上的实测检验，才能更为全面有效地验证计算理论的正确性与计算程序的可靠性。一般桥梁振动位移由整体振动和低阶振动模态控制，而桥梁应力和加速度对局部振动和高阶振动模态更为敏感。要实现计算结果与实测结果在桥梁应力和加速度层面上的对比验证，必须进行能反映局部振动的精细化分析。

桥梁应力和加速度的精细化分析不但是进行实测验证的需要，而且具有重要的工程应用价值。运行列车的动力作用使得轨道交通桥梁构件中产生大量应力幅并影响构件的疲劳寿命[108, 109]，列车作用引起的桥梁振动反过来影响运行列车的安全性、舒适性[42]以及桥上轨道结构的稳定性[110]。因此，列车作用下车桥动力响应分析对桥梁构件疲劳损伤、车桥系统安全性与正常使用性能的评估具有重要的意义。为确保大跨度缆索承重桥梁的安全使用，目前的趋势是为这些桥梁安装健康监测系统，通过实时测量数据监测桥梁的性能和健康状态[111]。这些监测数据提供了桥梁加速度以及局部应变等信息，可直接用于桥梁评估[112-114]。然而，对大跨度桥梁而言，传感器的数量总是有限的，并不是所有构件的响应都能被监测到。因此，数值计算可作为弥补健康监测系统不足的重要手段。

在以往的大跨度缆索承重桥梁的车致振动分析中，鱼骨梁模型经常被采用[41-44]。然而，鱼骨梁模型只能用于截面内力计算而无法直接提供主梁各个构件的应力。因此，采用鱼骨梁模型获取的应力计算结果不能直接与实测应力进行对比，也不能直接用于疲劳评估。鱼骨梁模型的另外一个不足在于它不能反映主梁截面真实构造和构件局部振动，特别是轨道梁的局部振动，这使得计算的桥梁加速度在中高频(2—30 Hz)成分上出现较大误差。

考虑到鱼骨梁模型的不足，需要采用更为精细的有限元模型计算大跨度缆索承重桥梁的加速度和动应力响应。Chan 等人[108]建立的青马大桥有限元模型，详细考虑了主梁的空间构型和焊接构造。在此有限元模型基础上采用移动荷载模型模拟车辆荷载，并计算桥梁应力，进而分析疲劳损伤和确定桥梁疲劳危险位置。Li 等人[115]提出一种多尺度有限元模型用于分析大跨度桥梁的动应力和疲劳问题。为有效地实施基于应力的桥梁安全评估和基于加速度的桥梁使用性能评估，Zhang 等人[116]建立了面向健康监测的青马大桥有限元模型，使得各个重要截面和构件的加速度和应力能直接计算得到，并可利用实测结果校核计算结果。

大跨度缆索承重桥梁精细化的有限元模型自由度庞大，在普通计算机上进行动力计算极为费时费力，需要运用模态叠加法缩减自由度并提高计算效率。然而，应该选取多少的模态数量参与动力计算才能实现效率和精度的平衡是需要研究的问题。有效质量的概念常常用于确定在地震作用下用于动力分析的结构模态数量。然而，这一概念并不适合于列车作用下大跨度桥梁的动力计算。例如，根据文献[108]的数值计算，在一列列车作用下，靠近轨道梁的主桁架的计算应力时程基本只有一个大的应力循环，而实测应力时程除包含大的应力循环外还含有一些幅值稍小的相对高频的应力循环，如图 6－1 所示。数值计算与实测的产生差别的原因在于数值模拟中只采用了桥梁前 80 阶模态。尽管这 80 阶模态的有效质量占总的有效质量的 93%以上，这些模态数仍不足够用于列车作用下的动应力计算。

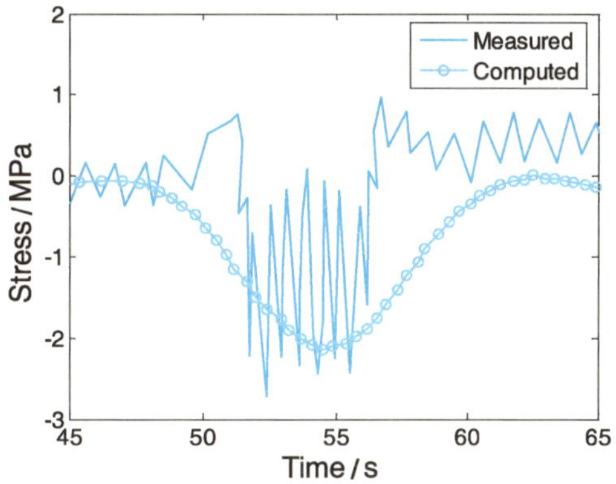

图 6－1　文献[108]计算应力与实测应力对比

综上所述，大跨度缆索承重桥梁的车致加速度和应力精细化分析中，桥梁模型、用于动力分析的振动模态数量以及其他动力计算参数均需合理采用才能得到比较准确的计算结果。虽然人们从定性方面认识到计算桥梁应力与加速度需要采用较多的振动模态,然而对究竟应该采用多少模态没有定量上的指导原则。本章通过简支梁、弹性地基梁在等间距常量移动荷载列下的共振条件分析,从定量分析的角度明确应采用多少模态参与动力分析。而后,以香港青马大桥为例,将数值计算结果与实测结果进行对比分析,验证了关于模态数量选取方法正确性,也对本书计算方法和计算程序作了进一步实测验证。

6.1 大跨度桥梁应力和加速度计算时振动模态选取的指导原则

由于共振响应对结构响应有非常显著的贡献,因此振动模态选取上首要的原则是参与动力计算的振动模态能包含共振响应。基于这一原则,首先对等间距常量移动荷载列下简支梁共振条件进行分析,然后将有关结论推广到弹性地基梁,进而通过类比得出大跨度缆索承重桥梁振动模态选取方面的指导原则。

6.1.1 移动荷载作用下简支梁共振分析

Yang[7]、Li[8]、Xia[9]及他们的合作者分别从不同的分析方法和视角研究了列车作用下桥梁的共振现象和机理。根据 Xia 等人[9]的阐述,列车作用下桥梁竖向共振机理主要可分为两种:一是移动荷载列的周期性动力作用与桥梁自振频率一致引起的共振;二是由单个移动荷载由于加载频率与桥梁频率一致引发的共振。此外,还存在一类共振现象,被 Xia 等人[9]提到但没有引起足够的重视,它不被重视的原因在于大多数研究通常只考虑低阶模态或者以位移响应为研究对象。由于高阶模态对桥梁应力和加速度响应的贡献很大,以下着重阐述高阶模态下的与应力和加速度计算密切相关的共振现象。

考察一运行速度为 V 的列车通过跨度为 L_b 的简支梁桥,如图 6-2 所示。为简化分析,将列车荷载等效为间距为 d_v、大小为 P 的等间距常量力。在上述等间距常量力作用下简支梁的运动微分方程可表达为[9]

$$EI\frac{\partial^4 y(x,t)}{\partial x^4}+\bar{m}\frac{\partial^2 y(x,t)}{\partial t^2}=\sum_{k=0}^{N-1}\delta\left[x-V\left(t-\frac{k\cdot d_v}{V}\right)\right]P \tag{6-1}$$

式中，E 为弹性模量；I 为截面抗弯惯性矩；$\overline{m}$ 桥梁单位长度密度；$y(x,\ t)$为 t 时刻 x 位置处桥梁位移；N 为移动荷载总数量；δ 为狄拉克函数。

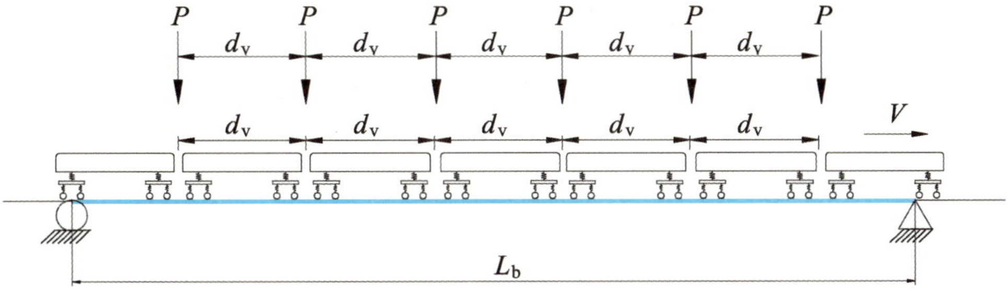

图 6－2　等间距常量移动荷载列作用下简支梁模型

运用模态叠加法，式(6－1)可表示为模态坐标形式[7]：

$$\begin{cases}\ddot{q}_n^2(t)+\omega_n^2 q_n^2(t)=\dfrac{2}{\overline{m}L_b}P\displaystyle\sum_{k=0}^{N-1}\sin\dfrac{n\pi V}{L_b}\left(t-\dfrac{k\cdot d_v}{V}\right)\Gamma_k(n=1,\ 2,\ 3,\ \cdots)\\ \Gamma_k=H\left(t-\dfrac{k\cdot d_v}{V}\right)-H\left(t-\dfrac{k\cdot d_v}{V}-\dfrac{L_b}{V}\right)\end{cases} \tag{6-2}$$

式中，H 单位阶跃函数；Γ_k 为确定荷载是否位于桥梁之上的函数；$q_n(t)$ 为第 n 阶模态坐标位移，可根据 Duhamel 积分求得[7]：

$$q_n(t)=\frac{2P}{\overline{m}\omega_n^2L_b}\frac{1}{1-\beta_n^2}\sum_{k=0}^{N-1}\left[\Lambda\left(t-\frac{k\cdot d_v}{V}\right)+(-1)^{n+1}\Lambda\left(t-\frac{k\cdot d_v}{V}-\frac{L_b}{V}\right)\right] \tag{6-3}$$

其中

$$\Lambda(t)=[\sin\overline{\omega}_n t-\beta_n\sin\omega_n t]H(t) \tag{6-4}$$

$$\overline{\omega}_n=\frac{n\pi V}{L_b},\ \omega_n=n^2\pi^2\sqrt{\frac{EI}{\overline{m}L_b^4}},\ \beta_n=\overline{\omega}_n/\omega_n \tag{6-5}$$

求得模态坐标响应后，物理坐标下桥梁位移、加速度和弯矩可表示为

$$y(x,\ t)=\sum_{n=1}^{\infty}\sin\frac{n\pi x}{L_b}q_n(t) \tag{6-6}$$

$$\ddot{y}(x,\ t)=\sum_{n=1}^{\infty}\sin\frac{n\pi x}{L_b}\ddot{q}_n(t) \tag{6-7}$$

$$M(x,\ t) = -EI\frac{\partial^2 y(x,\ t)}{\partial x^2} = EI\sum_{n=1}^{\infty}\left(\frac{n\pi}{L_b}\right)^2 \sin\frac{n\pi x}{L_b}q_n(t) \tag{6-8}$$

对大跨度缆索承重桥梁而言，桥梁长度通常大于列车总长，除列车进出桥的时间外，各个车辆均处于桥梁上。因此，若假定桥梁跨度足够大，在不考虑车辆进出桥的条件下，式(6-2)中 Γ_k 可始终取为 1，从而式(6-3)可简化为

$$q_n(t) = \frac{2P}{\bar{m}\ \omega_n^2 L_b}\frac{1}{1-\beta_n^2}\sum_{k=0}^{N-1}\left[\sin\bar{\omega}_n\left(t-\frac{k\cdot d_v}{V}\right) - \beta_n \sin\omega_n\left(t-\frac{k\cdot d_v}{V}\right)\right] \tag{6-9}$$

以下根据(6-9)来研究移动荷载列作用下的三个极值条件。首先，当满足下列条件时

$$\omega_n\frac{d_v}{V} = 2j\pi \quad (j=1,\ 2,\ 3,\ \cdots) \tag{6-10}$$

式(6-9)中，$\sum_{k=0}^{N-1}\sin\omega_n\left(t-\frac{k\cdot d_v}{V}\right)$ 这一项取极值 $N\sin\omega_n t$。

对通常的中小跨度桥梁而言，可假定桥梁长度不大于两倍车长，即 $L_b \leqslant 2d_v$。在这个假定下，文献[7]同样获得式(6-10)表达的极值条件。文献[9]中将式(6-10)表达的极值条件称为第一共振条件[9]。这个共振现象也可解释为多个移动荷载产生的剩余响应[7]或者自由振动[8]产生累积效应的结果。第一共振条件通常只在中小跨度桥梁中加以考虑[7-9]。对大跨度桥梁而言，由于桥梁的基频很低，在通常的运营车速下，这一共振现象一般不可能在桥梁的前几阶振动模态中发生，但是可以在更高的振动模态中发生。

其后，与第一共振条件对应，简支梁在移动荷载列作用下的第二共振条件[9]可由式(6-3)或者式(6-9)中的 $1/(1-\beta_n^2)$ 这一项趋向于无穷大而得到。然而，在目前可达到的车速下，这一共振现象对桥梁动力响应影响不大。

最后，式(6-9)中，$\sum_{k=0}^{N-1}\sin\bar{\omega}_n\left(t-\frac{k\cdot d_v}{V}\right)$ 这一项取极值 $N\sin\bar{\omega}_n t$ 的条件为[9]

$$\bar{\omega}_n\frac{d_v}{V} = 2j\pi \quad (j=1,\ 2,\ 3,\ \cdots) \tag{6-11}$$

将式(6-5)代入式(6-11)，可得

$$\frac{d_v}{j} = 2L_b/n \quad (j = 1,\ 2,\ 3,\ \cdots) \tag{6-12}$$

式(6－11)或者式(6－12)表示的极值条件在本文将称为第三共振条件。

对于大跨度桥梁，显然，当 $n=1$ 时第三共振条件不可能得到满足，因为车长不可能达到 2 倍桥梁长度。然而，考虑到高阶模态，则式(6－12)很容易得到满足，这意味着第三共振条件只有针对大跨度桥梁的高阶模态才有实际意义。

对于简支梁而言，第 n 阶竖向振动振型位移为 $n/2$ 个正弦波形式，且正弦波波长为 $2L_b/n$。图 6－3 所示第三共振条件的物理意义：当移动荷载间距等于第 n 阶振型波长的整数倍时，则移动荷载列将激起第 n 阶模态响应发生共振。从图 6－3 中可见，当满足第三共振条件时，所有荷载对应位置的振动模态位移具有相同的相位，这样，荷载列产生的模态广义力将随着荷载数目的增多而增大。

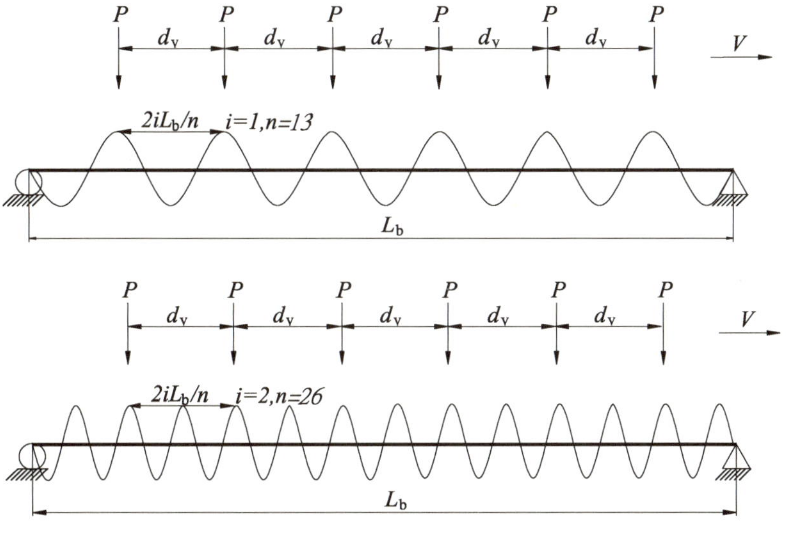

图 6－3　第三共振条件示意图

对大跨度桥梁而言，应力响应主要对第三共振现象比较敏感，而加速度响应主要对第一共振现象比较敏感，现做如下解释。对大跨度桥梁，第一、第三共振现象发生在高阶振动模态，故有

$$\beta_n = \bar{\omega}_n/\omega_n = \bar{\omega}_1/n\omega_1 = \beta_1/n \rightarrow 0 \tag{6-13}$$

根据弯矩/应力响应的计算式(6－8)可知，在 β_n 趋近于零时，式(6－9)中 $\beta_n \sin\omega_n\left(t-\frac{k\cdot d_v}{V}\right)$ 这一项相对于 $\sin\bar{\omega}_n\left(t-\frac{k\cdot d_v}{V}\right)$ 这一项可以忽略不计。由

$\sin \bar{\omega}_{\mathrm{n}}\left(t-\dfrac{k \cdot d_{\mathrm{v}}}{V}\right)$ 这一项与第三共振现象的关系可知弯矩/应力主要受第三共振现象影响。根据加速度响应的计算式(6－7)可知，由于对时间的二次求导，使得式（6 － 9）中 $\beta_{\mathrm{n}}\sin \omega_{\mathrm{n}}\left(t-\dfrac{k \cdot d_{\mathrm{v}}}{V}\right)$ 这一项变为 $\beta_{\mathrm{n}}\omega_{\mathrm{n}}^{2}\sin \omega_{\mathrm{n}}\left(t-\dfrac{k \cdot d_{\mathrm{v}}}{V}\right)$，$\sin \bar{\omega}_{\mathrm{n}}\left(t-\dfrac{k \cdot d_{\mathrm{v}}}{V}\right)$ 这一项变为 $\bar{\omega}_{\mathrm{n}}^{2}\sin \bar{\omega}_{\mathrm{n}}\left(t-\dfrac{k \cdot d_{\mathrm{v}}}{V}\right)$，再由式(6－5)可知，$\omega_{\mathrm{n}}^{2}$ 与 n 的 4 次方成正比，而 $\bar{\omega}_{\mathrm{n}}^{2}$ 仅与 n 的 2 次方成正比。由 $\beta_{\mathrm{n}}\sin \omega_{\mathrm{n}}\left(t-\dfrac{k \cdot d_{\mathrm{v}}}{V}\right)$ 这一项与第一共振条件的关系可知加速度响应主要受第一共振条件影响。

6.1.2　移动荷载作用下弹性地基梁共振分析

对大跨度缆索承重桥梁而言，轨道通常布置于主梁之上，而主梁则由缆索支撑。因此采用移动荷载作用下离散支撑连续梁或者弹性地基梁进行共振分析更能反映大跨度桥梁的特点。为便于理论分析，故针对弹性地基梁的共振条件进行讨论。

若将图 6－2 所示简支梁支撑于单位长度刚度为 k_{f} 的弹性地基上，则该简支梁成为弹性地基梁。在图 6－2 所示等间距常量力作用下的弹性地基梁的运动微分方程可表达为

$$EI\frac{\partial^{4} y(x,\ t)}{\partial x^{4}}+\bar{m}\frac{\partial^{2} y(x,\ t)}{\partial t^{2}}+k_{\mathrm{f}}y(x,\ t)=\sum_{k=0}^{N-1}\delta\left[x-V\left(t-\frac{k \cdot d_{\mathrm{v}}}{V}\right)\right]P \tag{6-14}$$

由于该弹性地基梁的两端仍然为简支边界条件，简支梁的振型仍然适用于该连续梁，则桥梁自振频率变为

$$\omega_{\mathrm{n}}=\sqrt{\frac{n^{4}\pi^{4}EI+k_{\mathrm{f}}L_{\mathrm{b}}^{4}}{\bar{m}L_{\mathrm{b}}^{4}}} \tag{6-15}$$

因此，除桥梁自振频率外，6.1.1 节所述模态叠加原理以及三种共振条件均可推广至弹性地基梁。注意到，对简支梁而言，其自振频率随模态阶数的增加而急剧增大，而对于弹性地基梁而言，由于 k_{f} 的作用，自振频率随模态阶数的增加而增大的速度变缓，这使得高阶模态对桥梁应力和加速度的贡献更为突出。

以下通过一算例说明，第一和第三共振现象对移动荷载作用下弹性地基梁

应力和加速度响应的影响。相关动力参数为：$V=35\ \mathrm{m/s}$，$d_v=22.5\ \mathrm{m}$，$N=9$，$P=50\mathrm{e}4\ \mathrm{N}$，$L_b=50\,d_v$，$E=2.1\mathrm{e}11\ \mathrm{Pa}$，$I=0.05\ \mathrm{m}^4$，$\bar{m}=500\ \mathrm{kg/m}$，$k_f=1.0\mathrm{e}5\ \mathrm{N/m^2}$。图 6-4 所示为根据解析表达式(6-3)、式(6-6)—式(6-8)和式(6-15)，采用不同模态数量计算得到的连续梁跨中位移、弯矩和加速度响应时程曲线。图 6-5 所示为 19 秒时刻前 250 阶模态中各阶模态对跨中位移、弯矩和加速度的绝对贡献量。据图可知，前 50 阶模态已经足够达到较好的位移计算精度，但是对应力和加速度计算则是不够的。

在本算例的参数条件下，第 100 阶模态对应的振型波长等于移动荷载间距，而第 200 阶模态对应的振型波长等于移动荷载间距的一半。根据第三共振条件，共振现象将于上述两个模态中发生，从图 6-5(b)可见，这两个模态对应力响应的贡献出现峰值。同样，图 6-5(c)所示的某些峰值表明第一共振现象在部分模态中发生。

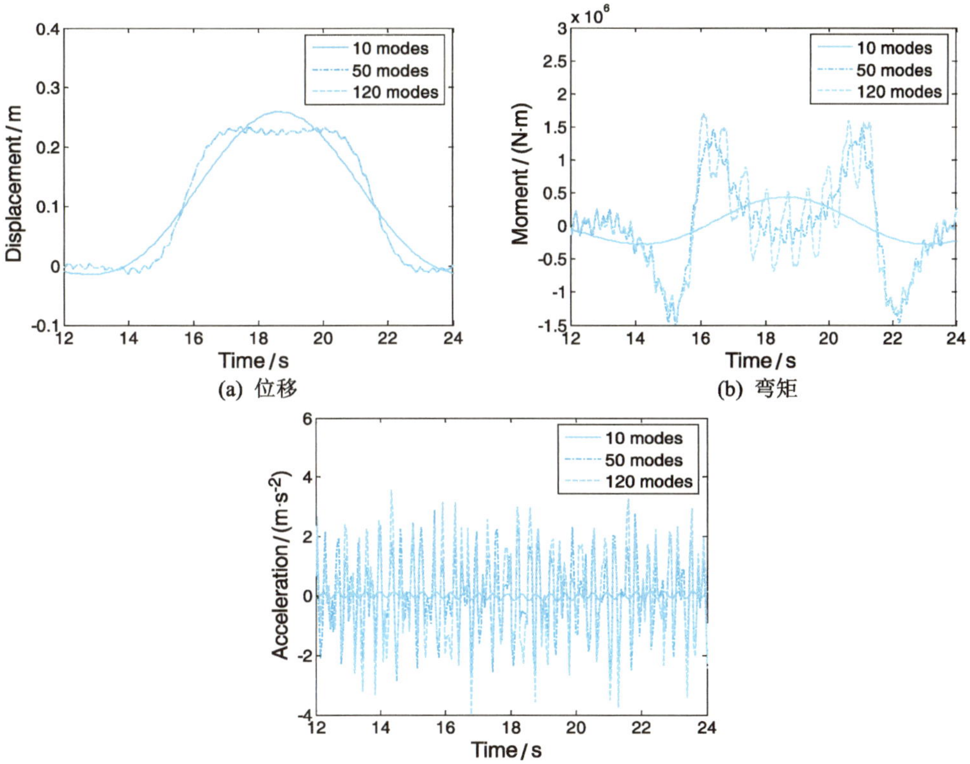

(a) 位移　(b) 弯矩　(c) 加速度

图 6-4　不同模态数量下计算所得桥梁跨中响应时程曲线

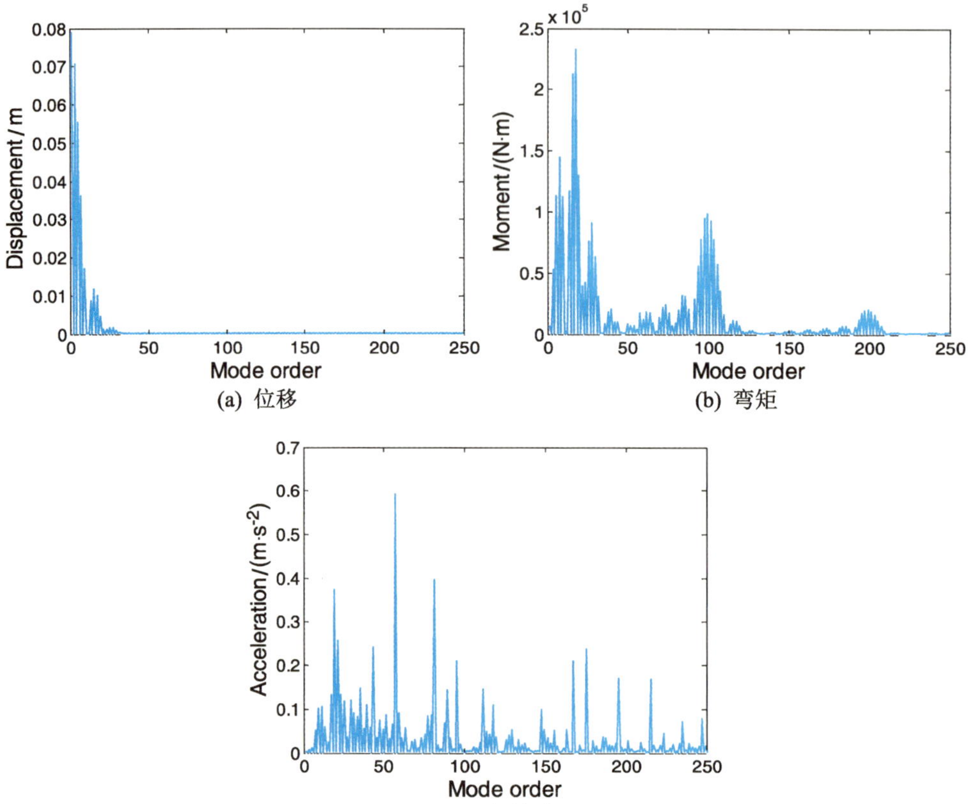

(a) 位移 (b) 弯矩 (c) 加速度

图 6-5　第 19 秒时刻各个模态对桥梁跨中响应的绝对贡献量

总之，此算例表明高阶模态对应力和加速度计算的重要性，也表明应力响应对第三共振现象敏感，而加速度响应对第一共振现象敏感。

6.1.3　从共振分析导出大跨度振动模态选取的指导原则

大跨度缆索承重桥梁的振动模态非常复杂，部分模态以塔为主，部分模态以索为主，部分以主梁为主。由于车桥动力相互作用的特点是只有有限的桥梁单元（即轨道梁）直接承受车辆荷载，从而轨道梁的受力状态和自振特性将主导整个桥梁在列车作用下的振动。若将轨道梁为主的振动模态与弹性地基梁的振动模态进行类比，6.1.1 节和 6.1.2 节所讨论的三类共振现象可以方便地推广到大跨度缆索承重桥梁。6.1.1 节和 6.1.2 节的研究表明，第一共振现象对桥梁加速度有重大影响，而第三共振现象对应力有重大影响，为在动力分析中计入这些共振响应，可得如下振动模态选取的指导原则。

(1) 考虑到第一共振条件，加速度计算需要采用的模态数量可由式(6-16)确定：

$$f_r \leqslant \frac{V}{d_v} j \quad (j = 1, 2, 3, \cdots) \tag{6-16}$$

式中，f_r 为轨道梁为主的振动模态对应的频率。

(2) 考虑到第三共振条件，应力计算需要采用的模态数量可根据式(6-17)确定：

$$l_w \geqslant d_v / j \quad (j = 1, 2, 3, \cdots) \tag{6-17}$$

式中，l_w 为轨道梁为主的振动模态对应的振型波长。

一般随着 j 的增大，其对应的共振现象对桥梁的响应贡献逐渐降低，j 的取值可根据振动响应的收敛性试验来确定。若根据 $j+1$ 选取的振动模态计算得到的应力响应与根据 j 选取的振动模态计算得到的应力响应相差不大，即可认为模态选取基本达到收敛。同样可以根据收敛性试验确定加速度计算对应的 j。当需要同时计算桥梁加速度和应力时，可取根据第一共振条件和第三共振条件确定的最大模态数量。

6.2　列车作用下青马大桥动力响应计算与实测

6.2.1　青马大桥及其有限元模型

香港青马大桥(Tsing Ma Bridge，图 6-6)建成于 1997 年 5 月，总长 2 132 m，主跨 1 377 m，通航净空高 62 m，主塔高 206 m，是目前世界上最长的公铁两用悬索桥。青马大桥主梁为组合桁架结构，由主桁架与加劲板组成，分为上、下两层，上层用于高速公路运输，包括双向三车道；下层主要用于铁路运输，包括两条铁路和两条单行应急公路。

为实现直接计算青马大桥主要构件的动应力并与实测结果进行对比校核，在 Wang[117] 工作的基础上，W. S. Zhang 和 Y. L. Xu 等人[116] 在 MSC/PATRAN 中建立了面向健康监测的有限元模型(图 6-7)。与鱼骨梁模型不同，该有限元模型主梁全部桁架构件和桥梁板均根据设计图提供的尺寸、材料参数进行建模，整个有限元模型包含 12 898 个节点、21 946 个单元(2 906 板单元和 19 040 梁单元)以及 4 788 个多点连接刚臂。

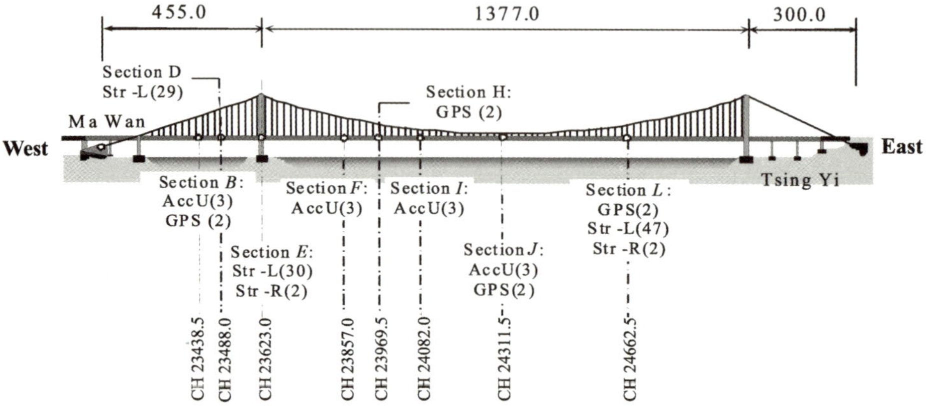

(a) 桥梁立面布置与GPS、应变计、加速度计布置

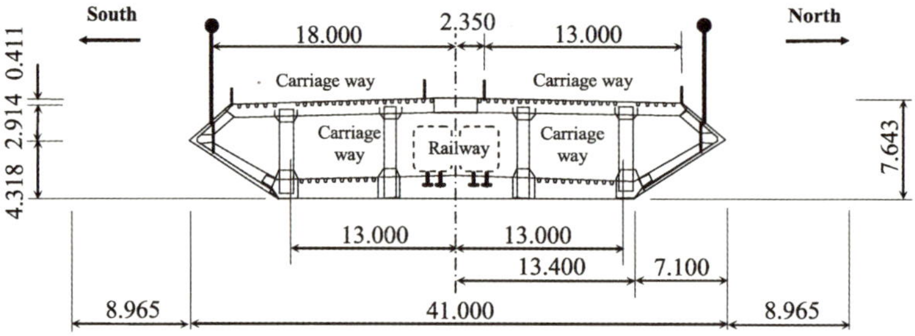

(b) 主梁横截面布置

图6-6　青马大桥布置图

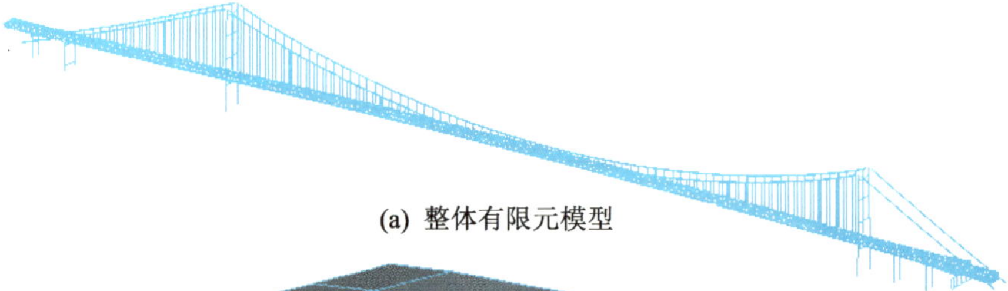

(a) 整体有限元模型

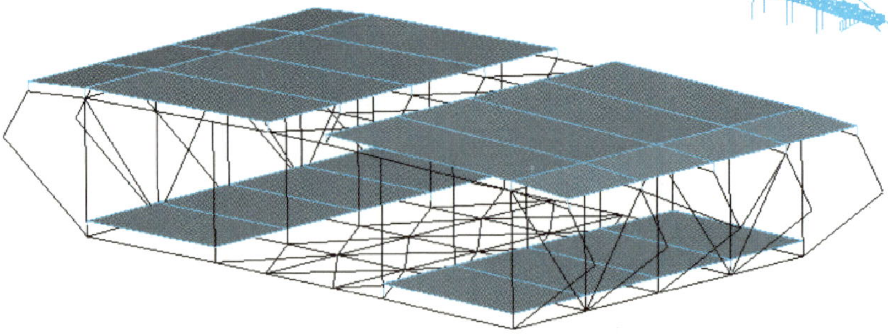

(b) 主跨主梁典型节段有限元模型

图6-7　青马大桥有限元模型

为了更好地为桥梁健康监测以及其他数值计算服务，W. S. Zhang 和 Y. L. Xu 等人对上述有限元模型进行模型修正工作：基于特征值敏感性分析，选取 16 个桥梁模型参数（主要为不同构件的弹性模量和密度）作为待修正的参数，同时根据工程经验限定其合理范围；选取桥梁前 18 阶实测模态作为修正目标值。经过上述模型修正的有限元模型能更好地反映实际桥梁静力和动力特性，从而为列车作用下桥梁动力响应的准确计算创造了有利条件。

6.2.2　健康监测系统与实测数据

青马大桥的风与结构健康监测系统（Wind And Structural Health Monitoring System，即 WASHMS），自 1997 年开始由香港路政署管理和维护。该健康监测系统主要监测四类参数，即环境状态、桥梁特征、桥梁响应和交通荷载。其中桥梁位移、加速度和应变响应由位移传感器、水平传感器、全球定位系统、加速计、应变计采集[118, 119]。

共有 8 个 GPS 布置于主梁的 4 个截面（B、H、L、J，图 6-6(a)），其中每个截面南北两侧各 1 个，以监测主梁横向、竖向和扭转位移。其中，列车走行一侧的 4 个 GPS 记录的竖向位移将用于与计算结果对比。共有 110 动力应变计布置于主梁的 3 个截面（D、E、L，图 6-6(a)），其 D 截面布置 29 个单向应变计，截面 E 布置 30 个单向应变 2 个应变花，截面 L 布置有 47 个单向应变 2 个应变花。其中，截面 L 布置的 3 个应变计（图 6-8）记录的数据将用于与计算结果对比。共有 12 个单轴加速度传感器布置于主梁的四个截面（B、F、I、J，图 6-6(a)），每个截面包含 2 个横向间距为 13 m 的加速度计，以监测主梁竖向和扭转加速度，另外 1 个加速度计则记录主梁横向加速度。其中，列车走行一侧的 4 个竖向加速度计记录的实测数据将用于与计算结果对比。GPS 的采样频率为 10 Hz，应变计和加速度计的采样频率在 2001 年以前设定为 25.6 Hz，而 2002 年以后设定为 51.2 Hz。

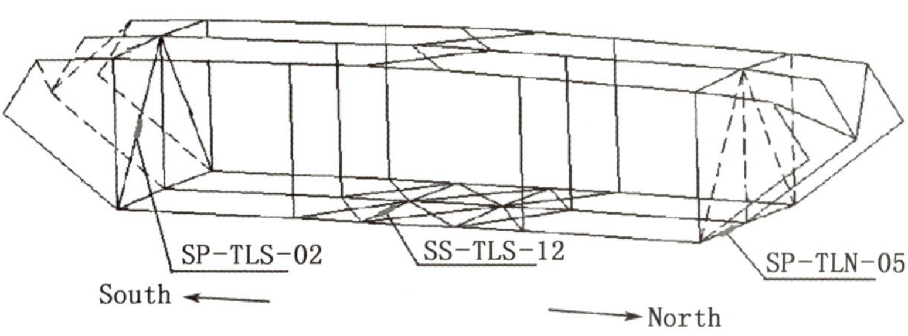

图 6-8　截面 L 上布置的 3 个应变计

青马大桥健康监测系统记录的桥梁响应时程是列车、汽车、风以及温度荷载共同作用的结果。然而，本章主要考虑列车作用下桥梁的动力响应，为了更好地将计算结果与实测结果进行比较，汽车、风和温度产生的桥梁响应应该尽可能地小，这可以通过选择特定时段的实测数据来实现。在列车通过桥梁的数十秒钟内，温度效应对结构的影响可看作不变。根据风速记录，2005 年 11 月中无强风记录，该月内小时平均风速为 2.8 m/s。2005 年 11 月 2 日凌晨 01:00—02:00 之间共有 5 列火车通过青马大桥，而这个小时的汽车交通量很小，因此这个小时的实测数据可与单独考虑列车荷载作用的数值计算结果进行对比。

根据布置于轨道梁上的应变计可得出列车转向架承重和车速。这个小时通过青马大桥的前两列车的运行车速均为 35 m/s，每列车包含 8 个车辆，16 个转向架，单辆车车长 22.5 m。前两列车的实测转向架承重如表 6 - 1 所列，其中转向架承重表示同一转向架上两个轮对的静轴重之和。

表 6 - 1 实测转向架承重分布情况(1:01—1:08 a. m. , November 2, 2005)

转向架编号		1	2	3	4	5	6	7	8
转向架承重/kg	列车 No. 1	26 576	20 715	18 553	13 977	19 916	16 453	24 272	19 164
	列车 No. 2	25 166	18 302	19 446	14 087	19 054	14 651	23 207	18 804
转向架编号		9	10	11	12	13	14	15	16
转向架承重/kg	列车 No. 1	21 013	13 648	20 997	14 635	23 317	20 308	23 865	21 562
	列车 No. 2	19 603	19 650	19 963	12 081	24 069	19 509	21 750	17 190

图 6 - 9 所示为上述所考察小时内截面 *H* 南北两侧 GPS 记录的实测竖向位移时程。可见，当每一列车经过该截面时，位移响应出现峰值，而在没有列车经过时位移则较小。截面南北两侧的竖向位移几乎重合，表明青马大桥在列车作用下扭转效应很小。图 6 - 10 所示为上述所考察小时内截面 *B* 的实测竖向加速度时程及其频谱。可见，桥梁加速度基本上在奈奎斯特频率(Nyquist frequency)以下(0—25.6 Hz)均有较明显的响应成分。从加速度曲线难以观察出是否有列车通过大桥。图 6 - 11 所示为布置于截面 *L* 轨道梁上的应变计 SS - TLS - 12 记录的实测应力时程。从图中可见，当每一列车经过该截面时，应力响应出现峰值，而在没有列车经过时应力响应很小。由图 6 - 11(b)可知，在一列车的 8 个车辆作用下，应力时程出现 9 个小峰值，此 9 个小峰值对应于 9 组相邻的转向架。

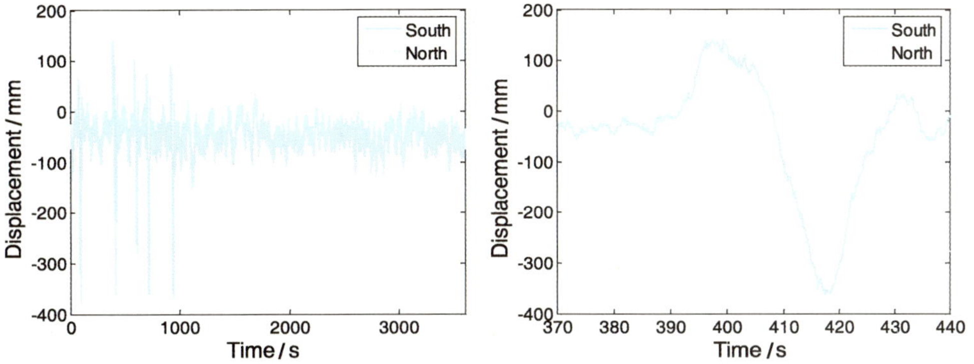

1 小时位移时程　　位移时程局部放大

图 6－9　所考察小时内截面 *H* 南北两侧 GPS 记录的实测竖向位移时程

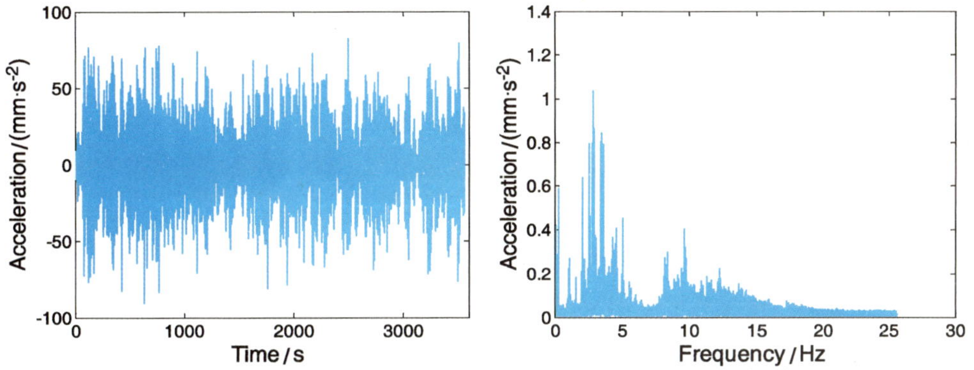

(a) 时程　　(b) 频谱

图 6－10　所考察小时内截面 *B* 的实测竖向加速度时程及其频谱

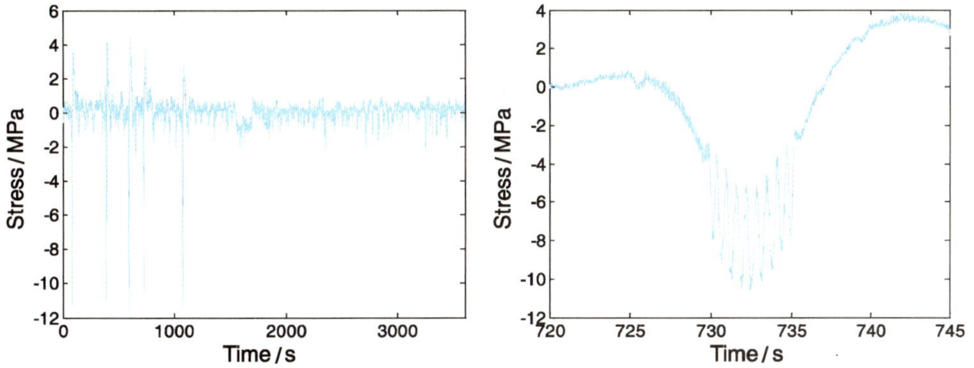

1 小时应力时程　　应力时程局部放大

图 6－11　所考察小时内应变计 SS－TLS－12 记录的应力时程

由实测数据可知，与列车产生的效应相比，少量汽车和微风对桥梁的位移和应力的影响较小，可以直接将实测数据和列车过桥时的动力计算结果进行对比。然而，汽车和风对桥梁加速度的贡献基本与列车引起的桥梁振动加速度相当，且汽车和风产生的加速度的频谱成分与列车产生的加速度的频谱成分存在相当广泛的重叠区域。若试图通过滤波的方法扣除汽车和风的引起的振动加速度，则由列车产生的相应频率成分的振动加速度也将被消除。为消除汽车和风产生的振动影响，作者采用小波滤波方法对实测加速度进行多个频率段的滤波，也没有取得较好的效果。因此，在没有找到更好的扣除汽车和风引起的振动加速度之前，计算的桥梁加速度与实测的桥梁加速度只能在加速度时程曲线变化趋势以及少数重要频率成分上具有可比性。

6.2.3　车桥动力计算参数

很多研究者提出不同的分析方法研究车辆-桥梁/轨道耦合振动问题。从理论上讲，用这些不同的方法可以分析得到相同的结果，只要保持车辆模型、桥梁/轨道模型、轮轨接触模型以及轨道不平顺保持一致。相反，若上述模型或者相应参数有所差别，即使采用同一分析方法得到的结果也可能大相径庭。因此，为了比较准确地计算对模型和参数敏感应力和加速度响应，必须重视车桥耦合振动分析中的建模和参数选择。特别是要做到计算值能与实测数据进行对比，则必须使得模型和参数与实际情况吻合。

采用合适的轮轨接触模型关系到计算精度、效率以及与实测结果的可比性。从 2002 年 8 月以后，青马大桥 WASHMS 中加速度计和应变计的采样频率为 51.2 Hz。根据采样定理，只有低于 25.6 Hz 的桥梁加速度和应变响应可被测量。也就是说，要实现计算与实测的可比性，车致振动导致的高于 25.6 Hz 响应没有必要也不能考虑在动力仿真计算中。通常认为，轮轨非密贴接触与密贴接触的模型下得到的轮轨力的差别主要体现在 50 Hz 或者 100 Hz 以上。另一方面，由于地铁车辆的运行车速不是太高，采用轮轨密贴接触能较好地反映实际情况。此外，与采用非密贴接触模型相比，采用密贴接触模型所需要的计算时间要小得多。综上三点理由，车桥耦合振动分析中采用传统的轮轨密贴接触模型。

车辆的轴重或者说车体质量特性是影响桥梁动力响应的关键因素之一，必须做到与实际情况吻合。以前几乎所有的车桥耦合振动研究均假设列车质量沿车长均匀分布，即认为前后转向架上各个轮对轴重相同。然而，实际情况并非如此，从表 6－1 中所列实测转向架承重可见，车辆的质量分布相当不均匀。这主要是由于车辆中设备布置和人群的分布的不均匀性造成的。由于轴重对桥梁响应影响很大，为确保计算与实测结果一致，必须考虑不均匀的轴重或者车体质量分布。因此，采用三个分为位于车体前（心盘）、中、后（心盘）位置的质量单元模拟车体质量分布的不对称性，根据实测每辆车的转向架承重确定这各车三个质量单元的特性。除了车体质量之外的其他参数，如转向架和轮对质量、一系和二系悬挂特性以及车辆几何尺寸也需要合理采用。上述参数由香港地铁公司提供，可参见文献[44]。

根据上述车辆参数得到的表所述所考察小时内第二列车中第一辆车前 23 模态如表 6－2 所示。可见，该空间车辆模型的振型耦合相当显著，这是由于车体质量不对称导致的。车辆频率范围大致可分为 5 个部分：刚体运动模态（0 Hz）；车体振动模态（0～2 Hz）；转向架振动模态（6～11 Hz）；轮对横移和摇头振动模态（20～31 Hz）；轮对沉浮和侧滚振动模态（10～12 Hz），由于采用轮轨密贴接触模型，轮对竖向运动自由度不独立，该部分车辆模态没有表现在车辆模型中，而将体现在车桥耦合计算中。

表 6－2　第二列车中第一辆车自振频率和振型

模态序号	频　率/Hz	振型描述
1	0.00	整车横移和摇头
2	0.00	整车横移和摇头
3	0.75	车体侧滚，车体与转向架相对横移
4	0.86	转向架和轮对摇头
5	0.87	转向架和轮对摇头
6	1.19	车体侧滚、点头
7	1.58	转向架和轮对横移，车体摇头
8	1.69	车体沉浮、点头
9	1.77	转向架和轮对横移，车体摇头
10	6.24	转向架沉浮
11	6.26	转向架沉浮
12	9.65	转向架侧滚
13	9.65	转向架侧滚
14	10.28	转向架点头

续 表

模 态 序 号	频 率/Hz	振 型 描 述
15	10.28	转向架点头
16	20.43	轮对横移、摇头
17	20.43	轮对横移、摇头
18	23.79	轮对摇头
19	23.79	轮对摇头
20	25.04	转向架侧滚,轮对横移
21	25.04	转向架侧滚,轮对横移
22	30.88	转向架和车体相对摇头
23	30.88	转向架和车体相对摇头

不考虑轨道结构的建模,但考虑轨道不平顺的作用。轨道不平顺是车桥振动最重要的激励源之一,由于缺乏青马大桥上轨道不平顺实测数据,采用德国高速轨道低干扰谱[11]模拟轨道不平顺样本,并根据需要改变轨道不平顺的等级和随机样本进行对比研究。

阻尼特性是桥梁动力计算的另一个重要参数,一般采用瑞利阻尼。根据实测结果,对应于桥梁基频(0.069 Hz)的阻尼比为1%,而对应于高频的阻尼比难以确定,本章选用对应于频率10 Hz的阻尼比取为5%,并根据需要取阻尼比为2.5%和10%进行对比分析。

实测车速表明车辆在桥上运行的车速在35 m/s左右波动,动力计算中采用匀速移动车速为35 m/s。在列车进桥之前,车辆在刚性轨道上运行200 m,以获得较为平稳的车辆初始振动。积分方法为新型显式积分法,积分步长为0.001 s。

6.2.4 桥梁振动模态的选取

据6.1节的讨论可知第三共振现象对桥梁应力影响较大,因此首先根据轨道梁振型波长的特点来选择振动模态,使得在动力计算中包含第三共振现象。

图6-12所示为青马大桥一根轨道梁的部分竖向振型,可见轨道梁的振型近似于正弦曲线。将轨道梁振型位移看作随空间坐标变化的信号,对振型位移进行傅里叶变换即可得到对应的主波长或者空间主频。图6-13所示为部分轨道梁竖向振动模态对应的自振频率与轨道梁振型主波长的关系。可见,每一振

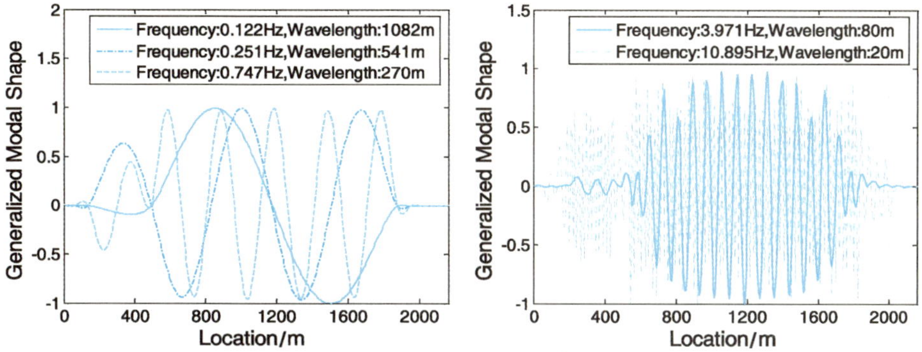

图 6－12　对最大振型位移归一化的轨道梁部分竖向振型

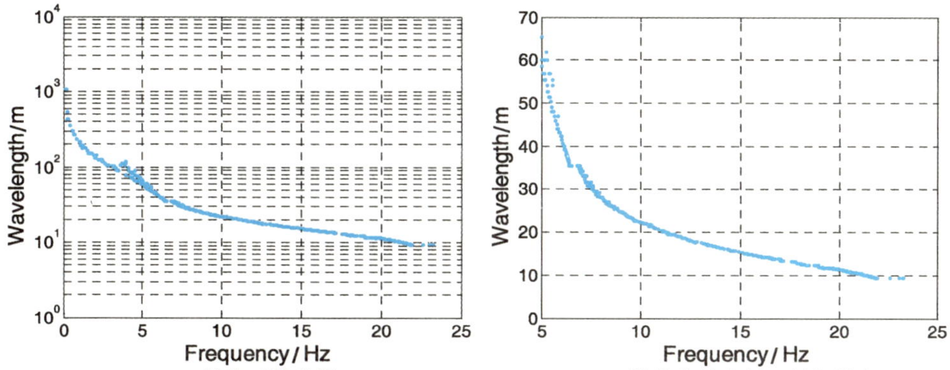

y 轴为对数坐标　　y 轴为自然坐标，局部放大

图 6－13　桥梁频率与轨道梁竖向振型波长的关系

型均对应一个主要的波长，一般频率越高，对应的波长越小，0～2 Hz 范围内的轨道梁振型波长大于 100 m，这部分低频模态对应力显然有相当大的贡献；而 10 Hz左右轨道梁振动模态的振型波长与车辆长度(22.5 m)接近，满足 $j=1$ 时的第三共振条件，而 20 Hz 左右的模态则满足 $j=2$ 时的第三共振条件。根据第三共振条件，10 Hz 和 20 Hz 左右的振动模态对轨道梁应力的贡献也将比较显著，这可从数值计算结果中得到进一步验证。图 6－14 表示采用 0～25 Hz的2 973阶桥梁振动模态进行车桥动力分析得到的各阶模态分别对轨道梁应力贡献量的绝对最大值。从图中可见，除部分低频模态外，10 Hz 和 20 Hz 左右的振动模态对轨道梁应力的贡献将比较显著。同时，上述数值计算也表明，采用 0～25 Hz 范围内的 2 973 阶振动模态参与动力计算能够满足较好的应力计算精度。

接下来考察 0～25 Hz 内的桥梁振动模态能否满足桥梁加速度的计算要求。

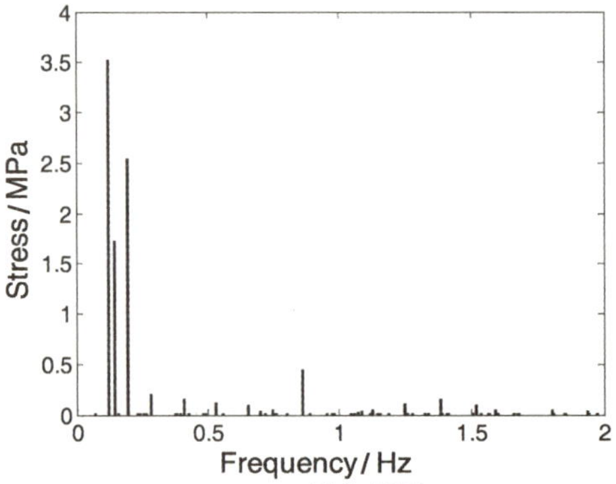

0—2 Hz 频率范围

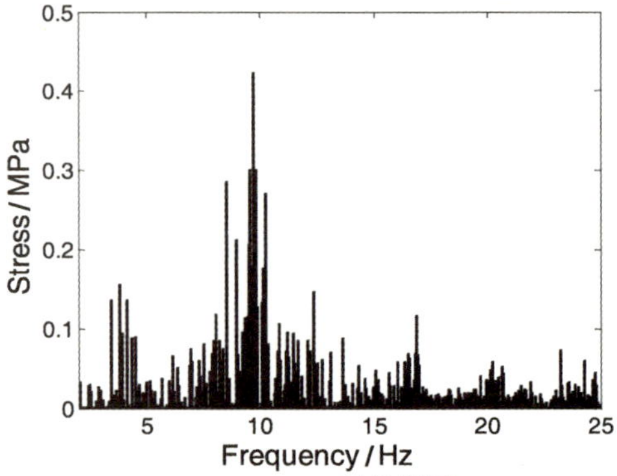

2—25 Hz 频率范围

图 6-14　0～25 Hz 各阶模态对行车轨道梁(SS-TLS-12 位置)计算应力的绝对最大贡献

由图 6-10(b)所示的实测桥梁加速度频谱可知，在 15 Hz 以上的加速度成分随频率增大而趋于减小，并在 20 Hz 左右趋于稳定。并根据式(6-16)可知，20 Hz 的桥梁振动模态可满足 $j=1$—12 的第一共振条件，即 $j=12$ 时第一共振现象对桥梁加速度的贡献基本趋于收敛。此外，注意到实测加速度的奈奎斯特频率为 25.6 Hz，以及欧洲规范“EUROCODE”规定[120]计算桥梁加速度时，需要考虑到 30 Hz 桥梁振动模态，最终采用 0～25 Hz 内的 2 973 阶桥梁振动模态参与动力计算，以达到较好的加速度计算精度和与实测结果的良好可比性。

6.2.5　动力响应对比与分析

1. 桥梁位移

图 6-15 所示为列车通过青马大桥时大桥部分装有 GPS 的主梁截面的计算位移时程曲线与实测结果的对比。可见，各个截面的计算位移均与实测值吻合良好。这至少说明桥梁整体有限元模型与车辆轴重的模拟是相当准确的。需要指出的是，实测曲线有一定频率成分的波动，而计算曲线则没有，这是因为尽管风速很小、汽车流量很少，但它们与其他环境噪声一起均会对桥梁振动产生一定的影响。虽然考虑的桥梁频率已经很高，但是高阶模态对桥梁位移的贡献相对低阶模态的贡献极小，因此从位移曲线难以观察到高频振动。实际上，只取前 80 阶模态都可以得到较好的位移计算精度。

2. 桥梁应力

图 6-16 所示为 CH 24662.5 位置主梁外侧纵向桁架应变计 SP-TLS-02 和 SP-TLN-05 处计算应力与实测结果对比。图 6-17 所示为 CH 24662.5 位置轨道梁上应变计安装处计算应力与实测结果对比。可见，桁架和轨道梁上

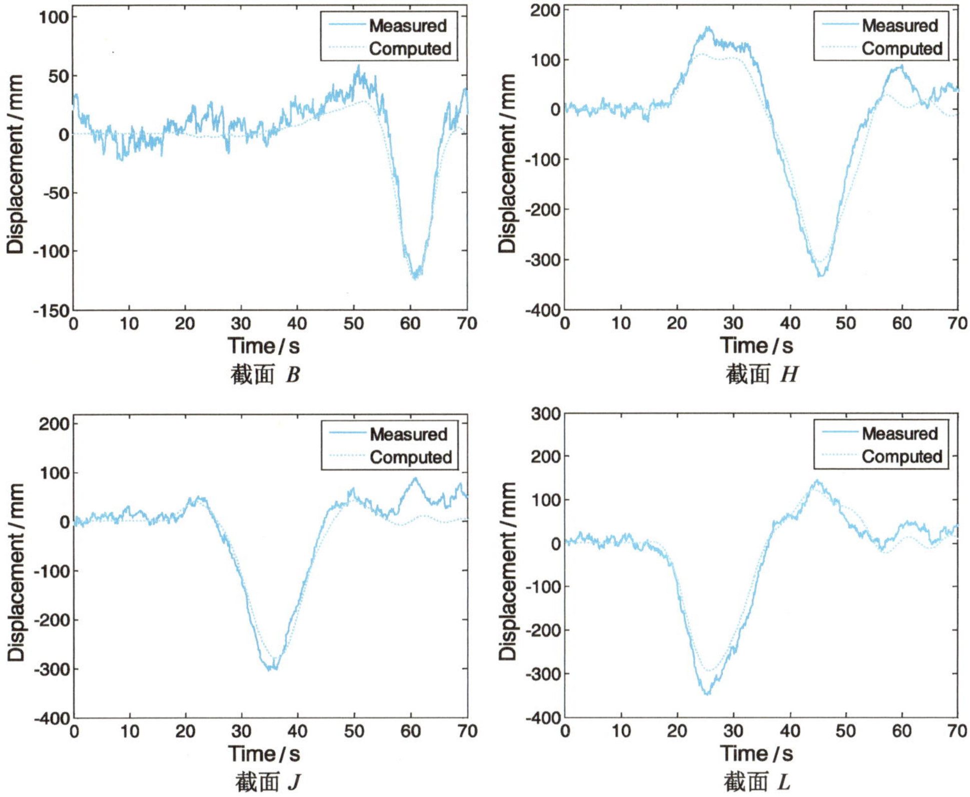

图 6 - 15　桥梁位移响应计算与实测对比

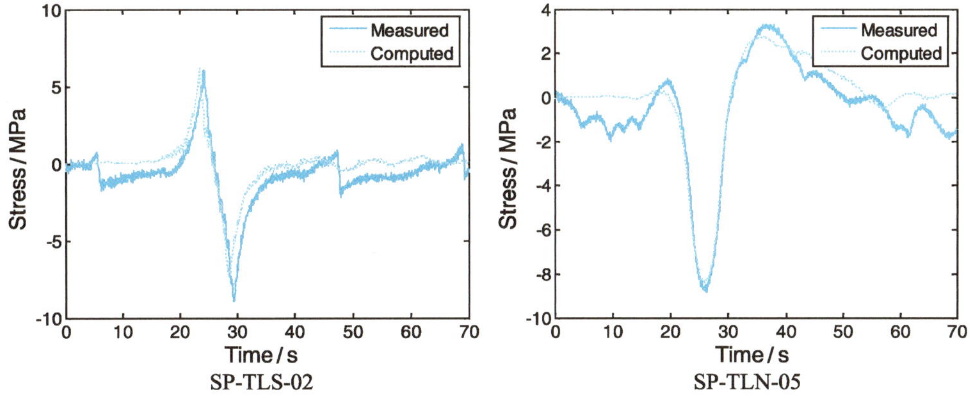

图 6 - 16　CH 24662.5 位置外侧纵向桁架应变计安装处计算应力与实测结果对比

应力计算结果与实测结果吻合良好。这也说明 0～25 Hz 的振动模态基本能满足桁架和轨道梁上应力计算精度要求。

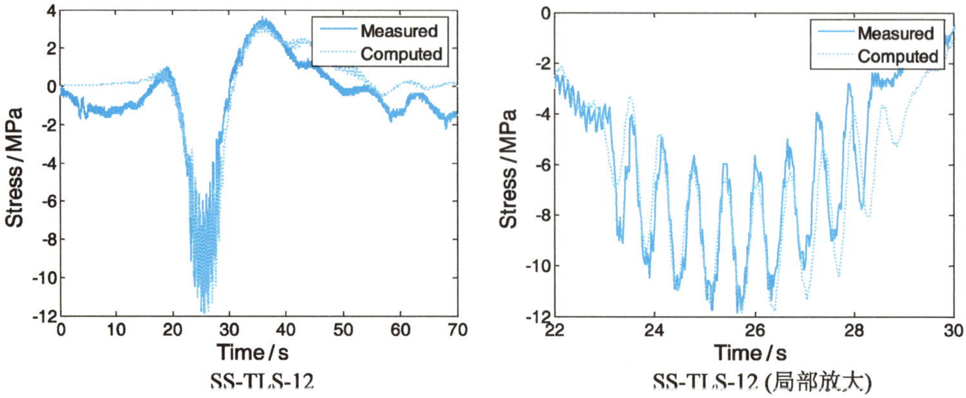

图 6-17　CH 24662.5 位置轨道梁上应变计安装处计算应力与实测结果对比

当只采用 0～2 Hz 的 153 阶桥梁振动模态参与动力计算时，得到的 SP-TLS-02 和 SS-TLS-12 位置的应力如图 6-18 所示。可见，由于模态数量不够，计算应力与实测应力有较大误差，此时轨道梁的计算应力只有一个主应力循环，而没有多个应力波动，这也就解释了本章前言中所述文献[108]采用 80 阶模态得到的计算应力与实测应力不符的原因。

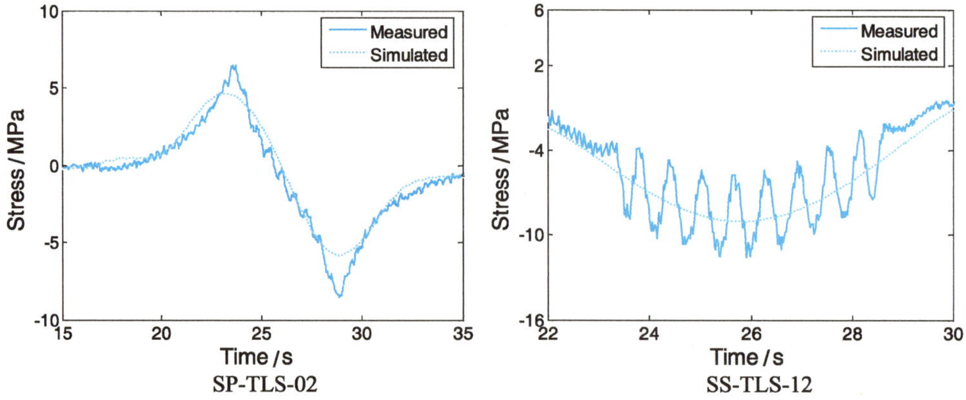

图 6-18　采用 0～2 Hz 的振动模态参与动力计算得到的应力与实测结果对比

理论分析和数值计算均可以说明模态参与系数或者说模态有效质量的概念是不能用于车桥动力分析中模态数量的选择的。因为模态参与系数或者说模态有效质量概念的引出是基于基础激励(地震)作用下结构振动分析的。在地震作用下，桥梁所受地震力沿结构的分布与结构质量分布密切相关；而列车荷载作用下，整个桥梁只在轨道梁上有离散的移动荷载作用。结构振动分析中采用的振动模态是否足够需要根据荷载特点来判断。移动荷载作用下的桥梁共振分析即是根据列车荷载特点得到的用于确定振动模态是否足够的一种有效方法。

3. 桥梁加速度

图 6-19 所示为列车运行一侧桥梁不同截面计算得到的加速度响应时程与实测结果对比。可见,计算值与实测值在量级上吻合较好。特别是当列车通过该截面时,该截面桥梁加速度显著增大,从而弱化了汽车、微风等噪声干扰,使得计算与实测具有一定的可比性。

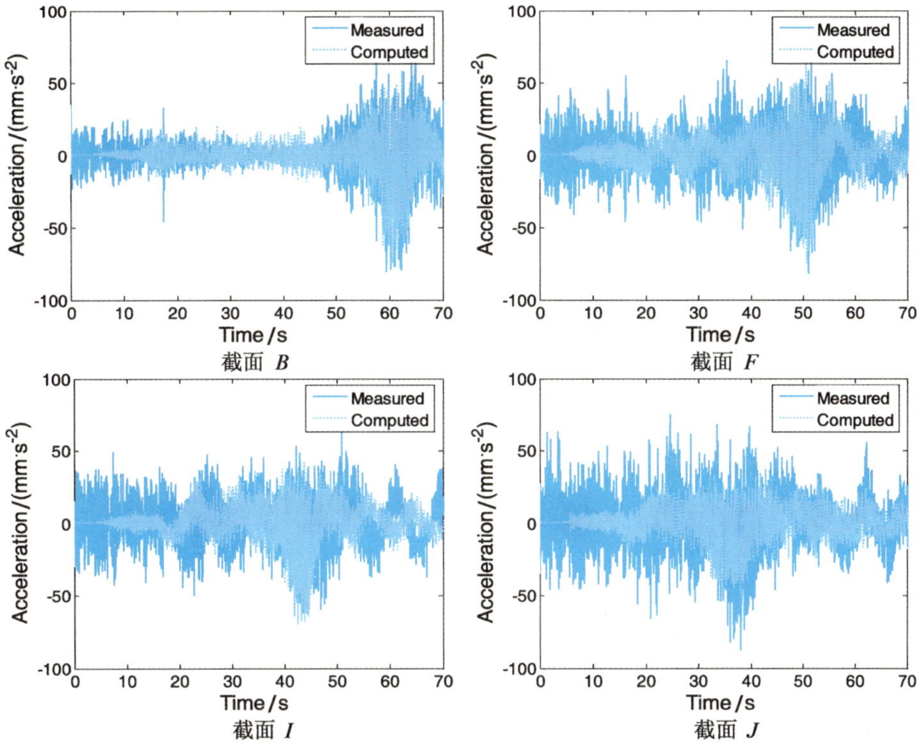

图 6-19　计算竖向加速度时程与实测结果对比

图 6-20 所示为截面 B 和截面 I 处计算加速度与实测加速度的频谱曲线对比。可见,计算和实测加速度在 0.133 Hz、1.664 Hz 和 9.721 Hz 附近都有共同的峰值。这些频率对桥梁加速度贡献较大的原因在于:0.133 Hz 与桥梁竖向振动基频(0.122 Hz)接近;1.664 Hz 与移动荷载列激振频率($V/d_v=35/22.5=1.56$ Hz)接近;9.721 Hz 则与轮对竖向自振频率(10～12 Hz)接近,也与第一共振条件对应的桥梁频率($j\times V/d_v=6\times 35/22.5=9.333$ Hz)接近。上述分析结论可从图 6-21 进一步得到验证。由图 6-21 可知,列车是否通过该截面时,

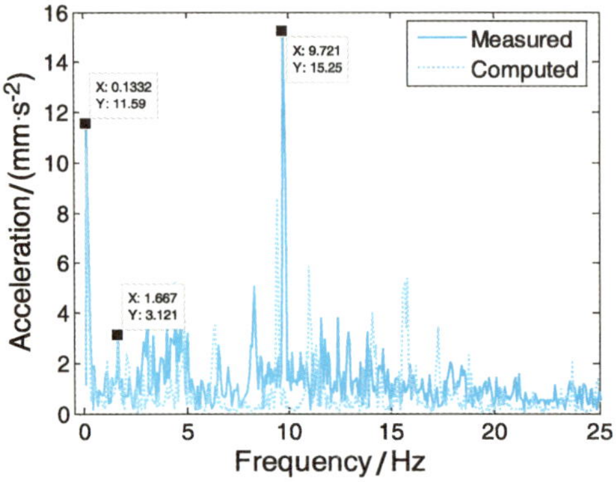

截面*B*　基于 55　70 s 时程(有车)

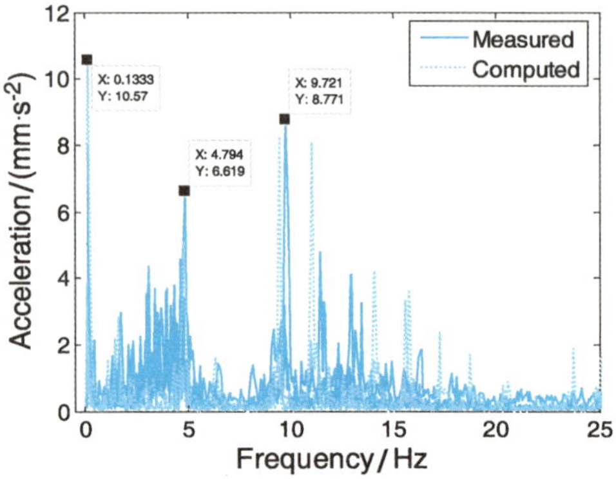

截面*I*　基于 35—50 s 时程(有车)

图 6-20　有列车通过该截面时计算竖向加速度频谱与实测结果对比

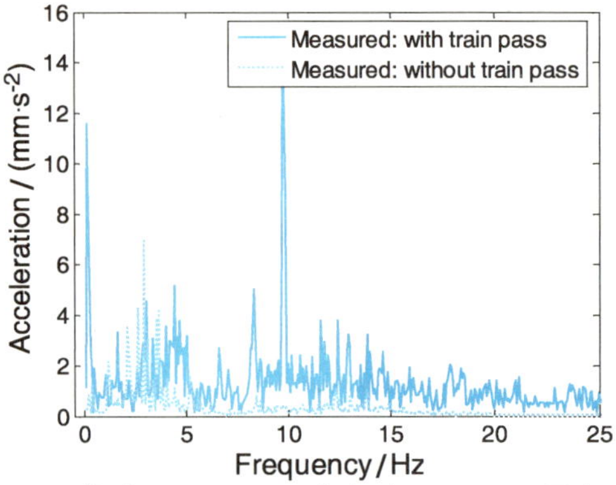

截面*B*　55—70 s (有车)与 0—15 s (无车)

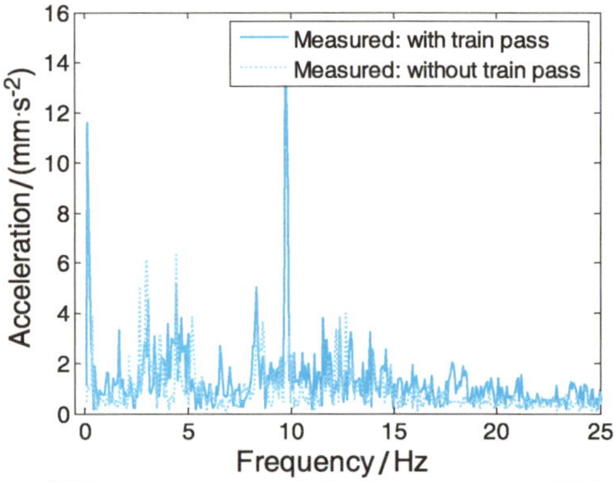

截面*B*　55 —70 s (有车)与 120—135 s(无车)

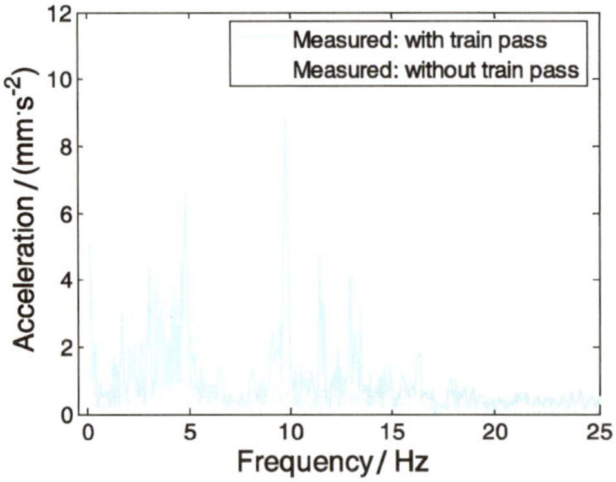

截面*I*　35—50 s (有车)与 0—15 s(无车)

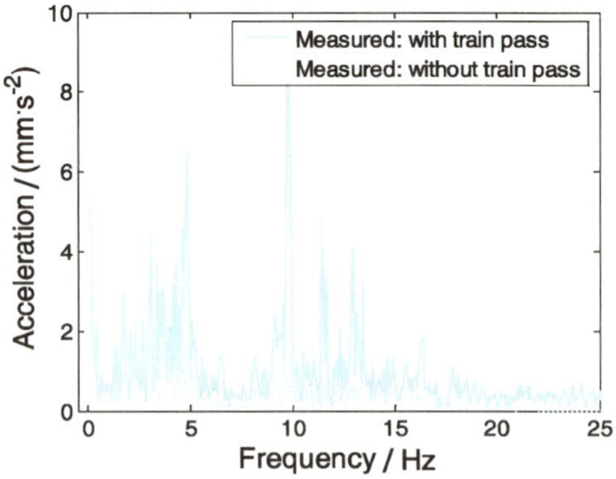

截面*I*　35—50 s (有车)　与 120—135 s(无车)

图 6-21　同一截面是否有列车通过时实测竖向加速度频谱对比

该截面实测加速度差别显著：当无列车通过时，上述频率 0.133 Hz、1.664 Hz 和 9.721 Hz 频率附近对应的实测加速度成分很小，特别是 9.721 Hz 频率附近更是如此，这与有列车通过的情况完全不同。因此，可以判断这些频率成分的桥梁加速度响应主要由列车引起。

由于列车的激振频率范围相对较广，与风、汽车的激振频率有吻合之处，因此难以采用滤波的方法基于实测数据得到纯列车产生的桥梁加速度。此外，加速度对噪声和参数都很敏感，计算加速度与实测结果的吻合程度不如位移和应力好，但它们在一些特征频率上能相互吻合已属难得。

上述桥梁加速度对应的位置均为布置加速度计处，其最大加速度均不超过 100 mm/s^2，这个加速度度量级相对无车经过时的桥梁实测加速度基本在同一量级，因而所受噪声干扰较为严重。值得注意的是，轨道梁直接承受列车荷载，其加速度量值远远超过加速度计布置位置，如图 6－22 所示。与前述加速度计位置的桥梁加速度对比可知，同一截面上轨道梁上加速度与桁架上加速度特性完全不同，这体现了加速度沿截面具有一定的分布特性而非恒定的。因此，要准确计算桥梁加速度，必须准确反映桥梁截面空间特性，而不能采用等效的鱼骨梁模型。遗憾的是，轨道梁上并无加速度计布置，无法将计算值与实测值进行对比。

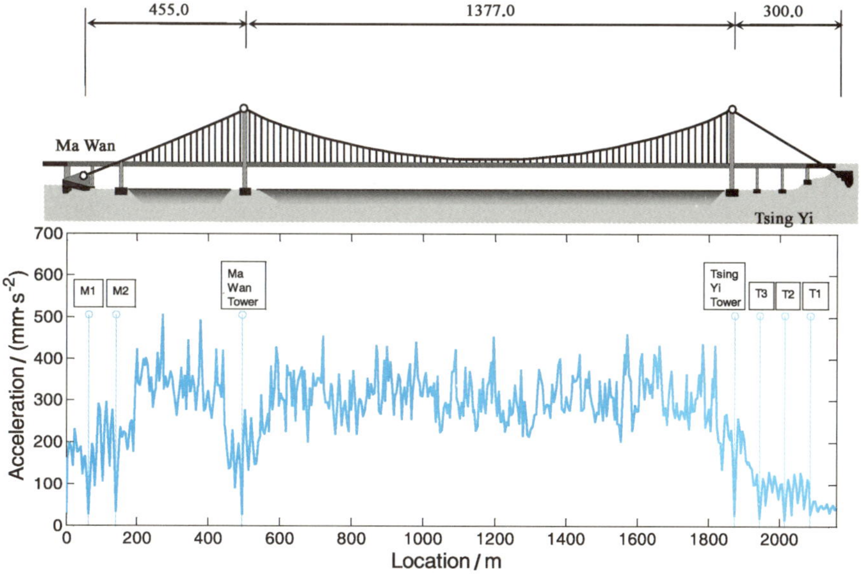

图 6－22　全桥轨道梁上不同位置最大竖向加速度

根据欧洲规范“EUROCODE”规定[120]，为保证轨道稳定性，对于有道砟的桥梁，桥梁竖向加速度不得大于 3.5 m/s^2，而对其他无砟桥梁，桥梁竖向加速度不得大于 5.0 m/s^2。青马大桥轨道梁竖向加速度不超过 0.5 m/s^2，可以判断其桥上轨道稳定性较好。

以下分析桥梁阻尼、轨道不平顺对桥梁加速度的影响，以说明数值计算具有一定变异性和相对的稳定性。图 6－23 所示为采用不同桥梁阻尼比(对应于 10 Hz)得到的加速度对比，可见，增大阻尼会减小桥梁加速度，但减幅不大，桥梁加速度总体趋势基本不变。图 6－24 所示为不同轨道不平顺等级下的计算加速度对比。可见，轨道不平顺级别对桥梁加速度的影响相对显著，这是因为桥梁加速度很大程度上受轨道不平顺激励下的轮对振动影响。轨道不平顺模拟需要的随机数是由计算程序按照一定的算法不停迭代产生的伪随机数，伪随机数的

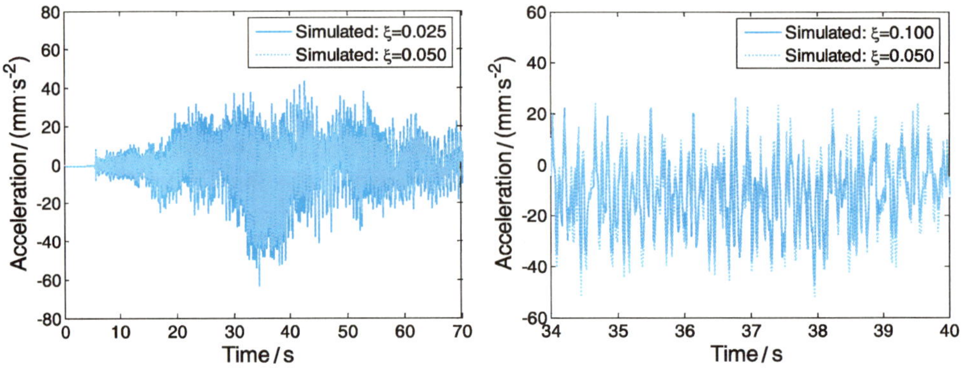

图 6－23　采用不同桥梁阻尼比得到的截面 *J* 处桥梁竖向加速度对比

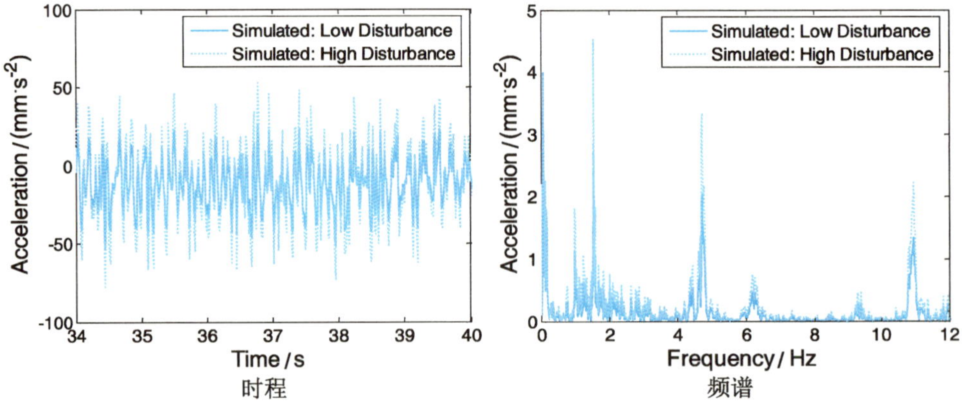

图 6－24　采用不同轨道不平顺级别得到的截面 *J* 处桥梁竖向加速度对比

产生须以一个真随机数(种子)作为初始条件。改变随机种子即可得到同一轨道不平顺谱对应的多个不平顺样本。采用不同的随机种子以获取不同不平顺样本计算得到的桥梁加速度如图 6－25 所示。由图中可知,桥梁加速度总体趋势基本不变,说明采用一个不平顺样本具有较好的代表性。

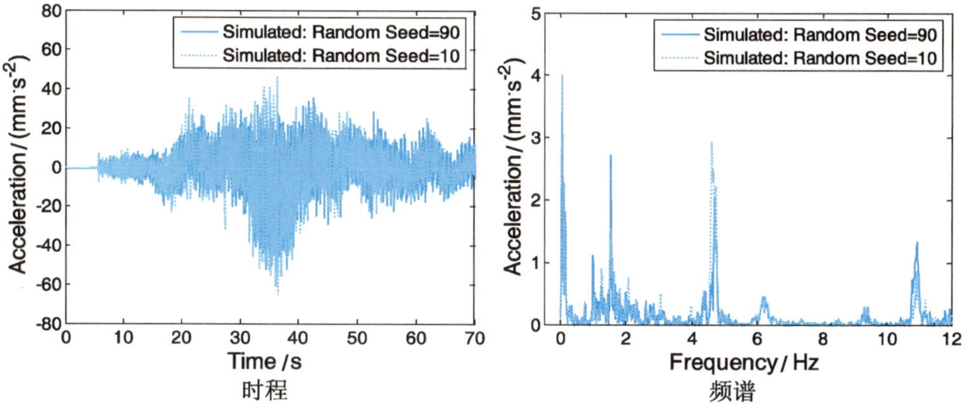

图 6－25　采用低干扰谱模拟的不同不平顺样本下截面 *J* 竖向加速度对比

不同阻尼比和轨道不平顺下的计算结果对比分析表明,桥梁加速度对轨道不平顺最为敏感,其次是桥梁阻尼。实际上,轨道不平顺和桥梁阻尼都是很难确定的参数,计算桥梁加速度与实测加速度能在一定程度上吻合良好,与桥梁模型和车辆模型的合理建模以及振动模态、轨道不平顺和桥梁阻尼等动力参数的合理选择是分不开的。

6.3 本章小结

首先阐述采用数值方法精细计算列车作用下桥梁应力和加速度响应对检验计算理论与计算程序以及对于工程实际应用的重要意义,随后指出以往研究在大跨度缆索承重桥梁车致应力和加速度计算方面存在的不足。分析表明,要实现桥梁应力和加速度的精细化分析,必须采用能合理反映桥梁局部振动的精细化有限元模型,必须选取足够的振动模态数量参与动力计算,必须使得其他相关动力计算参数的取值尽可能符合实际情况。

为定量分析究竟应采用多少振动模态进行动力分析,根据移动荷载列作用下简支梁和弹性地基梁的三种不同类型的共振条件的分析,提出合理选择振动模态数量的指导原则。移动荷载列作用下简支梁与弹性地基梁的竖向共振现象根据共振机理可分为三种：一是移动荷载列的周期性动力作用与桥梁自振频率一致引起的共振；二是由单个移动荷载由于加载频率与桥梁频率一致引发的共振；三是荷载列的间距与某一高阶振动模态的振型波长成倍数关系而导致的桥梁共振。研究表明，第一种共振现象对大跨度桥梁加速度有重要贡献，第三种共振现象对大跨度桥梁应力有重要贡献。因此，振动模态数量的定量选取应以反映第一和第三共振现象为目标。

以香港青马大桥为例，将数值计算结果与实测结果进行对比，计算与实测的良好吻合验证了模态数量选取方法的正确性，也对计算方法和计算程序作了进一步实测验证。

第7章

考虑桥面板局部振动的车桥振动分析

目前国内铁路车桥耦合振动分析中通常采用空间杆系结构模拟桥梁结构。虽然也有部分研究中采用板单元建模，却很少针对桥面板局部振动问题进行研究。李小珍、蔡婧、强士中[45]针对芜湖长江大桥主桥，分别采用空间杆系有限元模型与空间杆系-板-实体混合有限元模型分析了桥梁的空间自振特性，但在车桥耦合振动分析时，只采用空间杆系有限元模型。熊建珍、高芒芒、俞翰斌[46]分析了天兴洲长江大桥斜拉桥在地震作用下的车-桥耦合振动特性，同样将正交异性板和混凝土结合板刚度、质量等效到空间杆系模型。韩艳、夏禾、郭薇薇[47]以武汉天兴洲公铁两用斜拉桥方案为研究对象，对在典型地震波激励下列车过桥的全过程进行了模拟，其中桥面板采用板单元模拟，但没有专门针对桥面板局部振动问题进行研究。与列车不同，由于汽车通常直接运行于公路桥面板之上，因而公路桥面板的局部振动问题受到了较多的关注[121-125]。

采用杆系单元模拟桥梁结构对轨道布置于混凝土箱梁、T 梁的腹板或者钢桁梁的纵梁之上的情况是适用的，因为此时桥面板的局部振动对车桥系统振动的影响可以忽略不计。然而，在特殊情况下，也有必要采用空间板壳或者实体单元建立较为精细的桥梁模型以考虑局部振动的影响。例如，最近正在施工中的崇明越江通道上海长江大桥工程考虑到预留轨道交通方案，远期规划将箱梁悬臂板端部的公路紧急停车带改造为轻轨交通线路。列车线路布置于长大悬臂板端部在世界上还没有先例，悬臂板局部振动对车辆运行安全性的影响需要研究，在无建设经验和试验支持的情况下，需要采用能考虑桥梁局部振动影响的车桥耦合振动分析方法进行动力仿真。

考虑桥梁整体振动的车桥耦合振动分析已经较为成熟，而针对局部振动的相关研究还比较缺乏。为此，本章将针对上海长江大桥引桥在列车作用下的轨道桥面板局部振动问题进行研究，通过数值计算为工程实际应用提供参考，并在一定程度上对桥面板局部共振现象进行理论解释，进而对桥面板局部刚度评定标准与方法进行初步探讨。

7.1 桥面板局部共振条件

目前鲜有文献对移动荷载列作用下桥面板的共振条件进行分析。桥面板的共振条件与简支梁的共振条件有何异同之处值得研究。此外，研究桥面板的局部共振条件可为桥面板的局部刚度设计提供初步依据。

考察一等厚度矩形桥面板，其纵向（X 方向）长度 L_b 远大于横向（Z 方向）宽度 L_a，承受速度为 V 的 N 个等距离移动荷载作用（图 7-1）。桥面板的振动微分方程可表示为

$$D\frac{\partial^4 w}{\partial x^4}+2D\frac{\partial^4 w}{\partial x^2\partial z^2}+D\frac{\partial^4 w}{\partial z^4}+\rho h\frac{\partial^2 w}{\partial t^2}=\sum_{k=0}^{N-1}\delta\left[x-V\left(t-\frac{k\cdot d_v}{V}\right),\ z-z_c\right]P \tag{7-1}$$

式中，$w(x,\ z,\ t)$ 为桥面板挠度；z_c 为移动荷载或轨道中心线的 z 方向位置坐标；δ 为狄拉克函数；ρ 为桥面板密度；D 为桥面板弯曲刚度，可表示为

$$D=\frac{Eh^3}{12(1-\mu^2)} \tag{7-2}$$

式中，E 为弹性模量；h 为板厚；μ 为泊松比。

式(7-1)的求解依赖于矩形板的边界条件。对于常用的箱梁桥而言，桥面

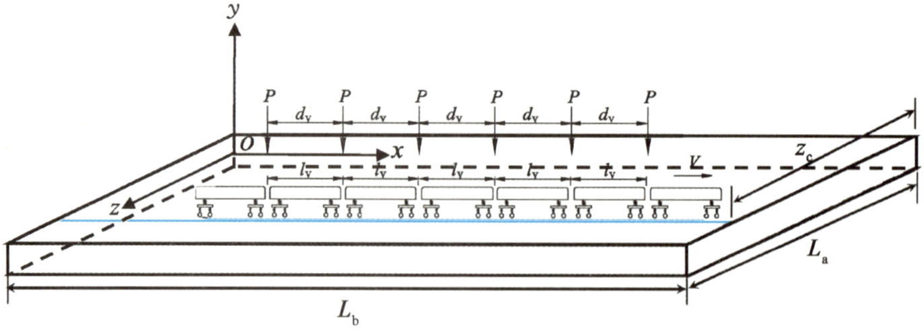

图 7-1 等间距常量移动荷载列作用下等厚度桥面板模型

板的边界条件比较复杂，桥面板纵桥向的边界弹性支撑在箱梁腹板上，而横桥向的边界则弹性支撑在横隔板和端横梁上。若桥面板在纵桥向长度较长，根据圣维南原理，其边界条件对远离边界的桥面板受力影响很小。特别地，对于箱梁悬臂板而言，其一个纵向边界弹性支撑在腹板上，另外一个纵向边界自由，且其悬臂长度一般远小于板的纵向长度。因此，悬臂板前若干阶局部振动振型在横向以悬臂板的第一阶弯曲振型为主，而在纵向则出现多个半波正弦的振型，这一悬臂板的振型特征可从实桥的模态分析结果中得到证实。

根据以上边界条件分析，可假定桥面板横向边界为简支支撑，而纵向边界条件未知，且该桥面板的弯曲振型 $W(x, z)$ 可表示为

$$W(x, z) = A'_n f_a\left(\frac{z}{L_a}\right)\sin\left(\frac{n\pi x}{L_b}\right) \quad (n = 1, 2, 3, \cdots) \tag{7-3}$$

式中，A'_n 为系数，用于将振型对质量矩阵进行归一化；f_a 为满足纵向边界条件的未知函数，用于描述桥面板横桥向弯曲基本振型。

由上式可知，在轨道中心线 z_c 位置，桥面板的弯曲振型可表示为

$$W(x, z_c) = A'_n f_a\left(\frac{z_c}{L_a}\right)\sin\left(\frac{n\pi x}{L_b}\right) = A_n \sin\left(\frac{n\pi x}{L_b}\right) \quad (n = 1, 2, 3, \cdots) \tag{7-4}$$

式中，A_n 为与纵向坐标 x、横向坐标 z 均无关的常数。

从式(7-4)可见，移动荷载作用位置的桥面板振型与简支梁的弯曲振型形式上完全一致。虽然桥面板和简支梁对质量矩阵归一化的振型位移幅值有所差别，而且板的振动频率与简支梁的振动频率也是不同的，但是这种差异只会影响简支梁和桥面板的共振响应的大小，却不会影响共振发生的条件。由于移动荷载作用位置的桥面板和简支梁的振型的相似性，第 6 章介绍的移动荷载列作用下简支梁的三种共振条件均可推广至桥面板的局部共振分析。

以下对第 6 章所述的第一共振条件的力学意义做进一步阐述。移动荷载列对桥梁的激振频率可表示为

$$f_v = \frac{V}{d_v} j \quad (j = 1, 2, 3, \cdots) \tag{7-5}$$

式中，f_v 为荷载列的激振频率；d_v 为车辆的特征长度，一般可取为轴距、转向架定距或者车辆长度，一般以轴距和转向架定距为特征长度的共振车速较低，共振

响应较小，而以车长为特征长度的共振车速较高，其共振响应较大；j 的数学意义为荷载列产生的周期性激振效应可依据傅里叶级数展开为无穷多个不同频率的谐波激振效应的叠加，j 越大，意味着激振能量越小。

当车辆激励频率与桥面板自振频率一致时，即发生共振现象，因此，车桥共振条件可表示为

$$f_b = \frac{V}{d_v} j \quad (j = 1, 2, 3, \cdots) \tag{7-6}$$

式中，f_b 为桥面板自振频率。式(7-6)与第6章式(6-10)表达第一共振条件本质完全相同，其力学意义均为：移动荷载列的周期性动力作用与桥梁自振频率一致而导致共振现象。

当桥梁跨度很大时，若只考虑桥梁竖向振动基频与车辆激振频率吻合，则式(7-6)表达的共振条件只具有理论上的意义，因为桥梁基频对应的振型位移的波长较大，移动荷载与振型共同作用产生的模态力不会产生显著的波动，形成不了周期性的激振力，也不能激发桥梁显著的周期性振动。然而，对于高频模态而言，振型波长将随桥梁频率的增大而减小，此时，移动荷载将在高阶模态产生周期性的幅值较大的模态力。因此，当桥面板纵向长度较大时，移动荷载列导致的高阶模态共振值得注意。

一般而言，桥面板的高阶模态频率较为密集，因此，满足式(7-6)所表达的共振条件的车速和桥面频率均有多个。然而，并不是在所有车速和高阶模态都将发生显著的共振现象。实际上，式(7-6)只是发生显著共振现象的一个必要条件，共振响应的大小还取决于模态力的大小。根据第6章所述的第三共振条件，当振型波长与移动荷载间距(或者车长)满足一定倍数关系时，各个移动荷载产生的模态力在任意时刻均相同，此时，总的模态力将达到极大值。这一条件可表示为

$$2L_b/n = d_v/j \quad (j = 1, 2, 3, \cdots) \tag{7-7}$$

式中，$2L_b/n$ 即为简支梁和所考虑的桥面板对应第 n 阶模态的振型波长。

实际上，当振型波长与移动荷载间距满足以下关系时，各个移动荷载产生的模态力将相互抵消。

$$2L_b/n = d_v/(j - 0.5) \quad (j = 1, 2, 3, \cdots) \tag{7-8}$$

在这种情况下，即使第一共振条件得到满足，由于模态力很小，也不会导致桥梁产生显著的共振响应。

以下通过一个算例来展示式(7－7)所示的第三共振条件对模态力的影响。假定 11 个间距为 25 m 的常量移动荷载以速度 305 km/h 匀速通过跨度为 100 m的简支梁或者桥面板。注意到，简支梁对质量矩阵归一化的振型位移与频率无关，在移动荷载大小一定的情况下模态力的大小只与振型波长有关。假定桥梁的振型波长在 10～100 m 之间变化，则可计算得到移动荷载在通过某一振型上时产生的模态力的时程。对这一模态力时程进行频谱分析，即可得到模态力的相对大小与频率成分。不同振型波长对应的模态力频谱曲线如图 7－2 所示。可见，当振型波长等于移动荷载间距或者移动荷载间距的一半时，模态力达到极值，而其他振型波长下的模态力则相明显减小。此外，从图 7－2 可见，模态力的卓越频率可由式(7－5)计算。

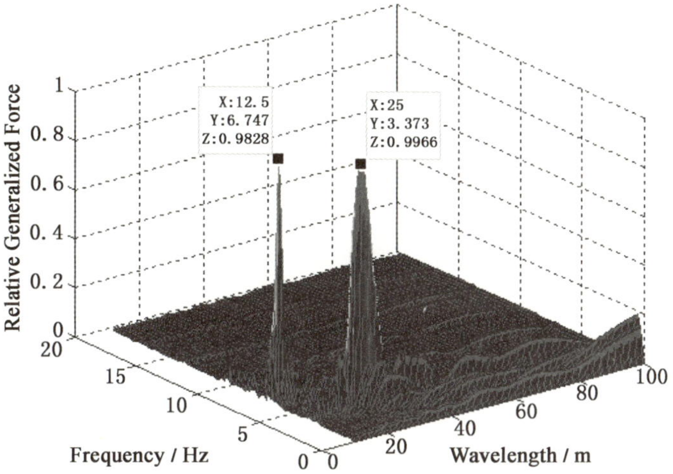

图 7－2　不同振型波长下桥梁所受模态力频谱图

综上所述，对于纵向长度较长的悬臂板，其在移动荷载作用下的第一共振条件主要在高阶振动模态中发生，且当高阶模态的振型波长与移动荷载间距满足第三共振条件时，对应的模态力达到极大值。也就是说，若悬臂板的某一阶模态频率与车辆振频率一致，且该模态的振型波长等于车长，则这一模态将发生显著的共振现象。相反地，一般高阶模态对应的第一共振条件和第三共振条件均不可避免，但是只要它们不在某一阶模态中同时得到满足，就不会出现显著的共振响应。基于式(7－6)和式(7－7)，可以判断悬臂板是否会发生显著的共振现象，也可以用于悬臂板的合理设计，使得振型波长等于车长时的悬臂板自振频率高于移动荷载激振频率，从而避免显著共振的发生。

7.2 轻轨列车作用下预应力混凝土引桥局部振动分析

7.2.1 计算模型和参数

上海长江大桥位于长江口入海处，设计活载为6车道公路-Ⅰ级荷载和两车道轨道交通轻轨荷载，公路交通和轨道交通布置于同一层桥面。大桥主桥初步设计方案采用双塔双索面三跨斜拉桥，主桥全长1 430 m，跨度布置为107 m+243 m+730 m+243 m+107 m，加劲梁采用偏平钢箱梁。与主桥两端连接的引桥为90+5 m×105 m+85 m钢与混凝土组合连续箱型梁桥，按来往行车方向分为两幅桥设计，每幅桥考虑3车道公路荷载和一线轨道荷载，桥面宽度约为17 m。其他引桥为预应力钢筋混凝土结构，包括5×70 m等高度预应力混凝土连续箱型梁桥和80 m+140 m+140 m+80 m变高度预应力混凝土连续箱型梁桥等，这些引桥均按来往车道分为两幅桥设计，且轨道车辆均于箱梁悬臂板上(图7-3)运行。

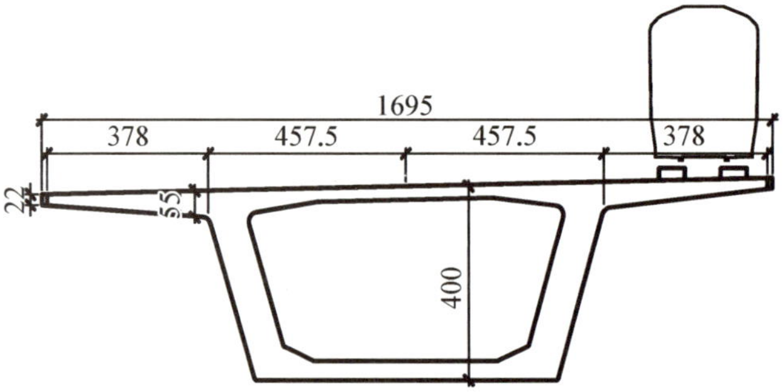

图7-3 局部振动分析采用的无加劲措施截面图(单位：cm)

以深水区引桥5×70 m等高度预应力混凝土连续箱型梁桥为例进行悬臂板局部振动。为简化分析，取图7-3所示截面建立等截面桥梁模型，由于只关心悬臂板竖向振动，故可不考虑墩体影响。一般来说，对于薄壁结构的模拟，实体单元本身精度不如板壳单元，但板壳单元在腹板与顶板、底板连接处的模拟精度不如实体单元。另外，实体模型建模较为简单，能比较准确地模拟腹板与顶板和底板连接，在网格划分合理的情况下能达到较好的精度。因此，在ANSYS中采用4节点Solid65实体单元建立单跨简支梁模型用于悬臂板局部振动分析，并考虑无加劲方案(图7-3)与两种悬臂板加劲方案(图7-4)的对比。图7-5所示

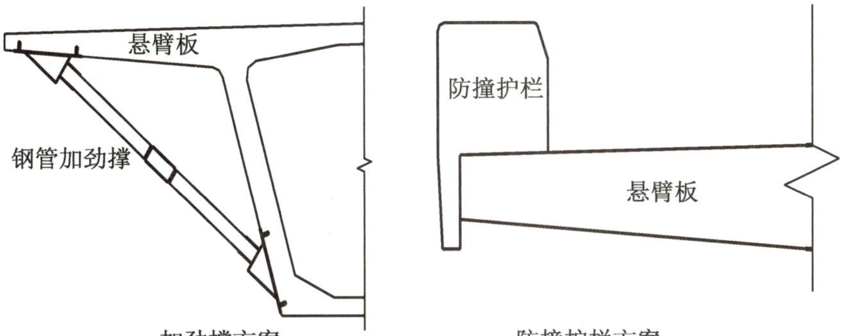

图 7-4　悬臂板两种加劲方案图

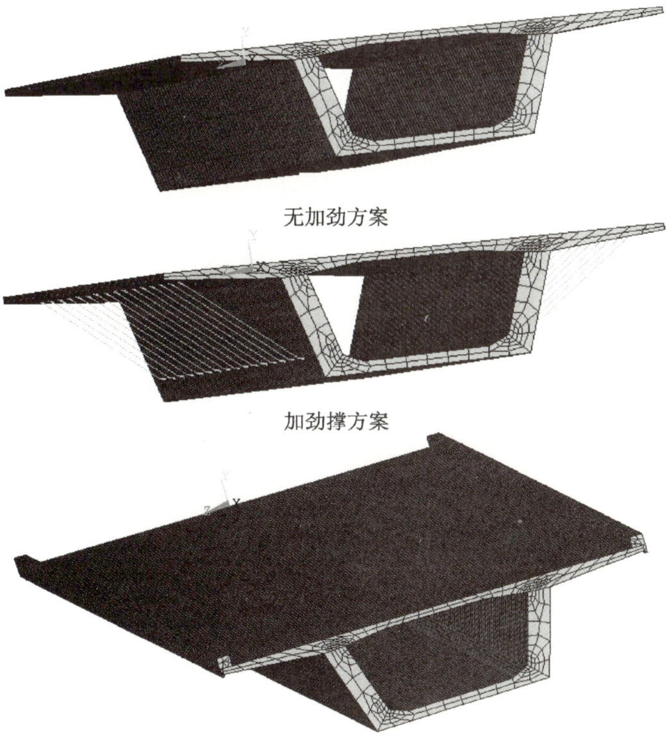

图 7-5　用于局部振动分析的 3 种混凝土引桥有限元模型

为用于局部振动分析的 3 种桥梁有限元模型，为了与空间杆系模型进行对比，同时考虑无加劲措施的空间梁单元桥梁模型。

采用车辆编组为 10 节轻轨 AW3 车辆（参数见附录 A）模型，行车速度为

100 km/h,采用轮轨密贴模型,考虑美国轨道 6 级不平顺。

7.2.2 桥梁自振特性分析

表 7-1 列出了不同加劲方案前 10 阶自振频率和振型。可见,两个加劲方案对自振频率有一定的影响,即对悬臂板的刚度能起到一定的提高作用。另外,前 10 阶振型中只有前 3 阶梁体竖向振型,1 阶横向振型,其余均为悬臂板局部振动的振型,可见悬臂板局部振动频率分布密集。然而,由于悬臂板本身刚度较大、混凝土腹板的弹性约束作用较强,悬臂板局部振动频率在 6 Hz 以上,根据式(7-6)可知,在轻轨列车 100 km/h 的设计车速以下,$j=1$ 对应的第一共振条件不可能得到满足,难以出现明显的共振现象。因此,只需研究在非共振条件下,悬臂板局部振动对车桥系统振动的影响。为分析不同频率成分的桥面板局部振动特性,车桥振动计算中考虑桥梁频率范围为 0~50 Hz。

表 7-1 不同加劲方案前 10 阶自振频率和振型

阶 数	无加劲模型频率/Hz	加劲撑模型频率/Hz	防撞护栏模型频率/Hz	主 振 型 描 述
1	1.52	1.52	1.53	梁体 1 阶竖弯
2	4.00	3.99	4.14	梁体 1 阶横弯
3	5.52	5.53	5.51	梁体 2 阶竖弯
4	6.85	6.95	6.54	梁体 1 阶扭转带悬臂板 1 阶竖弯
5	8.42	8.42	8.35	梁体 3 阶竖弯
6	10.98	11.27	10.36	悬臂板 2 阶竖弯
7	11.61	11.87	11.27	悬臂板 3 阶竖弯
8	14.02	14.35	13.08	悬臂板 4 阶竖弯
9	14.39	15.43	13.45	悬臂板 5 阶竖弯
10	14.68	16.05	13.71	悬臂板 6 阶竖弯

7.2.3 计算结果分析与讨论

1. 梁单元与实体单元对比(无加劲措施)

图 7-6 所示为梁单元(不考虑桥梁局部振动)与实体单元两种建模方式下

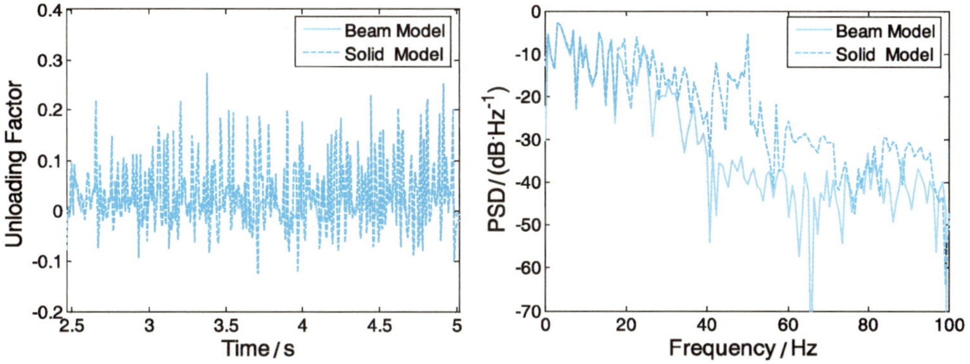

减载率时程　　竖向力频谱

图 7－6　梁单元与实体单元对比——第 5 辆车第 2 轮对减载率时程曲线与轮对竖向力频谱

计算的轮重减载率和轮对竖向力对比。可见，箱梁局部振动对轮重减载率有很大影响，采用梁单元模型计算出来的轮重减载率一般均小于 0.1，而采用实体单元模型计算出来的个别轮重减载率最大值接近 0.3。从竖向力频谱图可以比较清晰看出，考虑局部振动后，频率 20 Hz 以上的轮对竖向作用力幅值明显增大。

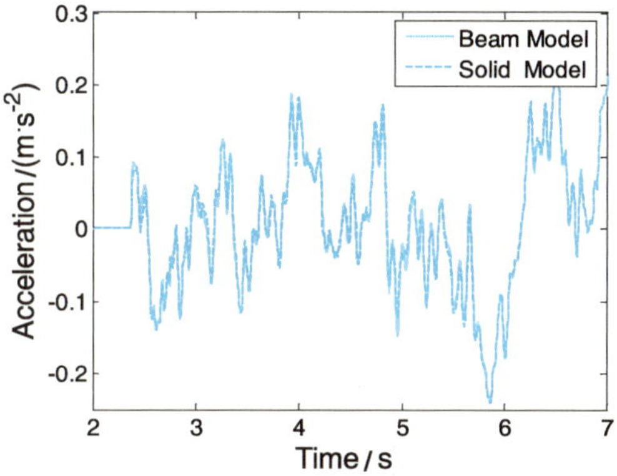

图 7－7　梁单元与实体单元对比——第 5 辆车车体前端竖向加速度

图 7－7 表示了两种桥梁模型下的车体竖向加速度变化时程响应，可见桥梁局部振动对车体加速度几乎没有影响。这说明车辆中第一系弹簧和第二系弹簧对桥梁振动具有隔振作用。

图 7－8 所示为两种桥梁模型下跨中位移变化时程曲线。可见，采用实体模型计算得到的桥梁跨中悬臂板外侧轨道处动挠度要比采用杆系模型大 2 mm 左右，且高频率成分差别显著。轨道内、外动态高差对车辆运行安全性有较大影响。采用实体模型计算得到的内、外轨动态高差要比采用杆系模型大 2 mm 左右。桥梁变形将直接影响到车轮，因此，桥梁位移的差别解释了采用实体模型计算的轮重减载率显著增大的现象。

2. 无加劲措施与加劲撑措施对比

由于车辆行走在悬臂板上，悬臂板局部振动将使得车辆运营安全性将有所降低，设计单位采用了两种加劲措施试图提高悬臂板抗弯刚度：一是在箱梁悬臂板

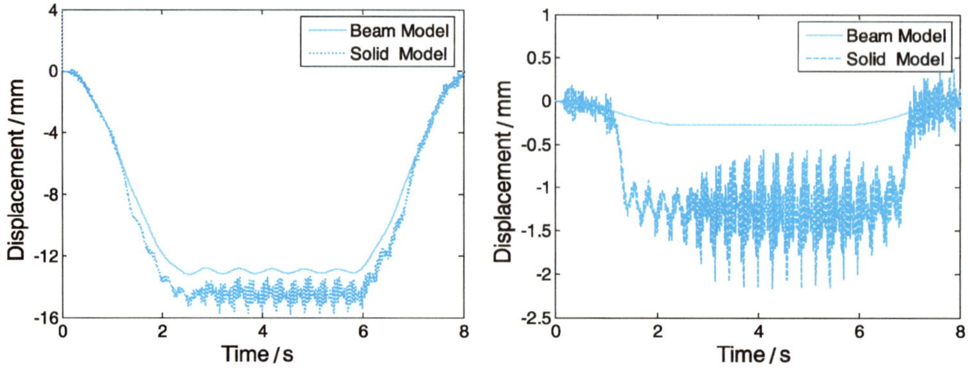

外侧轨道　　内外轨道差

图 7-8　梁单元与实体单元对比——桥梁跨中位移

与腹板之间设钢管加劲撑，二是在箱梁悬臂板设置纵向钢筋混凝土防撞护栏。

是否设置钢管加劲撑时轮重减载率对比如图 7-9 所示，可见设置钢管加劲撑具有减小轮重减载率的作用，但效果并不显著。

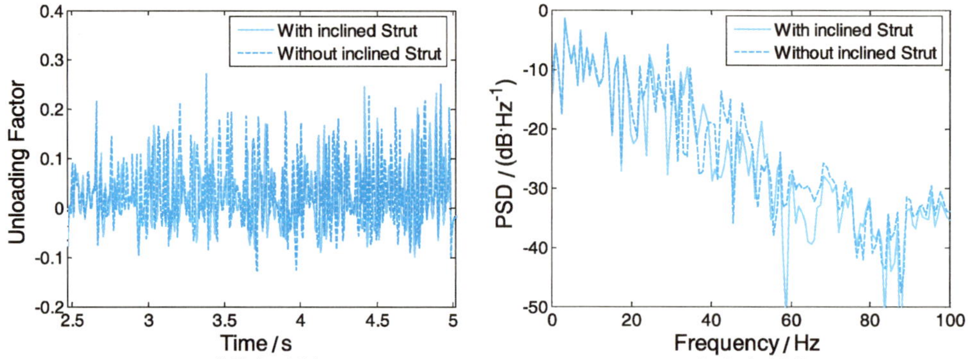

减载率时程　　竖向力频谱

图7-9　无加劲措施与加劲撑措施对比——第 5 辆车第 2 轮对减载率时程与轮对竖向力频谱

桥梁动力响应对比表明：设钢管加劲撑对后桥梁跨中悬臂板外侧轨道位移(图 7-10)从 15.8 mm 减小到 14.8 mm，减幅为 1 mm 左右；而内外轨高度差从 2.2 mm 减小到 1.3 mm 左右，减幅为 0.9 mm 左右。可见，加撑方案对桥梁减振效果较好，但对增强车辆运行安全性的效果有限。

3. 无加劲措施与防撞护栏加劲措施对比

以下分析防撞护栏加劲措施对悬臂板局部振动和车辆响应的影响。由图 7-11可知，防撞护栏对减载率的降低效果较加劲撑措施稍好。据图 7-12 可知，设防撞护栏后，桥梁跨中悬臂板外侧轨道位移从 15.8 mm 减小到 14.2 mm，

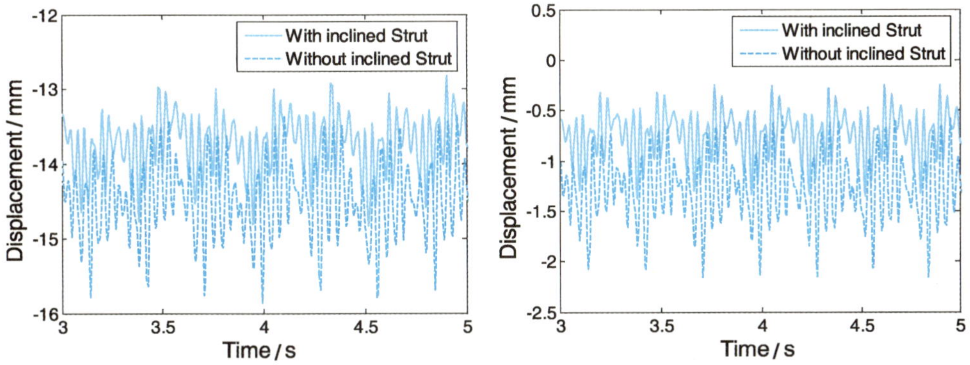

外侧轨道　　内外轨道差

图 7－10　无加劲措施与加劲撑措施对比——桥梁跨中位移

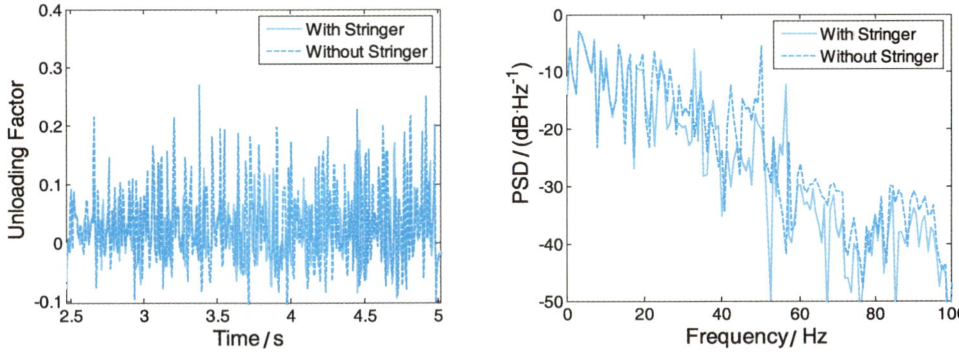

减载率时程　　竖向力频谱

图 7－11　无加劲措施与防撞护栏措施对比——第 5 辆车第 2 轮对减载率时程与轮对竖向力频谱

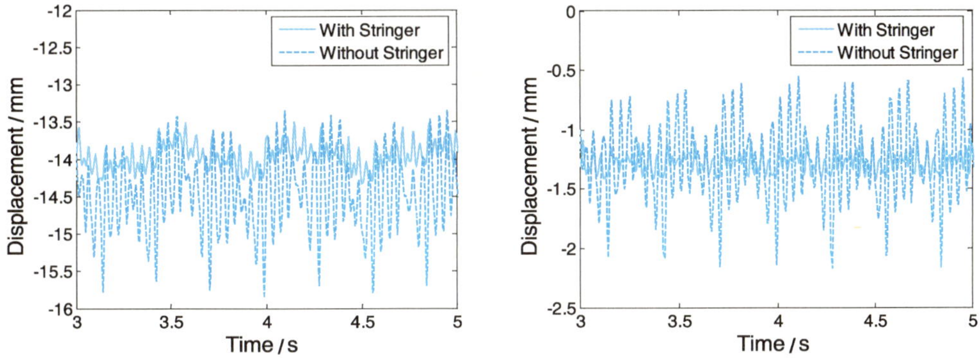

外侧轨道　　内外轨道差

图 7－12　无加劲措施与防撞护栏加劲措施对比——桥梁跨中位移(外侧轨道)

减幅为 1.5 mm；而内外轨高度差从 2.2 mm 减小到 1.4 mm 左右，减幅为 0.8 mm左右。可见防撞护栏加劲措施改善车辆和桥梁振动的效果均好于加劲撑措施。

防撞护栏与加劲撑相比，对减小内外轨高差的大小相当，但性质不同。采用加劲撑措施后，内、外轨竖向振动之差的均值（0.7 mm 左右）较小而峰值（1 mm左右）较大，采用防撞护栏措施后，内、外轨竖向振动之差的均值（1.3 mm左右）较大而峰值（0.4 mm 左右）较小。从车桥耦合振动的观点来看，防撞护栏措施比加劲撑措施稍好，因为内、外轨高差峰值越小，越有利于车辆平稳行驶。

7.3 高速列车作用下钢-混凝土组合梁引桥局部振动分析

7.3.1 计算模型和参数

第 2 节的分析表明轻轨列车可安全、舒适地运行于刚度较大的预应力混凝土引桥悬臂板之上。然而，在腹板对悬臂板的约束刚度降低、悬臂板局部自振频率减小，且车速提高情况下悬臂板局部振动特性以及列车走行性如何还不得而知，需进一步研究。因此，以上海长江大桥 90 m＋5×105 m＋85 m 钢-混凝土组合连续箱型梁桥（图 7－13）为对象，分析高速列车过桥时的车桥动力响应，从而指出将轨道布置于该桥悬臂板上的所能适用的车速范围。

为准确地模拟列车过桥的全过程，在 ANSYS 中建立了 7 孔连续梁模型。有限元模型中，混凝土顶板采用变厚度 Shell63 单元模拟，钢腹板、底板以及加劲肋采用等厚度 Shell63 单元模拟，箱内钢管加劲撑和钢轨采用 Beam188 单元模拟（图 7－14）。有限元模型虽然考虑了钢轨模型的建立，但不考虑钢轨和桥面之间的弹性连接，而直接将钢轨与桥面板连接在一起。

由于该桥有限元模型包含单元 69 342 个、节点 61 403 个，自由度数量极为庞大。为提高模态分析效率，将 7 孔连续梁在支座处划分为 7 个子结构（图 7－15），采用固定界面模态综合法进行模态分析，将钢轨节点和单孔梁端连接处节点的自由度定义为主自由度，提取各个子结构的前 100 阶模态参与模态综合。由于只关心悬臂板的竖向振动，故在模态分析时采用缩减法，只将轨道节点竖向自由度定义为主自由度。根据上述建模和模态分析方法，计算得到整桥前 500

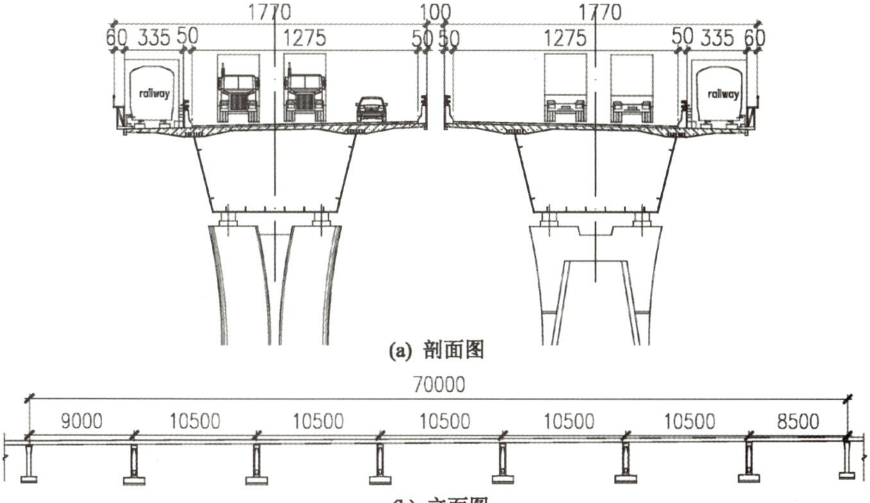

图 7－13　上海长江大桥钢-混凝土组合梁引桥

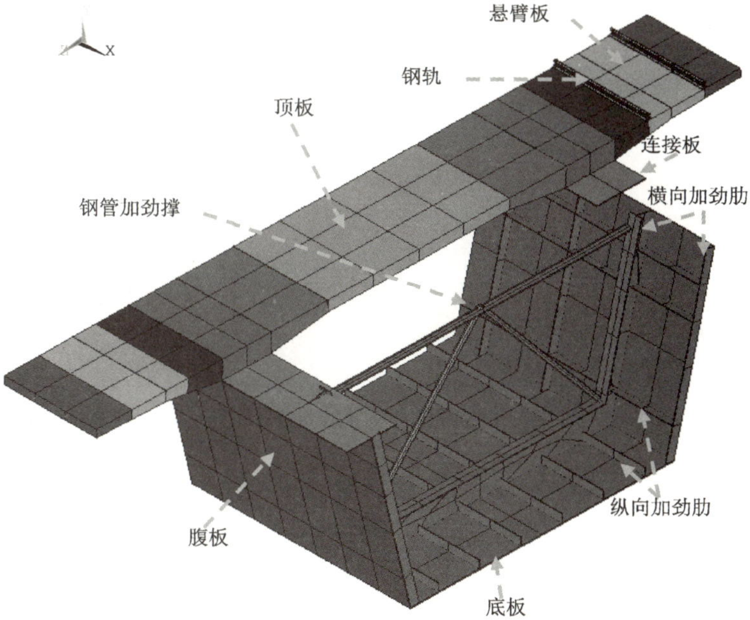

图 7－14　钢-混凝土组合梁引桥有限元模型局部细节

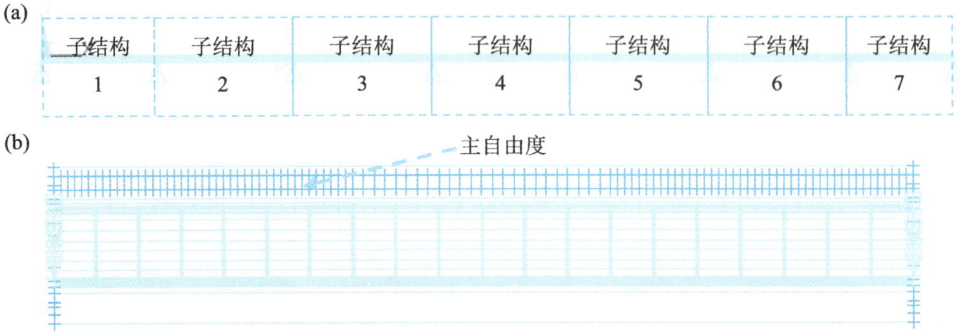

图 7-15 子结构划分与主自由度定义：(a) 立面图；(b) 子结构 4 平面图

阶模态，频率范围为 0～42.69 Hz，并采用这 500 阶模态进行车桥动力分析。

图 7-16 所示为桥梁中孔(第 4 孔)的部分振型和频率。可见，箱梁整体振动模态和悬臂板局部振动模态均有所体现，由于模态综合法和缩减法的采用，使得计算的各个模态集中反映悬臂板上轨道梁的振动特性，前 500 阶模态已经反映了高达 42 Hz 的悬臂板局部振动模态，从而大大提高了列车作用下桥梁局部振动分析的效率。

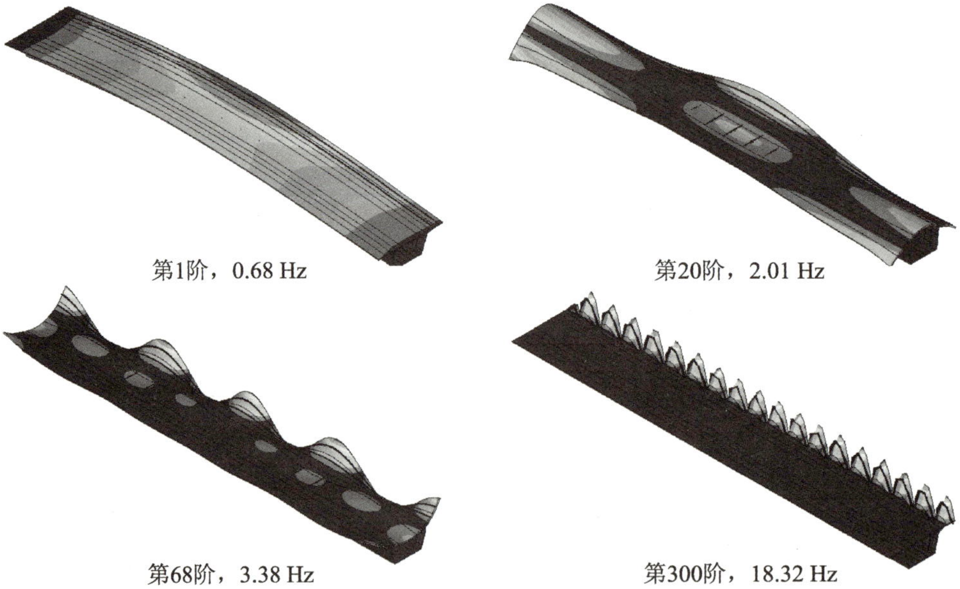

图 7-16 钢-混凝土组合梁引桥中孔(子结构 4)振型和频率

采用 10 节编组的高速车辆模型，车辆参数由 Wu & Yang[30] 提供，如附表 A-1 所列。虽然只考虑桥梁竖向振动，但由于内、外侧钢轨处的桥梁变形不同，故车辆模型仍考虑为空间模型，并采用轮轨非密贴接触模型。行车速度为125～405 km/h，速度间隔为 20 km/h，采用德国低干扰轨道谱模拟轨道不平顺。

7.3.2 计算结果分析与讨论

1. 桥梁响应

不同车速下 7 孔连续梁中孔(第 4 孔)跨中悬臂板外侧轨道处最大位移和加速度以及悬臂板根部最大应力如图 7－17 所示。可见，在车速 305 km/h 时，悬臂板位移、加速度和应力均达到峰值。结合图 7－18 所示的位移、加速度和应力时程曲线可知，悬臂板响应表现出明显的共振特征(图中标注“Arrival”和“Leaving”位置分别为列车车头到达跨中和车尾离开跨中的时刻)。不同车速下中孔跨中位置外侧轨道处悬臂板振动加速度频谱曲线如图 7－19 所示。可见，悬臂板加速度响应出现峰值时对应的卓越频率为 3.354 Hz，对应的车速为

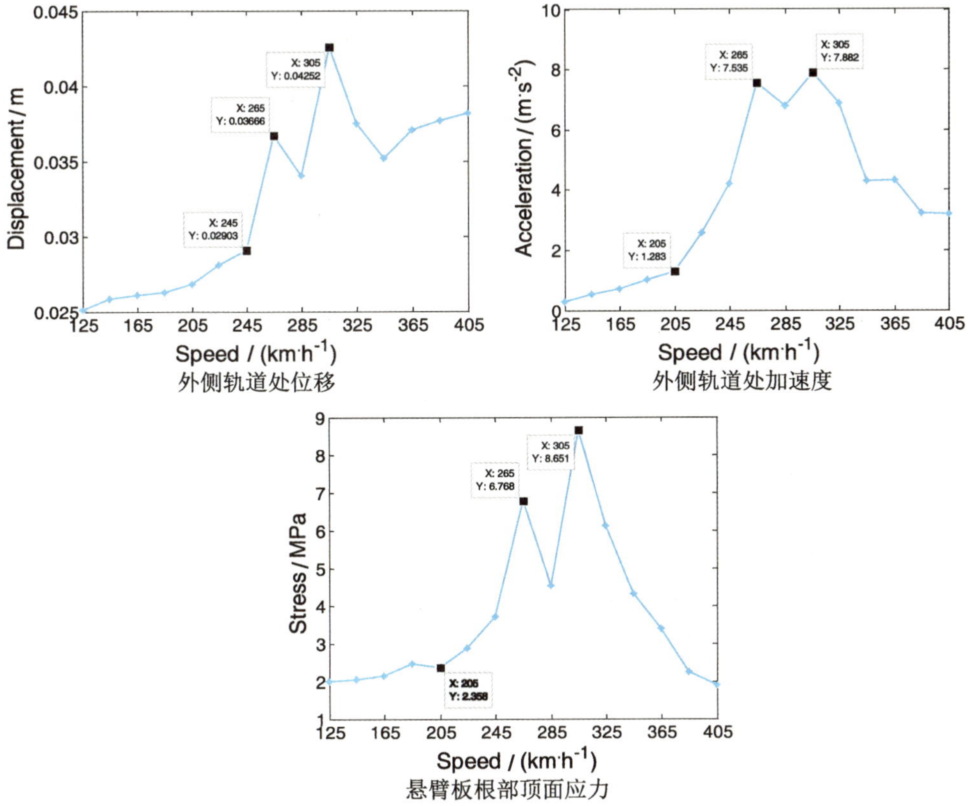

图 7－17　中孔跨中位置悬臂板最大位移、加速度和应力响应

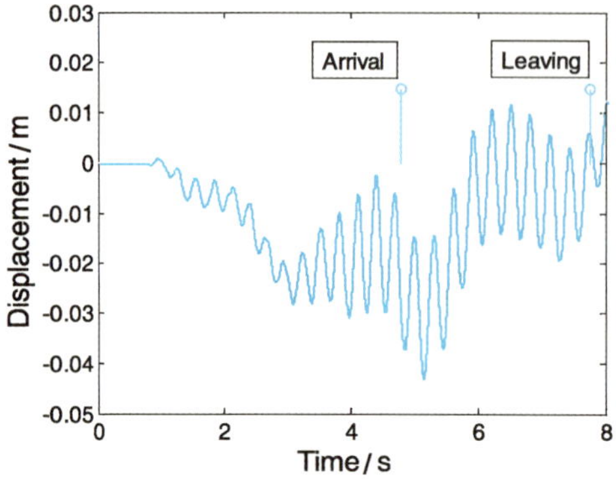

外侧轨道处位移

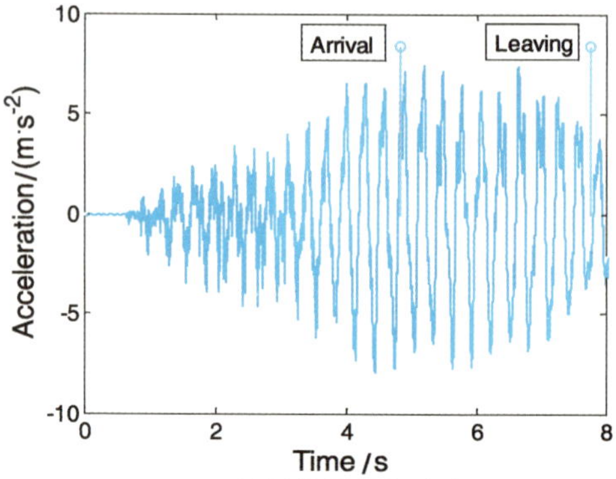

外侧轨道处加速度

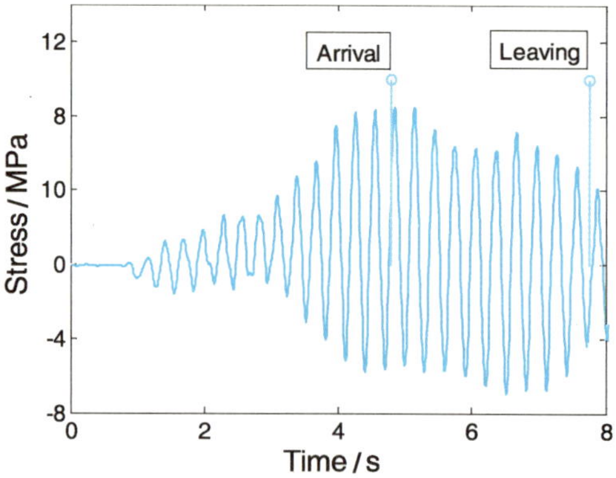

悬臂板根部应力

图 7－18　车速 305 km/h 下中孔跨中位置悬臂板动力响应时程曲线

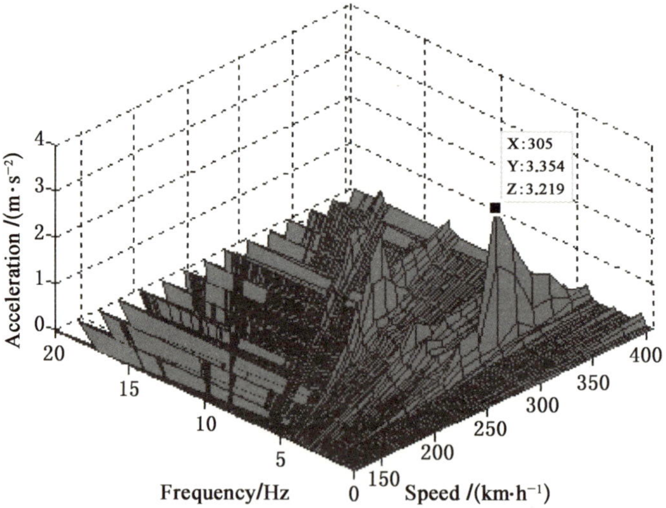

图 7－19　不同车速下中孔跨中位置外侧轨道处悬臂板振动加速度频谱图

305 km/h。根据式(7－5)，可得列车荷载列对桥梁主要激振频率为

$$f_{\mathrm{v}} = \frac{V}{d_{\mathrm{v}}} j = \frac{305/3.6}{25} \times 1 = 3.389\ \mathrm{Hz} \tag{7-9}$$

可见，移动荷载列对桥梁的主要激振频率 3.389 Hz 与悬臂板振动的卓越频率 3.354 Hz 接近，并与悬臂板第 68 阶自振频率 3.38 Hz(图 7－16)吻合，因此式(7－6)表达的第一共振条件得到满足。

以下分析第三共振条件在悬臂板高阶振动模态的满足情况。对桥梁各阶振型位移进行频谱分析即可得到相应的振型波长。中孔跨中轨道中心线处悬臂板振型波长随自振频率变化曲线如图 7－20 所示。从图中可见，悬臂板的振型波长基本随自振频率增大而减小。当悬臂板的自振频率为 3.373 Hz 时，相应的振型波长为 25 m，这一振型波长刚好等于车长或者荷载列间距。因此，频率为 3.373 Hz 的悬臂板振动模态满足式(7－7)表达的第三共振条件。

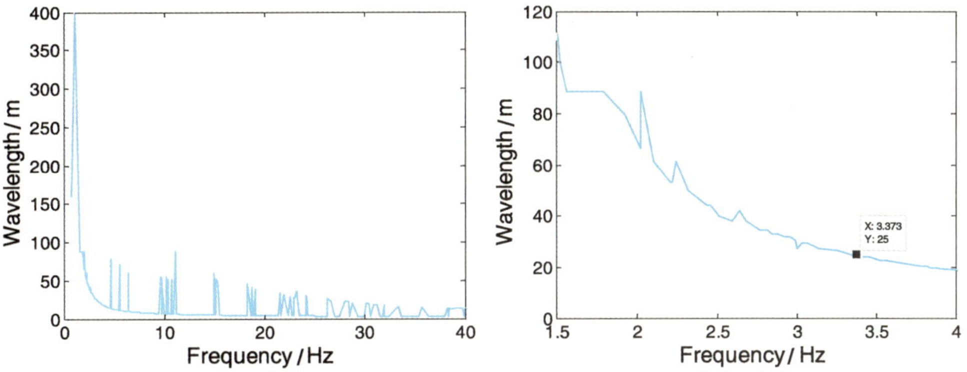

0—40 Hz　　1.5—4 Hz

图 7－20　中孔跨中轨道中心线处悬臂板振型波长随自振频率变化曲线

综合以上分析可知，在车速为 305 km/h 时，频率为 3.38 Hz 附近的悬臂板振动模态既满足第一共振条件又满足第三共振条件，因而在这一类模态中发生明显的共振响应。此外，根据理论分析预测的悬臂板共振车速与采用车桥耦合振动分析方法得到的悬臂板响应出现峰值时对应的车速吻合良好。

解析表达的共振条件可以准确预测共振车速的发生，但是并不能预测共振响应，因此也不能确定保证列车安全舒适运行以及桥梁安全耐久的最大允许车速，即临界车速。临界车速的确定须根据车桥耦合振动分析结果与相关规范限值的对比来确定。由图 7－17 可见，在车速 205 km/h 以下，桥梁位移、加速度和应力响应均较小，且随车速变化比较平缓，车辆对桥梁的冲击作用不是很大，应

力冲击系数不超过 0.3；而当车速达到 245 km/h 或者更高时，桥梁加速度接近或者超过我国和欧洲规范规定的 5 m/s^2 的限值，将影响轨道稳定性，此外，混凝土拉应力将接近或者超过 4 MPa，应力冲击系数也将超过 2.0，从而影响桥梁安全性和混凝土的耐久性。因此，从轨道稳定性和桥梁安全耐久的角度来看，通过该悬臂板上的列车车速不宜超过 205 km/h。

2. 车辆响应

轮重减载率和车体加速度是评判列车运行安全性和舒适性的重要指标。不同车速下轮重减载率和车体竖向加速度最大值如图 7－21 所示。可见，轮重减载率和车体加速度在总体趋势上随着车速增大而增大。在车速为 205 m/h 以下时车辆运行安全性和舒适性良好；在车速超过 245 km/h 时，轮重减载率达到和超过 0.6 的安全限值，虽然车体加速度并不超限 1.3 m/s^2，但乘坐舒适性将明显降低。因此，从列车运行安全和舒适的角度来看，通过该悬臂板上的列车车速不宜超过 245 km/h。

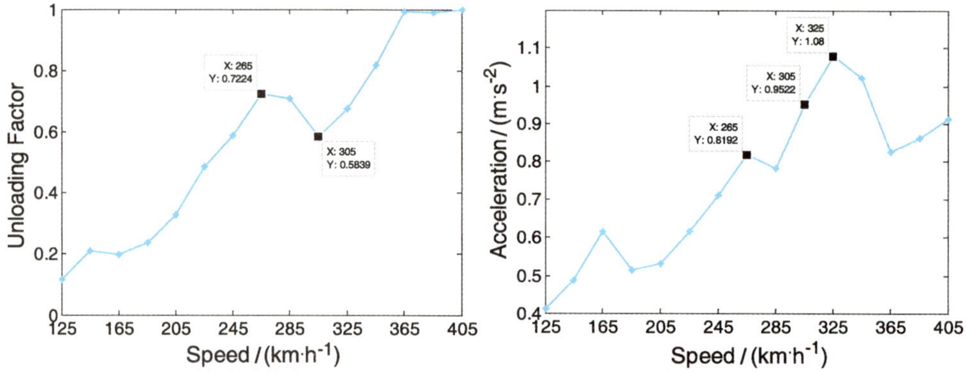

轮重减载率　　　　车体竖向加速度

图 7－21　不同车速下轮重减载率和车体竖向加速度最大值

综合桥梁和车辆的响应可知，在不重新设计和加强悬臂板刚度的前提下，不适合将车速超过 205 km/h 的高速线路布置于该悬臂板之上，这也从一个侧面表明，将车速不超过 100 km/h 的轻轨线路布置于该悬臂板上是可行的。

若将车速 205 km/h 作为列车安全舒适运行、桥梁和轨道结果安全耐久工作的临界车速，则这一临界车速与该悬臂板的共振车速的差别达 50%。可见，只有车速低于共振车速一定的程度才能使得列车和桥梁的安全性和适用性有足够的安全预留。共振车速可以通过简化的理论分析得到，而临界车速的确定则需要依赖于车桥耦合振动计算。在初步设计阶段，可采用解析表达的共振条件对悬臂板的刚度进行检算，并确保有足够的安全预留；而在施工图设计阶段的则须根据车桥耦合振动计算结果对悬臂板刚度进行校核。

7.4　桥面板局部刚度评定标准与方法探讨

世界各国规范对铁路桥梁刚度进行限制的目的在于：

(1) 保证列车运行时有足够的抗脱轨安全度；满足列车通过时旅客、司机和桥上行人具有良好的舒适度；

(2) 保证桥上轨道结构在振动环境下的稳定性，对于混凝土桥梁，采用合理的刚度还可以降低徐变变形对轨道结构的影响；

(3) 保证桥梁结构不因过大的挠度而产生过大的次应力；

(4) 避免因动应力过大而引起桥梁结构的冲击与疲劳。

由上可见，在制定铁路桥梁刚度限值时，需从多方面进行考虑，其中最主要的目的是要保证桥梁的安全性、耐久性和列车运行的安全性、舒适性。

衡量桥梁刚度的主要指标包括：竖向和横向挠跨比、梁体扭转角、扭转挠度、竖向和横向梁端折角、宽跨比、竖向和横向基频等。除扭转挠度可用于控制桥梁一定长度内的局部刚度外，其他各个刚度指标均是用于限制简支梁或者连续梁整体刚度的。若桥面板刚度较小或者线路布置于悬臂板上的不利状态下，桥面板局部振动相对于桥梁整体振动是不可忽略的，亟须采用能对桥面板局部刚度进行评定的标准与方法，从而为桥梁设计和检定提供依据。

桥面板的局部振动有其自身的特点，以下从局部竖向振动频率和局部竖向静挠度两个方面来探讨桥面板局部刚度评定标准与方法。此外，在应用扭转挠度和梁端折角这两个指标对桥梁刚度进行评定时，评定的标准与方法可保持与现有规范相同，只需计入桥面板的局部变形即可，暂不做详细讨论。

7.4.1　局部振动频率

各国规范通常将桥梁竖向和横向基频的限值表达为桥梁跨度和车速的函数。频率限值的主要制定依据是从理论上避免桥梁共振，也可采用统计方法得到既有桥梁在正常运用中自振频率的下限(称为通常值)来作为频率限值。在缺乏统计资料的情况下，可仅从避免桥梁共振和降低对桥梁和轨道结构冲击的角度提出桥面板局部振动频率的限值标准。根据 7.1 节的桥面板共振条件理论分

析和 7.3 节的数值计算可知，桥面板局部振动频率应满足

$$f \geqslant \alpha_{\mathrm{f}} \frac{V}{3.6 d_{\mathrm{v}}} (\mathrm{Hz}) \tag{7-10}$$

式中，f 为轨道中心线位置振型波长等于车长时对应的桥面板主模态频率；V 为列车运营设计车速(单位为 km/h)，对城市轨道交通桥梁可取为 120 km/h，对普通铁路可取为 160 km/h，对客运专线可取为 250 km/h，对高速铁路可取为 420 km/h；d_{v} 为车长，对客车通常可取 25 m，对货车通常可取为 15 m；α_{f} 为使得桥梁自振频率避开列车激振频率一定范围的安全系数，其取值与桥梁阻尼和桥梁设计冲击系数有关，也可根据桥面竖向振动加速度不至影响轨道结构稳定性来确定，α_{f} 的准确取值还有待进一步的研究，暂时建议取值 1.5～2.0。

根据以上参数说明和式(7-10)可以计算得到不同铁路列车运营条件下桥面板局部振动自振频率的限值。例如，若取 $\alpha_{\mathrm{f}} = 2.0$，则对轻轨桥梁的频率限值为 2.67 Hz，而对高速铁路桥梁的频率限值为 9.33 Hz。根据 7.3 节计算可知，振型波长等于车长的钢-混凝土组合梁桥悬臂板局部振动频率为 3.38 Hz。因此，该悬臂板能满足轻轨列车运营要求但不满足高速列车行车要求。

值得指出的是，式(7-10)表达的桥面板局部振动频率评定标准与方法可适用于线路布置于箱梁悬臂板、顶板以及桁架桥正交异性板上的情况。

7.4.2 局部静挠度

为了保证桥上线路的平顺性和列车运行的安全性、舒适性，必须对桥梁的挠度进行限制。通常以列车设计活载静力作用下的挠跨比作为衡量桥梁整体竖向刚度的重要指标。欧洲规范和日本规范以及前苏联规范均按满足乘坐舒适度要求确定了桥梁挠跨比限值。在制定挠跨比限值时，可将列车活载静力作用下桥梁静挠度作为轨道不平顺向列车施加激励，计算车体加速度时程响应并基于车体加速度响应计算乘坐舒适度，从而确定满足某一标准的舒适度要求的桥梁临界挠度或者临界挠跨比。列车活载静力作用下简支梁或者连续梁的静挠度通常为与跨度直接相关的一个或者多个半波正弦曲线的形式，其静挠度的波长(即桥梁跨度)将与车速一起决定桥梁对列车的激振频率。因此，桥梁挠跨比限值通常表达为桥梁跨度和车速的函数。

列车活载静力作用下简支梁或者连续梁某一孔的静挠度通常只具有一个主要的波长。然而，对刚度较小的桥面板而言，列车活载作用下的轨道位置的静挠

度则包含三个主要部分(图 7－22)：一是随桥梁整体变形而产生的挠度；二是桥面板在纵向两个支撑点(如横隔板或者支座)之间的相对于整体变形的挠度；三是由于列车轮轴集中力的作用产生的桥面板局部挠度，这一变形叠加于前两部分变形之上。后两部分静挠度均属于局部变形，在以往的桥梁竖向挠跨比限值制定时，均没有考虑它们的影响。

图 7－22　满布列车作用下钢-混凝土组合梁桥变形图

图 7－23 描述了纵向满布高速列车情况下钢-混凝土组合梁桥腹板和轨道中心线位置处静挠度。可见，箱梁腹板位置的静挠度只反映了连续箱梁整体竖向变形和整体扭转变形，其静挠度曲线波长成分单一，且波长等于桥梁跨度 L_b，对应的挠度为 d_0；悬臂板上轨道中心线位置静挠度则包含了箱梁整体变形和两类悬臂板局部变形。其中一类局部变形曲线的波长也等于桥梁跨度 L_b，对应的挠度为 d_1，这类变形是由于支座位置和跨中位置悬臂板端部所受的箱梁约束作用不同而产生的；另外一类局部变形曲线的波长则等于单个车辆的长度 L_v，对应的挠度为 d_2，这类变形是有规律的集中荷载列引起的。

由于桥面板的静挠度由上述三类变形组成，因此在制定桥面板的局部变形限值时需要综合考虑这三类变形对于列车乘坐舒适度的影响。假定三类变形对于列车的激振频率具有相同的舒适度敏感性，且任何一类变形的大小与车体振动加速度成正比或者与乘坐舒适度成反比。根据已有规范可得一定车速条件下满足舒适度要求的不同跨度桥梁整体挠度比限值，即跨度为 L_b 的桥梁的临界挠跨比 $[\delta_b/L_b]$ 和跨度为 L_v 的桥梁的临界挠跨比 $[\delta_v/L_v]$ 对应舒适度指标阀值均为 J_c。若不同变形对舒适度的贡献具有可加性(考虑到不同激励具有不同的相位，对线性悬挂车辆而言可加性的假设是偏于安全的)，则三类变形对舒适度指

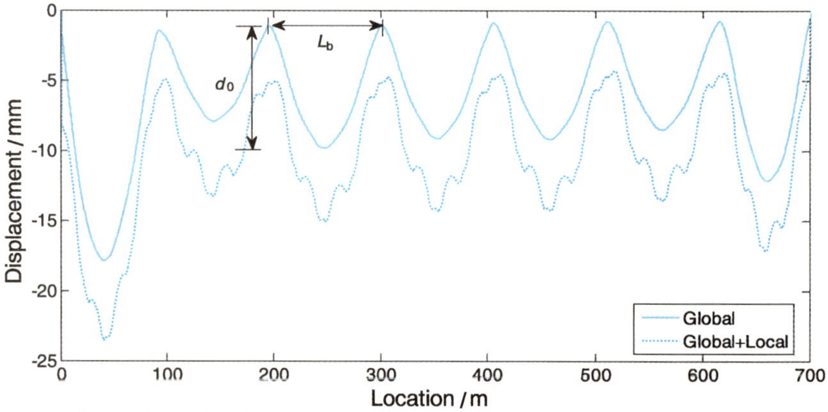

箱梁腹板位置挠度(Global)与悬臂板上轨道中心线位置挠度(Global+Local)对比

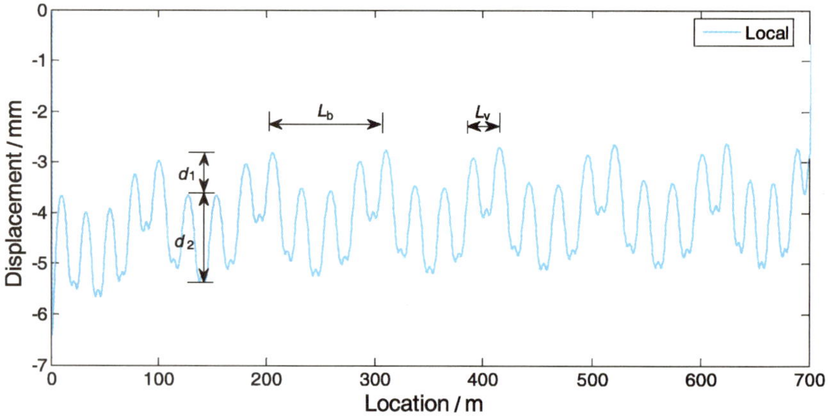

悬臂板上轨道中心线位置挠度与箱梁腹板位置挠度之差(Local)

图 7-23　满布列车作用下钢-混凝土组合梁桥不同纵向位置处静挠度

标的贡献应满足

$$\frac{\delta_0/L_b}{[\delta_b/L_b]}J_c+\frac{\delta_1/L_b}{[\delta_b/L_b]}J_c+\frac{\delta_2/L_v}{[\delta_v/L_v]}J_c\leqslant J_c \tag{7-11}$$

即

$$\frac{(\delta_0+\delta_1)/L_b}{[\delta_b/L_b]}+\frac{\delta_2/L_v}{[\delta_v/L_v]}\leqslant 1 \tag{7-12}$$

应用式(7-12)对悬臂板局部挠度进行控制的关键在于根据图 7-23 所示的定义计算列车设计活载下的三类变形,特别是两类桥面板局部变形。例如,根据某一规范,跨度为 105 m 的高速铁路连续梁的竖向挠跨比限值为 1/2 000,跨度为 25 m(车长)简支梁的竖向挠跨比限值为 1/1 500,根据相应设计活载计算

的桥面板三类挠度分别为 $d_0=35$ mm、$d_1=5$ mm 和 $d_2=5$ mm。因为

$$\frac{35/105\ 000}{1/2\ 000}=0.67<1 \tag{7-13}$$

但是

$$\frac{(35+5)/105\ 000}{1/2\ 000}+\frac{5/25\ 000}{1/1\ 500}=1.06>1 \tag{7-14}$$

那么，可判断出桥面板局部刚度不够，应采用增强桥面板局部刚度的方式使得式(7-12)得到满足。

7.5　本 章 小 结

首先采用理论分析方法对移动荷载列作用下悬臂板共振条件进行了研究，然后对上海长江大桥引桥悬臂板局部振动问题进行了车桥耦合振动数值分析，得到如下结论：

(1) 采用杆系与实体有限元模型的对比分析表明，考虑悬臂板局部振动基本不会影响行车舒适性，但影响行车安全性，不考虑悬臂板局部振动(采用杆系模型)将得到偏于危险的判断。

(2) 悬臂板局部振动频率较低，频率分布密集，对车桥动力响应的影响不可忽视。采用加劲撑方案和防撞护栏方案均能提高悬臂板的刚度，动力仿真计算表明，防撞护栏方案对降低车辆和桥梁振动效果均好于加劲撑方案。

(3) 地铁车辆运行于悬臂板上的安全性和舒适性能够得到保证，建议采用防撞护栏方案减小车桥动力响应，今后必要时，可设置加劲撑。

(4) 当悬臂板的某一振动模态同时满足第一和第三共振条件时，则悬臂板将发生显著的共振现象，此时对应的车速为共振车速。运行于悬臂板上的列车车速不但要低于共振车速，更应低于临界车速。临界车速须根据车桥耦合振动计算的系统响应与相关规范规定的限值的对比来确定。从轨道稳定性、桥梁安全性以及车辆运行安全性和舒适性的角度来看，不适合将高速铁路布置于引桥悬臂板之上，控制列车是否能布置于悬臂板上的关键因素是车速。

(5) 从局部振动频率和局部挠度两方面着手，初步探讨了桥面板局部刚度评定标准与方法，可供桥面板刚度设计和检定时参考。

第8章

考虑车体柔性的车桥振动分析

数十年以来，世界铁路客运商一直面临着公路运输和空运迅速发展带来的巨大竞争压力。为提高竞争力，必须努力提高铁路运营效率，即缩短时间，增加载客量并降低成本。而采用更快更轻的铁路车辆是实现这一目标的主要途径。然而，车辆轻量化将会带来车辆运行舒适性下降的问题。这是因为：目前的车辆将车体设计得远重于转向架，以避免车体激振频率与转向架激振频率一致；轻质车体的柔性振动频率则很可能与转向架激振频率吻合，从而导致车体加速度显著增加[14]。为解决轻量化引起的舒适性降低的问题，国内外不少研究者在动力仿真中考虑车体的柔性[15, 16]，并采用主动或者半主动控制来提高车辆运行品质[14, 17-20]。

程海涛、王成国、钱立新[16]应用柔性多体系统动力学进行货车动力学仿真研究，以货车 $C62_A$ 和罐车 G60 为对象，把转向架和轮对作为刚体，车体作为柔性体，采用 MSC/NASTRAN 对车体有限元模型进行模态分析，用超单元概念通过界面凝聚功能对柔性车体进行预处理，在 ADAMM/Rail 中组成刚-柔耦合的车辆动力学模型并进行动力学仿真计算。从方法论上讲，考虑车体柔性与考虑构架和轮对柔性是类似的。任尊松等人[126]在 SIMPACK 多体动力学软件中建立了完整的车辆系统动力学模型，其中构架作为弹性体处理，利用有限元分析软件 ANSYS 中得到构架结构的振动模态，其余主要部件如车体、轮对及轴箱等仍作为刚体处理。数值模拟结果表明，相对于刚性处理，弹性处理对系统垂向振动指标有较大影响，而对系统横向振动指标影响不明显。Diana & Cheli[21]在多刚体车辆模型的基础通过模态叠加法上引入车体、构架甚至轮对的柔性，形成刚-柔耦合振动方程。车辆运动方程刚度矩阵可分为两部分，一是根据柔性部件模态确定的车辆柔性刚度，二是根据势能原理得到的集中弹簧刚度贡献。阻尼矩阵的形成与刚度矩阵类似。基于该方法，Diana & Cheli 分析了轨道不平顺和车速对柔性车体竖向加速度的影响，并与试验数据进行对比。

综上可见，目前在多体动力学中考虑物体柔性大多采用模态方法，只在运动方程的形成细节上有所差别。然而，这些研究大部分限于轨道不平顺作用下车辆振动，很少有学者从车桥系统耦合振动的角度进行分析。因此，有必要基于车桥耦合振动分析方法，从竖向振动和横向振动方面分别进行机理分析和数值模拟，从而比较全面地把握柔性车体振动规律。

8.1　柔性车体自振频率与车桥系统动力参数

典型多刚体铁道车辆的车体自振频率为 0.5～2 Hz，转向架的自振频率在 1～10 Hz 范围内，轮对的自振频率则在 10～40 Hz 的范围内(表 2-2)。一般而言，车体、转向架和轮对的均须保证具有一定的刚度，以满足车辆安全、舒适运行要求，因此，车体、转向架以及轮对的柔体自振频率均相应地高于它们在悬挂弹簧作用下的刚体自振频率。例如，车体柔性振动基频一般在几赫兹到几十赫兹之间，其大于车体的刚体自振频率但在转向架和轮对的刚体自振频率区间之内。柔性车体自振频率对动力分析至关重要，不同类型的车体其自振频率差异较大，在缺乏完整车体构造和设计参数的条件下，以下将根据相关文献提供的资料确定柔性车体自振频率的取值范围，供数值分析之用。

Diana & Cheli[21]采用大约 48 000 个 4 节点壳单元建立车体的有限元模型，获取无约束车体的自由振动模态，并形成车辆刚-柔耦合振动方程。在动力分析中，Diana 和 Cheli 采用 33 阶车体模态(5～20 Hz)，包含车体的弯曲、扭转以及底板/顶板/侧板的振动。根据经验，此 33 阶模态对应的阻尼比均取为 3%。数值和试验结果都表明，对车体动力响应影响最为显著的是第一阶竖向弯曲模态(6.4 Hz)，该模态同时包含车体的弯曲振动和底板的局部振动，如图 8-1 所示。

Foo & Goodall[14]将车体视为弹性梁，同样通过计入车体梁的振动模态形成车辆刚-柔耦合运动方程，且只考虑车体的竖向对称弯曲模态(8.43 Hz)和反对称弯曲模态(23.23 Hz)，此 2 阶模态对应的阻尼比均取为 5%。

在既有刚性车辆模型参数的基础上，可采用具有一定柔性的梁单元模拟柔性车体，通过改变截面特性获取不同的柔性车体振动频率，并使得柔性车体自振基频在 5～12 Hz 之间变化(接近 Diana & Cheli 以及 Foo & Goodall 的柔性车体自振频率)。

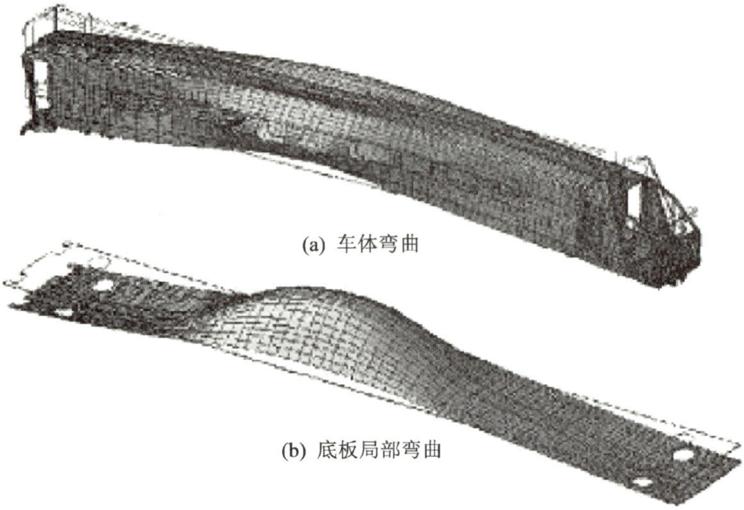

图 8-1　柔性车体第一阶竖向弯曲模态(Diana & Cheli[21])

在竖向振动分析中，以文献[107]的竖向平面多刚体车辆模型为原型(5.2.4 节中采用)，在此基础上考虑车体第一阶对称和第一阶反对称弯曲模态(图 8-2)，并采用对称(反对称)弯曲频率分别为 7.00 Hz(18.38 Hz)、9.38 Hz(24.64 Hz)和 11.91 Hz(31.32 Hz)的柔性车体进行参数分析，各阶柔性车体振动模态的阻尼比均取为 3%。桥梁模型亦与第 5.2.4 节中所采用的模型一致，为 11 孔 30 m 跨度简支梁，但不考虑轨道结构的作用。

图 8-2　采用轮轨非密贴接触模型的柔性车体振型

在横向振动分析中，以 Wu & Yang[30] 提供的空间车辆模型和空间桥梁模型为原型，在此基础上做如下修改：

(1) 上述文献中车辆模型没有给出一系、二系悬挂纵向刚度和阻尼，参考日本高速铁路车辆，采用一系纵向刚度为 3e7 N/m，一系纵向阻尼为 0，二系纵向弹簧刚度为 4.2e5 N/m，二系纵向阻尼为 3.7e5 N · s/m。

(2) 在动力仿真分析中，通过调整车体截面刚度考虑车体前 2 阶横向弯曲振动模态，分别将车体横向弯曲基频设定为 6.00 Hz、8.00 Hz 和 10.0 Hz 以进行参数分析。

(3) 文献[30]中桥梁为 11 孔 30 m 跨度简支箱梁。由于箱梁横向刚度很大，桥梁横向振动对车辆影响极小。为考虑更为不利的桥梁横向振动状态，在支座处设置横向弹簧将桥梁横向简支改为弹性支承，弹簧刚度取为 9.09e6 N/m。采用上述参数的桥梁横移基频为 0.606 Hz，横摆基频为 1.040 Hz，竖弯基频为 4.020 Hz，扭转基频为 5.345 Hz。

8.2　柔性车体共振机理分析

在轨道不平顺和桥梁变形作用下，柔性车体振动将被激起，当满足一定条件时，柔性车体振动响应达到极值，即发生共振现象。在数值计算之前，首先对共振现象和共振条件进行理论分析，解析表达的理论分析一方面可解释柔性车体的共振机理，另一方面也可校验数值计算结果。

8.2.1　竖向振动

1. 随机轨道不平顺下的柔性车体共振分析

Diana & Cheli[21]采用图 8－3 所示的车辆与随机轨道不平顺的简化模型进行柔性车体共振机理分析。假定轮轨竖向接触刚度和一系悬挂竖向刚度远大于二系悬挂竖向刚度，则轨道不平顺将通过转向架直接作为基础位移施加于车体

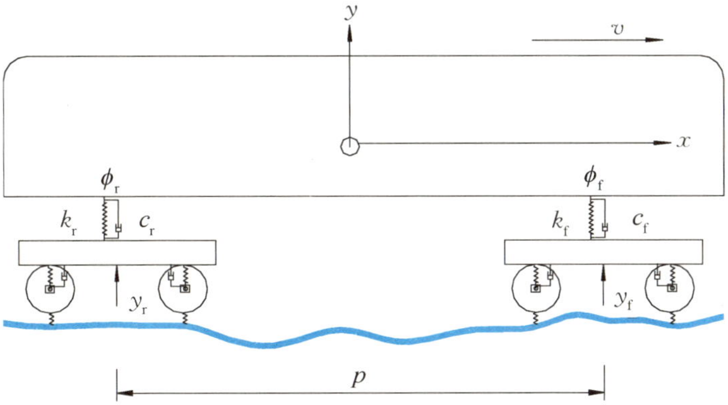

图 8－3　轨道不平顺作用下柔性车体激振示意图

上。车体所受的模态广义力 F 可表达为

$$F=(k_{\mathrm{f}}y_{\mathrm{f}}+c_{\mathrm{f}}\dot{y}_{\mathrm{f}})\phi_{\mathrm{f}}+(k_{\mathrm{r}}y_{\mathrm{r}}+c_{\mathrm{r}}\dot{y}_{\mathrm{r}})\phi_{\mathrm{r}} \tag{8-1}$$

式中，y_{f} 和 y_{r} 分别为前后转向架对应的轨道不平顺；k_{f}、c_{f}、k_{r}、c_{r} 为二系竖向悬挂刚度和阻尼系数；ϕ_{f} 和 ϕ_{r} 分别为前、后心盘处柔性车体的竖向振型位移。

考虑到随机轨道不平顺波长成分的一般性，前、后转向架遇到的对应于对波长为 λ 的谐波轨道不平顺分别为

$$\begin{cases} y_{\mathrm{f}}=A\sin\left(\dfrac{2\pi v}{\lambda}t\right) \\ y_{\mathrm{r}}=A\sin\left[\dfrac{2\pi v}{\lambda}\left(t-\dfrac{p}{v}\right)\right]=A\sin\left[\dfrac{2\pi v}{\lambda}t-\dfrac{2\pi p}{\lambda}\right] \end{cases} \tag{8-2}$$

式中，p 为前后转向架之间的间距；A 为波长为 λ 的谐波轨道不平顺对应的波幅；v 为车速。

当同时满足以下两个条件时，车体受到谐波轨道不平顺激励的能量输入达到极值。一是，谐波轨道不平顺的激振频率等于柔性车体振动频率 f，即

$$\frac{v}{\lambda}=f \tag{8-3}$$

二是，前、后转向架遇到的不平顺相位相同，谐波轨道不平顺的产生的车体振动广义力 F 达到极大值，即

$$\begin{cases} \dfrac{p}{\lambda}=i, & i=1,2,3,\cdots \quad for \quad \phi_{\mathrm{f}}=\phi_{\mathrm{r}} \\ \dfrac{p}{\lambda}=\dfrac{2i-1}{2}, & i=1,2,3,\cdots \quad for \quad \phi_{\mathrm{f}}=-\phi_{\mathrm{r}} \end{cases} \tag{8-4}$$

联合式(8-3)和式(8-4)，消去 λ，可得

$$\begin{cases} v=\dfrac{p}{i}f, & i=1,2,3,\cdots \quad for \quad \phi_{\mathrm{f}}=\phi_{\mathrm{r}} \\ v=\dfrac{2p}{2i-1}f, & i=1,2,3,\cdots \quad for \quad \phi_{\mathrm{f}}=-\phi_{\mathrm{r}} \end{cases} \tag{8-5}$$

随机轨道不平顺包含任意波长 λ 的谐波成分，当满足式(8-5)时，车体柔性

振动加速度将达到极值，可称之为随机轨道不平顺作用下柔性车体共振现象，式(8－5)称为柔性车体共振条件，对应的车速称为共振车速。需要指出的是，式(8－5)实际上隐含式(8－4)所表达的波长条件。当车速越高，对应的波长越大，不平顺激励能量越大，共振现象越显著；反之，车速越低，对应的波长越小，不平顺激励能量越小，共振现象越不明显。一般来说，只有较高速度且对应较大波长下的柔性车体共振现象才有实际意义。

Diana & Cheli[21] 只分析了柔性车体对称弯曲模态（$\phi_f = \phi_r$）在轨道不平顺作用下的共振情况，实际上，上述共振分析可作如下推广：

(1) 从仅考虑对称模态推广到反对称模态($\phi_f = -\phi_r$)，但反对称模态频率较高，在通常车速下对应共振波长较小，不平顺激振能量较小，从而对车体加速度影响较小。

(2) 从仅考虑共振条件推广到“相消”条件，即考虑广义力为 0 的情况，为车辆合理设计和运营速度的选定提供参考，以获得尽可能小的车体加速度。

(3) 从弯曲振动模态推广到一般的刚体振动模态，如车体沉浮和点头运动，只需将上述车体弯曲模态频率 f 替换为车体刚体运动频率。

(4) 从受轨道不平顺激励推广到受桥梁变形激励。例如，对多孔等跨简支梁，车辆荷载作用下，桥梁产生的静态变形将对车辆产生周期性激励，可以等同于轨道不平顺的作用，接下来具体讨论这一问题。

2. 多跨简支梁下的柔性车体共振分析

列车作用下桥梁的变形包含静态部分和动态部分，为简化分析，通常可将桥梁静态变形作为不平顺激励施加于车辆上，从而实现车辆响应的近似分析。松浦章夫(Matsuura)曾分析半车模型在多个半波正弦不平顺下的动力响应，以研究多跨简支梁的挠度限值[127]。以下亦采用多个半波正弦不平顺模拟多跨简支梁的静挠度(图 8－4)，并分析图 8－3 所示整车模型在此静挠度激励下的柔性车体共振现象。

图 8－4　多跨简支梁静挠度产生的多个半波正弦不平顺

假定桥跨无穷多，则图 8－3 所示整车模型经过上述半波正弦不平顺时前、后转向架遇到的不平顺值为

$$\begin{cases} y_{\mathrm{f}} = -Y\left|\sin\left(\dfrac{\pi v}{L_{\mathrm{b}}}t\right)\right| \\ y_{\mathrm{r}} = -Y\left|\sin\left[\dfrac{\pi v}{L_{\mathrm{b}}}\left(t-\dfrac{p}{v}\right)\right]\right| = -Y\left|\sin\left[\dfrac{\pi v}{L_{\mathrm{b}}}t-\dfrac{\pi p}{L_{\mathrm{b}}}\right]\right| \end{cases} \tag{8-6}$$

式中，L_{b} 为简支梁跨度；Y 为简支梁在列车作用下的静挠度。上式可用傅里叶级数展开为

$$\begin{cases} y_{\mathrm{f}} = -\dfrac{2Y}{\pi} + \dfrac{4Y}{\pi}\sum_{i=1}^{\infty}\dfrac{1}{4i^2-1}\cos\left(\dfrac{2\pi v}{L_{\mathrm{b}}/i}t\right) \\ y_{\mathrm{r}} = -\dfrac{2Y}{\pi} + \dfrac{4Y}{\pi}\sum_{i=1}^{\infty}\dfrac{1}{4i^2-1}\cos\left(\dfrac{2\pi v}{L_{\mathrm{b}}/i}t-\dfrac{2\pi p}{L_{\mathrm{b}}/i}\right) \end{cases}, \quad i=1,\ 2,\ 3,\ \cdots \tag{8-7}$$

比较式(8-7)与式(8-2)可知，图 8-4 所示多个半波正弦不平顺相当于无穷个谐波不平顺的叠加。这些谐波不平顺的波长为 L_{b}/i，且在 i 一定的情况下波长是确定的。可见，桥梁变形产生的等效谐波不平顺的波长具有离散性，这与随机轨道不平顺中的谐波不平顺波长 λ 具有连续性是不同的。因为谐波波长 L_{b}/i 的离散性，在一定的车辆几何尺寸下，前后转向架受到的桥梁变形产生的激振力的相位是确定的。若激励频率与车体振动频率 f 一致，则车体加速度将达到极值，这个极值条件可表达为

$$\frac{v}{L_{\mathrm{b}}/i} = f, \quad i=1,\ 2,\ 3,\ \cdots \tag{8-8}$$

式(8-8)称之为多跨简支梁作用下柔性车体共振条件，对应的车速称为共振车速。通常随着共振阶数 i 的增大，谐波波幅减小，激振能量显著降低。

8.2.2 横向振动

尽管轮轨竖向存在弹性压缩变形，但这一变形与轮轨之间横向蛇行运动相比要小得多。由于轮对蛇行运动的存在，不能参照柔性车体竖向共振机理分析的方法对柔性车体的横向共振机理进行研究。此外，桥梁横向一般不存在类似半波正弦曲线的静挠度，在列车作用下，桥梁横向振动随机性很强，难以采用简化方法对桥梁横向振动下柔性车体共振现象进行机理分析。考虑到车辆横向振动的上述特点，以下从轮对横向力频谱成分的角度对轨道不平顺作用下柔性车体横向振动规律做一些探索性的研究。

在随机轨道不平顺作用下，轮对横向力主要含有三类典型的频率成分：一

是轮对自振频率；二是转向架自振频率；三是轮对蛇行运动频率。假定轮对横向力经第一系和第二系悬挂传递到车体上后其频率成分基本保持不变，则当柔性车体振动频率与上述三类频率中任何一个吻合时，将发生柔性车体共振现象。

首先分析柔性车体振动频率与轮对、转向架自振频率吻合而引发的共振现象。虽然随机轨道不平顺作用下轮对横向力具有较强的随机性，但轮对横向力必然反映轮对和转向架的自振特性。由于车辆运动空间耦合特性，轮对、转向架的横向、竖向以及扭转运动自振频率都将影响轮对横向力的频谱成分。轮对和转向架的固有自振频率不随车速变化而变化，因此，共振车速的概念不适用于柔性车体自振频率与轮对、转向架自振频率相吻合而引起的共振现象。然而，由于轮对和转向架的自振频率一般从几赫兹到几十赫兹之间变化，在较低的车速下，往往激发较低频率的振动，而较高车速下才能激发较高频率的振动。从这个意义上说，即使柔性车体与转向架以及轮对某一自由度的自振频率相吻合，也必须达到一定车速才能激发明显的柔性车体振动，这一车速可称为临界车速。值得注意的是，一般，车速越大，轮轨力越大，因此，柔性车体振动响应在总体上有随车速增加而增加的趋势。也就是说，在临界车速以上的各个车速，柔性车体都将发生显著的共振响应。正因为在较为宽广的车速范围内均可激发上述柔性车体共振现象，因此，在车体设计时，应避免柔性车体振动频率与转向架、轮对自振频率相接近。一般，刚性车体自振频率较小，避开了轮对和转向架自振频率，而轻质车体的柔性振动频率则很可能与转向架激振频率吻合[14]，导致车体加速度显著增加。因此，在车体轻量化的趋势下，考虑柔性车体振动的对车体优化设计和车辆舒适性评价是有重要意义的。

以下分析柔性车体振动频率与蛇行运动频率吻合激发的共振现象。从车辆动力学的分析结果可知，自由轮对蛇行运动频率 f_{w} 为[2]

$$f_{\mathrm{w}}=\frac{v}{2\pi}\sqrt{\frac{\lambda}{br_0}} \tag{8-9}$$

式中，λ 为踏面锥度；b 为轨距之半；r_0 为名义滚动半径。若轮对刚性定位在转向架上，则转向架整体蛇行运动频率 f_{t} 为[2]

$$f_{\mathrm{t}}=\frac{v}{2\pi}\sqrt{\frac{\lambda}{br_0\left[1+\left(\frac{S_0}{2b}\right)^2\right]}} \tag{8-10}$$

式中，S_0 为转向架固定轴距。

由于轮对既不是自由也不是刚性定位在转向架上，因此，实际上的轮对蛇行运动频率介于 f_t 与 f_w 之间。上述蛇行运动的作用使得轮对横向力中将反映相应的轮对蛇行运动频率。从以上两式可见，轮对蛇行运动和转向架整体蛇行运动频率均与车速成正比。因此，达到某一车速时，蛇行运动频率与柔性车体自振频率刚好吻合，则发生共振。为避免蛇行运动导致的柔性车体共振，只需使得柔性车体横向自振频率大于最高车速对应的蛇行运动频率即可。

在一定条件下，柔性车体发生共振，这是一种最不利的状态，对这一状态，须尽量避免。在更多的情况下，虽然并不一定刚好满足共振条件，但柔性车体振动也可能是不可忽视的，有必要考虑柔性车体振动以达到精细化分析目的。

8.3 计算结果分析与讨论

8.3.1 竖向振动

为分析轨道不平顺及桥梁振动对车体的影响，分别考虑德国高速低干扰谱生成的随机不平顺和不考虑轨道不平顺两种情况的对比。以下对车体加速度的分析均以 10 节编组列车中第 2 辆车为代表，其他车辆的振动规律基本类似，不予赘述。

依据轨道不平顺和桥梁变形作用下柔性车体竖向共振条件分析，对不同频率的柔性车体共振条件预测如表 8-1 所列。从表中可见，在目前高速列车可达到的车速范围内，$i=1$ 对应的共振现象难以实现，$i=2$ 和 $i=3$ 对应的共振现象将占主导地位，而更大的 i 对应的谐波波长和波幅较小，车体所受的激振力较小，因而共振响应不大。

表 8-1 柔性车体共振条件计算列表

序号	车体频率 f /Hz	共振阶数 i	对称性	共振车速 v /(km·h^{-1})	共振波长 λ /m	激振源
1	7.00	1	对称	441	17.50	轨道不平顺
2	9.38	1	对称	591	17.50	轨道不平顺
3	11.91	1	对称	750	17.50	轨道不平顺
4	**7.00**	**2**	**对称**	**221**	**8.75**	**轨道不平顺**
5	**9.38**	**2**	**对称**	**295**	**8.75**	**轨道不平顺**

续　表

序号	车体频率 f /Hz	共振阶数 i	对称性	共振车速 v /(km·h^{-1})	共振波长 λ /m	激振源
6	**11.91**	**2**	**对称**	**375**	**8.75**	**轨道不平顺**
7	**18.38**	**4**	**反对称**	**331**	**5.00**	**轨道不平顺**
8	24.64	4	反对称	444	5.00	轨道不平顺
9	31.32	4	反对称	564	5.00	轨道不平顺
10	**18.38**	**5**	**反对称**	**257**	**3.89**	**轨道不平顺**
11	**24.64**	**5**	**反对称**	**345**	**3.89**	**轨道不平顺**
12	31.32	5	反对称	438	3.89	轨道不平顺
13	**7.00**	**2**	**对称**	**378**	**15**	**桥梁静态变形**
14	9.38	2	对称	507	15	桥梁静态变形
15	11.91	2	对称	643	15	桥梁静态变形
16	**7.00**	**3**	**对称**	**252**	**10**	**桥梁静态变形**
17	**9.38**	**3**	**对称**	**338**	**10**	**桥梁静态变形**
18	11.91	3	对称	429	10	桥梁静态变形

车辆只受桥梁激励而不考虑轨道不平顺条件下不同自振频率的柔性车体与刚性车体的车体竖向最大加速度对比如图 8－5 所示。

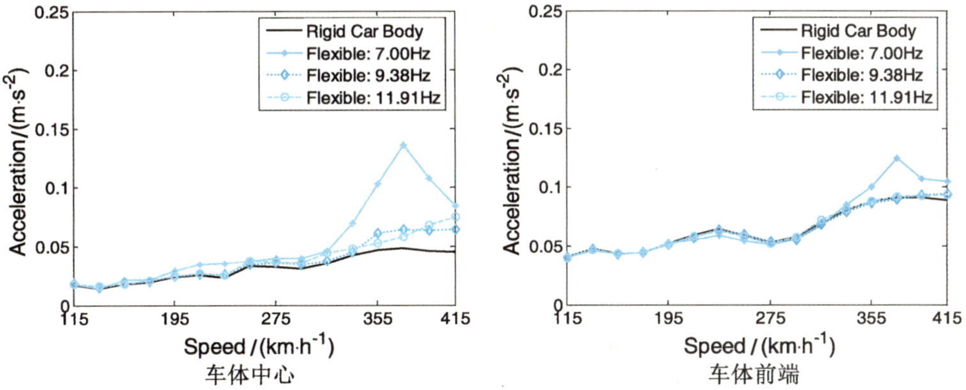

图 8－5　无轨道不平顺条件下不同频率柔性车体与刚性车体的车体竖向最大加速度对比

由图 8－5 可见，当车速小于 315 km/h 时，考虑柔性车体振动对车体竖向加速度影响很小；然而，在车速为 375 km/h 且车体竖向弯曲振动频率为 7.00 Hz

时，车体中心加速度显著增大。这是因为当车速约为 375 km/h 时，满足式(8－8)所表达的柔性车体共振条件(表 8－1 序号 13)。这一共振现象可以从图 8－6 所示的车体加速度时程曲线和频谱分析进一步得到证实。当车速为 375 km/h 时，在不同自振频率的柔性车体模型下，车体加速度始终体现多个半波正弦不平顺的、产生的强迫振动频率 $v/(L_b/i)$，即 3.5 Hz、7.0 Hz 和 10.5 Hz 等；而其中 7.0 Hz 的激振频率与柔性车体自振频率吻合，故产生显著的共振现象。

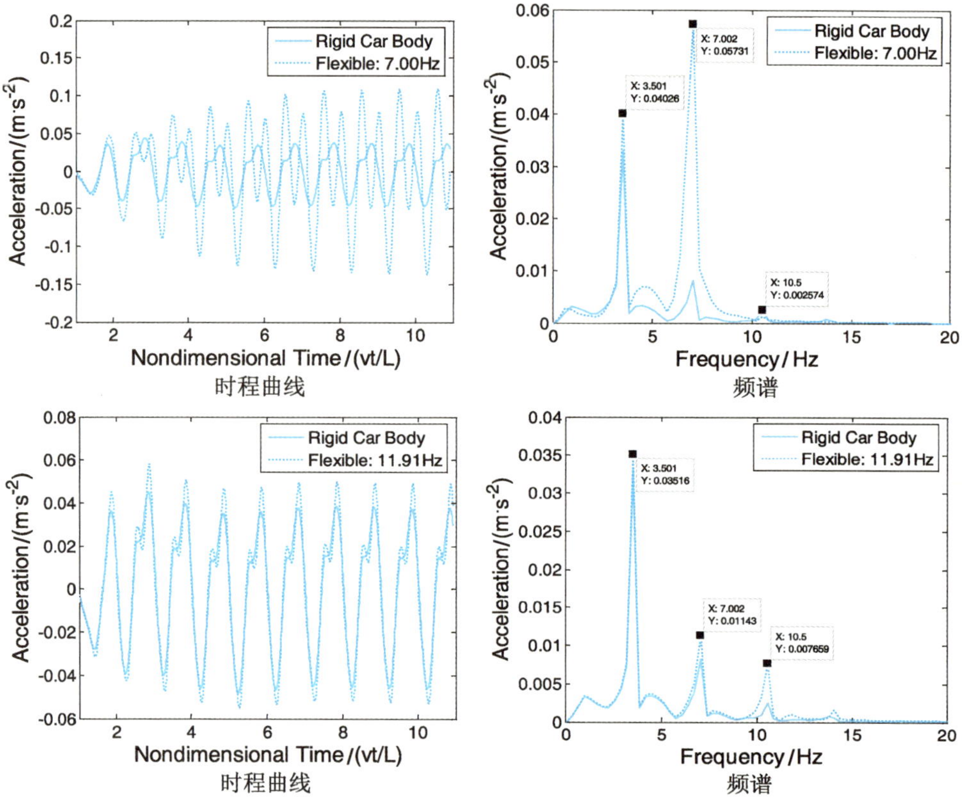

图 8－6　无轨道不平顺和车速 375 km/h 条件下车体中心加速度时程及频谱

若考虑轨道随机不平顺的作用，则轨道不平顺和桥梁竖向变形均对车辆产生激励，且一般来说，轨道不平顺的激振作用比桥梁竖向变形的激振作用更大。如图 8－7 所示，不同车体弯曲振动频率的车辆在一定车速下车体中心加速度均出现共振现象：车体弯曲频率 7.00 Hz 对应共振车速 215 km/h(表 8－1 序号 4)，车体弯曲频率 9.38 Hz 对应共振车速 295 km/h(表 8－1 序号 5)，车体弯曲频率 11.91 Hz 对应共振车速 375 km/h(表 8－1 序号 6)。可见，动力计算与理论预测吻合良好。值得注意的是，柔性频率为 7.00 Hz 的车辆在车速 375 km/h 时也出现了加速度峰值，这是与桥梁变形产生的车体共振的结果。上述结论可以从图 8－8 和图 8－9 所示的时程曲线和频谱分析进一步得到证实。

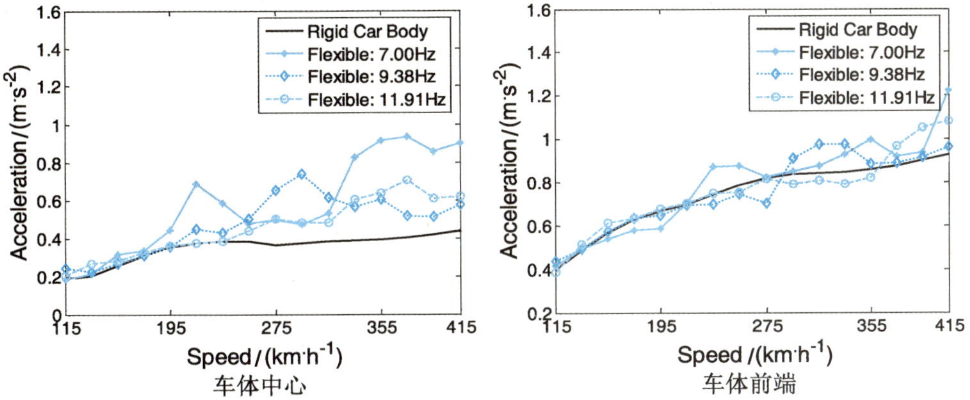

图 8－7　考虑轨道不平顺时不同频率柔性车体与刚性车体的车体竖向最大加速度对比

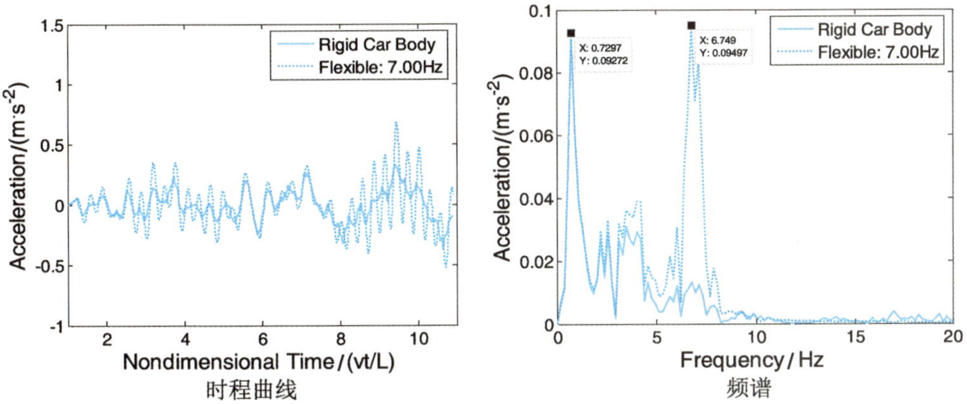

图 8－8　考虑轨道随机不平顺和车速 215 km/h 条件下车体中心加速度时程及频谱

车体前端加速度可反映车体反对称弯曲模态的振动贡献，而反对称弯曲振动模态频率较高，需要相当高的车速才能激发其低阶（较小的 i）共振现象；而高阶共振对应的车速在目前可实现范围内，但对应的波长很短，激振能量有限。因此，不同频率的柔性车体前端加速度差别不大，共振现象不如车体中心加速度显著。但是仍然可以从图 8－7 所示的车体前端加速度中观察出车体反对称模态在轨道不平顺和桥梁变形作用下的共振现象：7.00 Hz 柔性车体对应共振车速为 335 km/h（表 8－1 序号 7）和 255 km/h（表 8－1 序号 10）；9.38 Hz 柔性车体

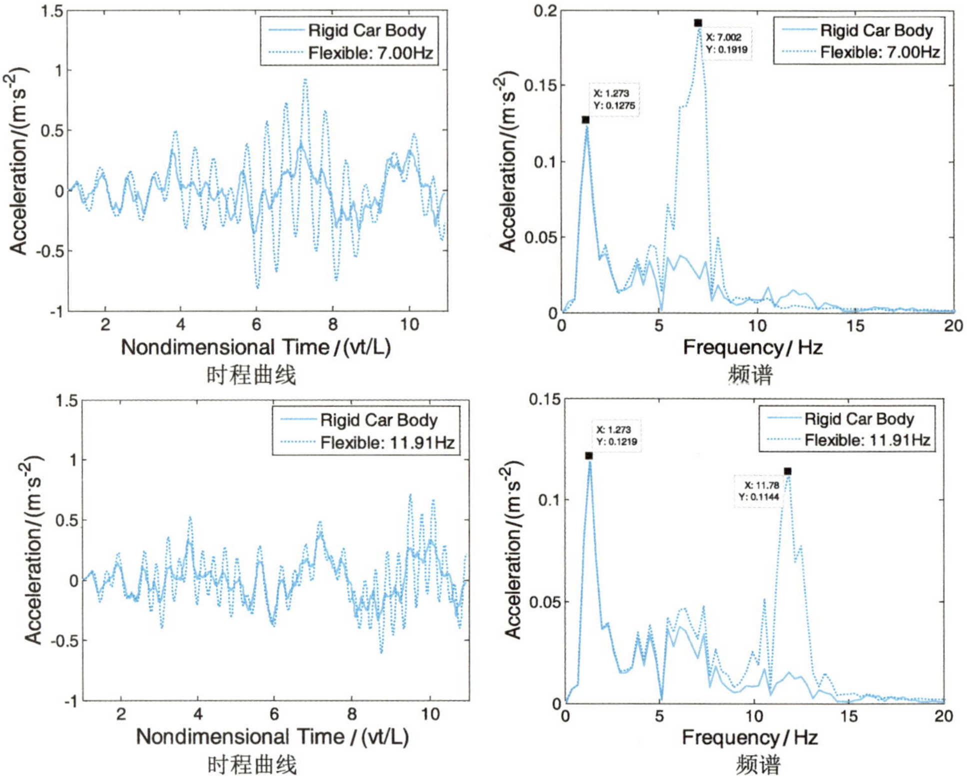

图 8-9　考虑轨道随机不平顺和车速 375 km/h 条件下车体中心加速度时程及频谱

对应共振车速 335 km/h(表 8-1 序号 11)。

考虑刚性车体时,车体前端加速度包含了车体沉浮和点头振动,因而一般大于车体中心加速度;然而,从上述结果可见,考虑车体柔性后,车体中心加速度基本与前端或者后端加速度相当,甚至更大,这与 Diana & Cheli[21]根据实测车体加速度观测得到的现象一致。从上述计算可知,在共振车速下,考虑柔性车体振动计算得到的车体中心加速度比将车体视为刚体计算得到的车体中心加速度大 100%以上,而且车体前端加速度的增幅也可能超过 20%。因此,在车速较高、车体较柔时,考虑柔性车体振动对准确评价车辆运行的舒适性极为必要。

考虑轨道随机不平顺条件下不同频率柔性车体与刚性车体对桥梁振动响应的影响如图 8-10 所示。可见,桥梁振动基本不受车体柔性的影响。另外,轮重减载率也基本不随车体柔性变化。实际上,柔性车体与在桥梁变形或者轨道不平顺周期性激励作用下,主要增加的车体的柔性振动量,该振动对车辆其他部位及桥梁的反馈作用很小。

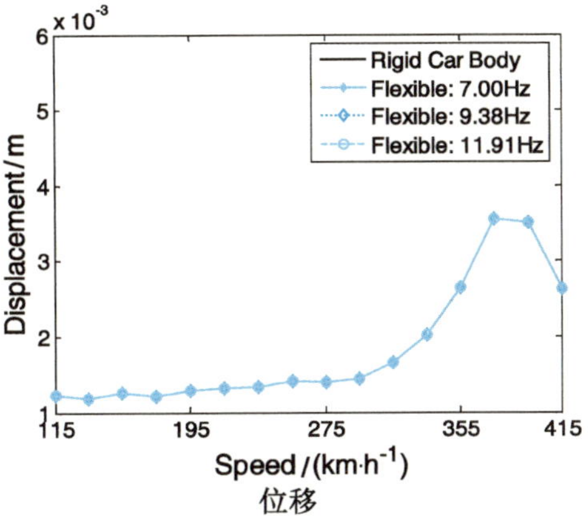

图 8-10　考虑轨道随机不平顺条件下不同频率柔性车体与刚性车体对桥梁振动响应的影响

8.3.2　横向振动

首先分析轨道不平顺对柔性车体横向振动的影响，而不考虑桥梁结构的影响。具有不同横向振动基频的柔性车体与刚性车体的车体横向最大加速度对比如图 8-11 所示。可见，在车速低于 85 km/h 时，柔性车体振动基本没有被激发。然而，当车速达到 225 km/h 时，6.00 Hz 柔性车体中心加速度较刚性车体提高超过 200%；当车速达到 305 km/h 时，8.00 Hz 柔性车体中心加速度较刚性车体也提高达到 200%；当车速达到 345 km/h 时，10.00 Hz 柔性车体中心加速度较刚性车体提高达 180%。从图 8-11 可知，柔性车体自振频率越高，则柔性车体加速度达到峰值对应的车速越高，而且车体加速度总的趋势是随车速增大而增大。这与 8.2.2 节的分析一致，即高于某一临界车速的任何车速可成为

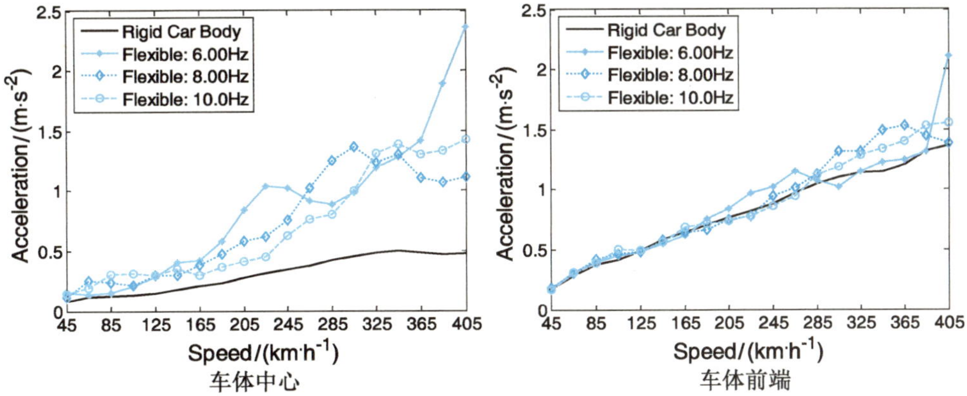

图 8-11　不同自振频率的柔性车体与刚性车体横向最大加速度对比

共振车速。从图中可知，柔性车体与刚性车体相比，车体前端加速度可相差20%，这远不如柔性车体振动对车体中心加速度的影响。这是由于车体第二阶(反对称横向弯曲)振动模态的频率较高的缘故。

不同自振频率的柔性车体与刚性车体中心横向加速度时程曲线及频谱对比如图8-12和图8-13所示。从图中可见，柔性车体与刚性车体在反映车体刚性运动的低频率振动上具有相似的频谱特征，而在柔性车体第一阶横向弯曲振动频率上，二者的车体加速度差别显著。

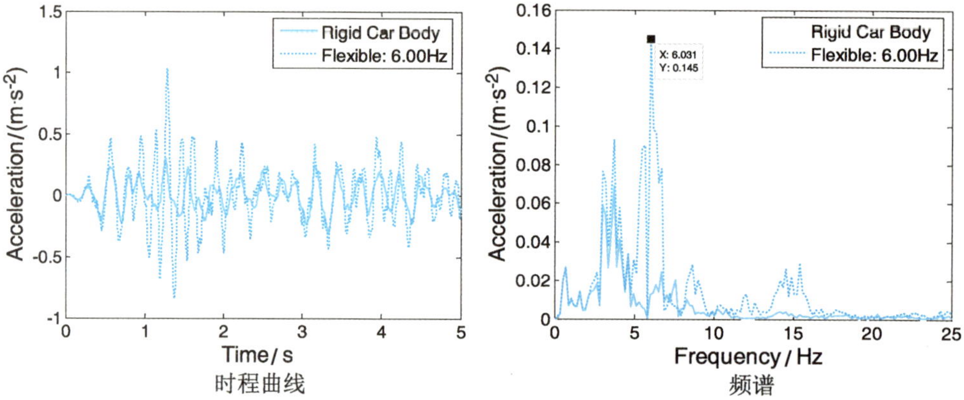

图8-12　车速225 km/h时自振频率为6.00 Hz的柔性车体与刚性车体中心横向加速度时程曲线及频谱对比

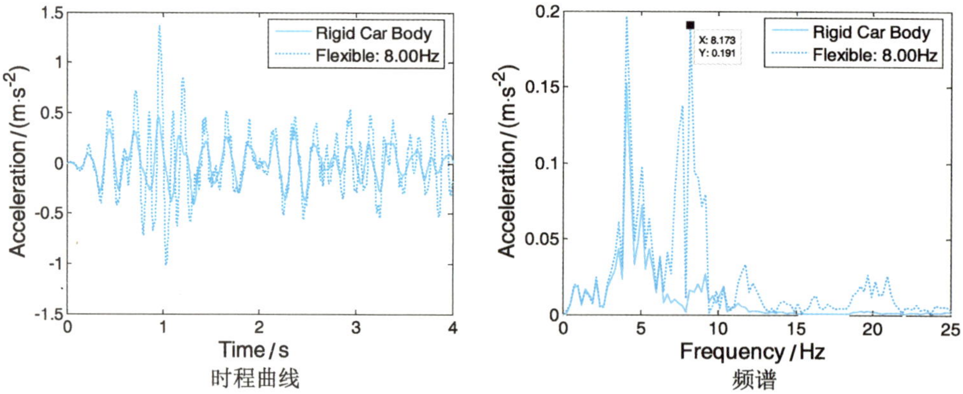

图8-13　车速305 km/h时自振频率为8.00 Hz的柔性车体与刚性车体中心横向加速度时程曲线及频谱对比

以下分析柔性车体发生横向共振的原因。不同车速下典型轮对横向力频谱如图8-14所示，根据仿真计算得到的轮对蛇行运动频率与根据式(8-9)、式

(8－10)计算的自由轮对蛇行运动频率、转向架蛇行运动频率对比如图 8－15 所示。由以上两图可知,3 Hz、4 Hz 以下的轮对横向力频率成分体现了轮对蛇行频率,这部分轮对横向力幅值随车速增大而增大,频率与车速成正比;而 5 Hz、6 Hz、7 Hz、8 Hz、12 Hz 左右的轮对横向力频率成分则反映了转向架、轮对自振频率,这部分轮对横向力幅值也随车速增大而增大,但频率基本不随车速变化。根据以上分析可知,激发 6～10 Hz 基频的柔性车体发生共振的主要原因是柔性车体自振频率与转向架、轮对自振频率接近。虽然轮对蛇行运动频率小于柔性车体自振频率,但是轮对蛇行运动引起的轮对横向力所占能量成分较大,图 8－12 和图 8－13 频谱分析表明车体加速度中也反映了轮对蛇行运动的强迫振动频率成分。

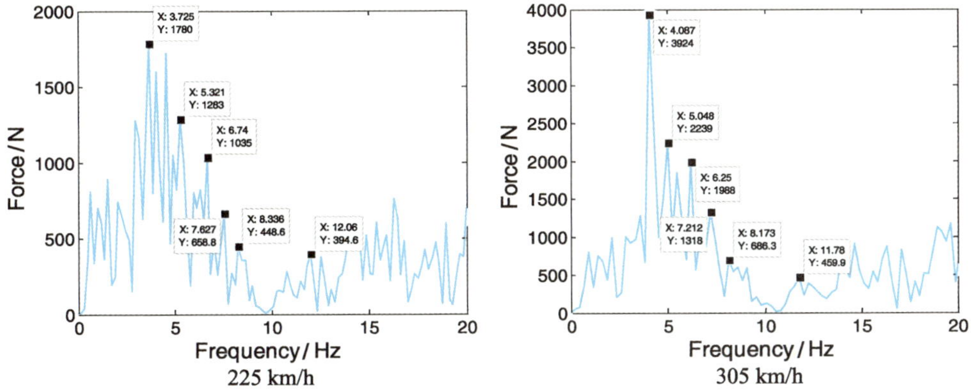

图 8－14　车速 225 km/h 和 305 km/h 下典型轮对横向力频谱

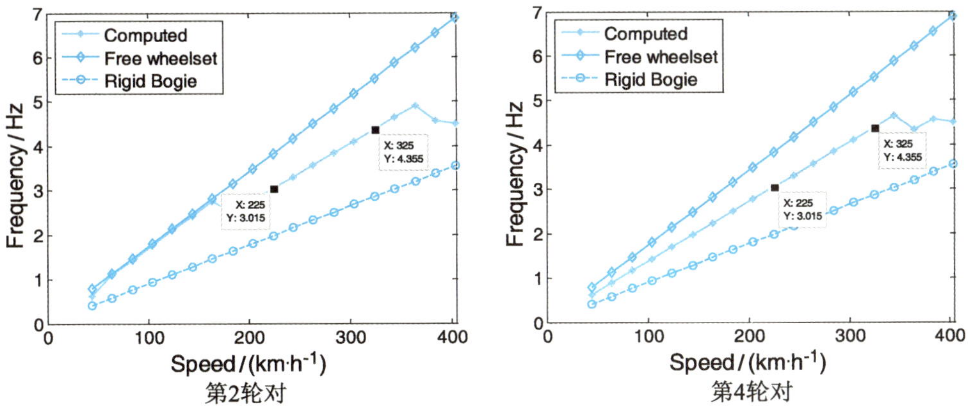

图 8－15　仿真计算的轮对蛇行运动频率与自由轮对蛇行运动频率、转向架蛇行运动频率对比

以下分析桥梁振动对柔性车体振动的影响。车体横向弯曲基频为 8.00 Hz 的车辆在刚性轨道不平顺上运行和在考虑相同轨道不平顺的桥梁上运行时的车体中心最大加速度对比如图 8-16 所示。

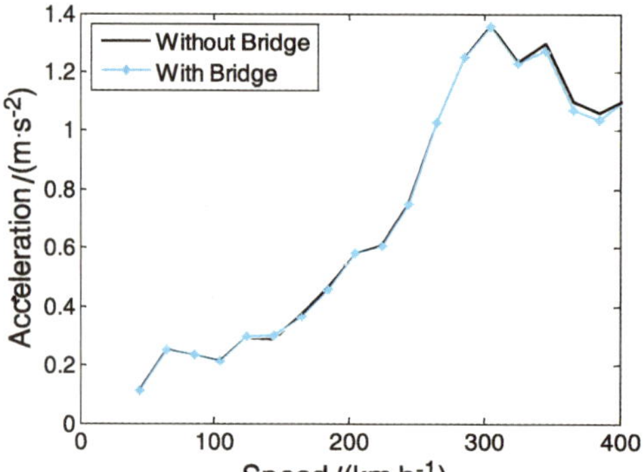

车体中心横向加速度

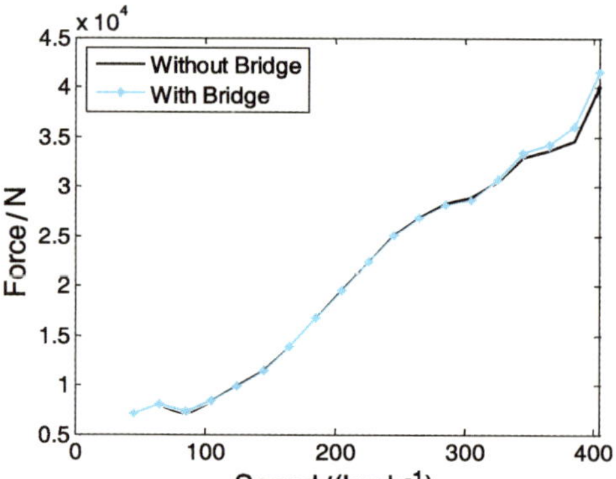

轮对横向力

图 8-16　考虑桥梁结构与否对柔性车体振动响应的影响

由图 8-16 可见,尽管桥梁横向刚度较小,但是桥梁横向振动难以激发车体振动,这与文献[6]的研究结果一致,即相对于轨道不平顺的作用,一般桥梁振动对车辆振动的影响较小。曾庆元院士[54]在研究车辆构架蛇行波时就曾注意到这种现象:线路上实测的构架蛇行波和桥上实测的构架蛇行波是没有差别的,线路上的构架蛇行波可以作为桥上构架蛇行波的样本来研究。一般来说,具有一定横向刚度的桥梁,车桥耦合振动主要是车辆与轨道不平顺之间的耦合,桥梁参与耦合作用很小。上述认识是否符合实际,还需进一步的实测或者试验验证。

8.4　本章小结

首先介绍了车辆动力学研究领域关于柔性车体振动研究的现状,然后从机理上分析了轨道不平顺和桥梁竖向变形对柔性车体竖向加速度的影响,揭示了柔性车体在轨道不平顺和多跨简支梁作用下的共振现象,并对共振条件进行了定量预测。在横向振动方面,指出了柔性车体自振频率与转向架、轮对自振频率以及轮对蛇行运动频率一致而激发柔性车体共振的可能性。机理分析之后,通过参数分析对理论预测进行了数值验证,并得出如下结论:

(1) 轨道不平顺作用下柔性车体竖向对称弯曲和反对称弯曲模态都存在共

振现象，但一般对称弯曲模态的频率较低，对车体加速度响应的影响较大。在共振发生时，柔性车体与刚性车体相比，车体中心竖向加速度可提高 100%以上，其车体前端竖向加速度也可相应增加 20%以上。

(2) 在轨道不平顺作用下，柔性车体与刚性车体相比，车体中心横向加速度提高幅度可达 200%，其车体前端横向加速度也可增加 20%以上。

(3) 一般情况下，桥梁横向振动对车体振动的影响很小，且激发柔性车体共振的可能性也很小。

(4) 从车体振动加速度的精细化计算和车辆运行舒适性的准确评价方面来说，有必要考虑柔性车体振动，而对车辆安全性指标和桥梁振动响应计算与评价而言，则无须考虑柔性车体振动。

(5) 目前铁路桥梁竖向刚度限值制定的基本依据之一是控制刚性车体加速度和相应的乘坐舒适性，建议今后在比较准确的柔性车体动力参数和更为精细的柔性车体板壳有限元模型基础上，从控制柔性车体加速度的角度制定合理的桥梁竖向刚度限值。

第9章 考虑轨道结构的车桥振动分析

工程实践表明，轨道结构对车桥系统振动的影响不可忽视。采用明桥面的下承式桁梁桥在我国既有铁路线路中大量采用。然而，由于明桥面整体性不强，在提速过程中，此类桥梁表现出较差的动力性能。文献[6]指出：关于提速引起桥梁振动加剧的原因，目前的观点往往主要强调桥梁横向刚度不足，而忽视轨道不平顺和轨道结构所起的作用。增大桥梁刚度，固然能减小桥梁的横向振幅，但对改善车辆运营的平稳性和舒适度、减小轮轨之间横向力的作用并不明显。减小车桥动力响应，不能只考虑加大桥梁横向刚度，更重要的是要从激振源方面考虑如何减小其激振力，即要注意提高轨道平顺度。提高轨道平顺度包括两个方面，一是提高轨道养护水平，二是提供合理的桥上轨道结构。正是基于以上认识，国际铁路联盟（UIC）明确规定，对于高速行车桥梁不能用明桥面，尽量采用整体道床桥面。

轨道结构不但影响车桥振动系统本身，而且对环境振动和噪声有控制作用。铁路客运专线、高速铁路和城市轨道交通的发展，大大缩短了出行时间、提高了出行舒适度，创造了良好的经济和社会效益。然而，有轨交通所产生的振动和噪声问题也引起了各个方面的关注，如果处理不当，将成为制约有轨交通发展的主要因素。目前，在大城市比较多的国家，如美国、法国、日本、德国、英国、比利时和捷克等，交通系统引起的环境振动和噪声污染问题已被列为重要的科学研究项目[2]。研究表明，轨道结构有较好的隔振效果，对减少桥梁结构振动、降低结构噪声有较为明显作用[128]。正因为如此，国内外开发了不少弹性垫板、高弹性扣件、弹性轨枕、弹性浮置板轨道、道砟垫等产品用于实际工程。轨道结构的振动是客观存在的，研究环境振动[129-131]和噪声[132-135]问题一般需要考虑轨道结构的振动，不考虑轨道结构（特别是减振降噪型的轨道结构）的作用对环境振动和噪声预测的精度会产生较大影响。

虽然与车辆发生直接耦合作用的是桥上轨道结构而不是桥梁本身，但是，通常车桥耦合振动分析中均不详细考虑桥上轨道结构的建模。根据第 3 章蠕滑力的计算模型可知，钢轨的振动位移和速度将显著影响蠕滑率和蠕滑力的大小。已有认识表明，桥梁与桥上轨道结构的振动响应相比，它们的加速度差别最大，速度的差别次之，而位移的差别较小。轨道加速度不直接影响蠕滑力，因此，轨道振动速度则将成为影响蠕滑力的主要因素。正是因为桥梁和桥上轨道结构振动速度差别的存在，用桥梁的振动速度代替钢轨的振动速度来求解轮轨蠕滑力必然带来一定的误差。这种误差究竟有多大需要进行明确，从而确定忽略轨道结构的简化做法的适用范围以及考虑轨道结构的精细化分析的必要性。为从多个方面研究轨道结构的振动参与对轮对力、车体振动加速度以及对桥梁振动响应的影响，需要考虑不同的轨道结构建模方式、不同的轨道结构参数和不同的轮轨接触模型的对比分析。

9.1　单层轨道结构模型

单层轨道结构模型即是将轨道结构视为单层质量-弹簧系统的轨道结构模型。例如，Wu & Yang[30]将轨枕质量考虑在钢轨中，将道砟质量考虑于桥梁结构中，并在钢轨和桥梁之间引入连续分布弹簧阻尼(图 9－1)而建立的轨道结构模型即是一种单层轨道结构模型。虽然 Wu & Yang 采用的单层轨道结构模型不能反映扣件和轨下胶垫对钢轨的弹性支撑作用，但是它能较好地描述道床对钢轨和轨枕的弹性支撑作用。

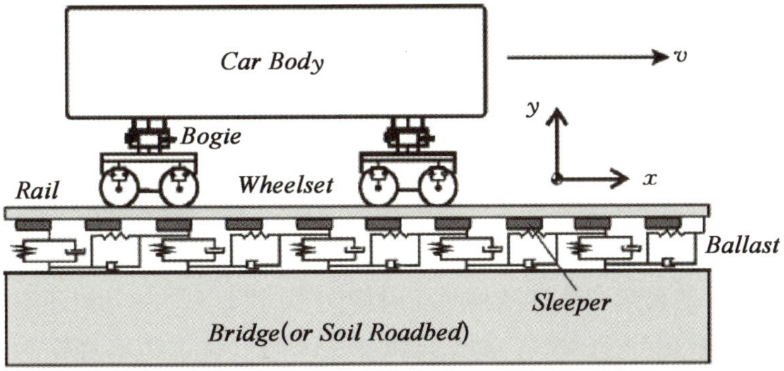

图 9－1　Wu &Yang[30]所采用的一级减振系统轨道结构模型

Wu & Yang 主要分析轨道不平顺和车速对系统振动的影响，以下将主要分析是否考虑轨道结构对轮轨作用力以及车、桥振动响应的影响。采用 Wu & Yang[30] 提供的空间车辆(见第 8 章模型修改说明，采用 6 节编组)、桥梁和轨道结构模型及参数进行系统动力仿真分析，并采用德国高速低干扰轨道不平顺谱。考虑桥梁和轨道结构 0～300 Hz 的振动模态，其中桥梁竖向弯曲基频 4.0 Hz、横向弯曲基频 12.3 Hz，轨道结构竖向弯曲基频 55.5 Hz、横向弯曲基频 20.6 Hz。可见，该轨道结构自振基频与桥梁前几阶频率接近，特别是轨道结构横向振动将与桥梁结构横向振动存在较大的耦合效应。

9.1.1 轨道结构对轮对力的影响

轮轨密贴和非密贴接触模型下是否考虑轨道结构时计算得到的最大轮对横向力和脱轨系数对比如图 9-2 所示。由图 9-2 可见，在车速低于 205 km/h 时，采用轮轨密贴和非密贴接触模型计算的轮对横向力和脱轨系数差别很小，而车速增大时，采用两种轮轨接触模型计算的结果差别增大。一般而言，轮轨非密贴接触模型比轮轨密贴接触模型更符合实际，以下即以轮轨非密贴接触模型为标准来分析轨道结构对轮对横向力的影响。

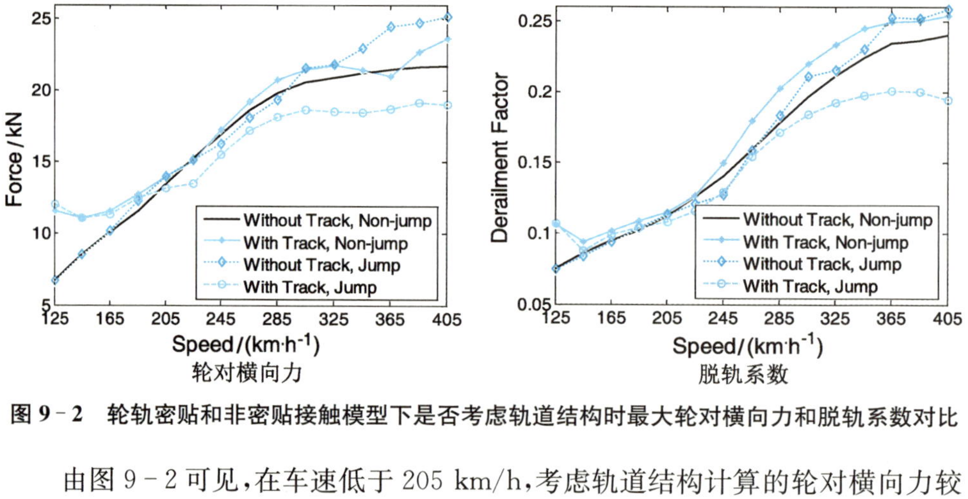

图 9-2　轮轨密贴和非密贴接触模型下是否考虑轨道结构时最大轮对横向力和脱轨系数对比

由图 9-2 可见，在车速低于 205 km/h，考虑轨道结构计算的轮对横向力较大，而车速更高时，考虑轨道结构计算的轮对横向力反而更小。车速 125 km/h 和 365 km/h 下是否考虑轨道结构时轮对横向力时程以及相应频谱的对比如图 9-3 所示。由图 9-3 可见，在车速为 125 km/h 时，轨道结构对轮对力的增大效应主要反映在 50 Hz 以上；在车速为 365 km/h 时，轨道结构对轮对力的增大

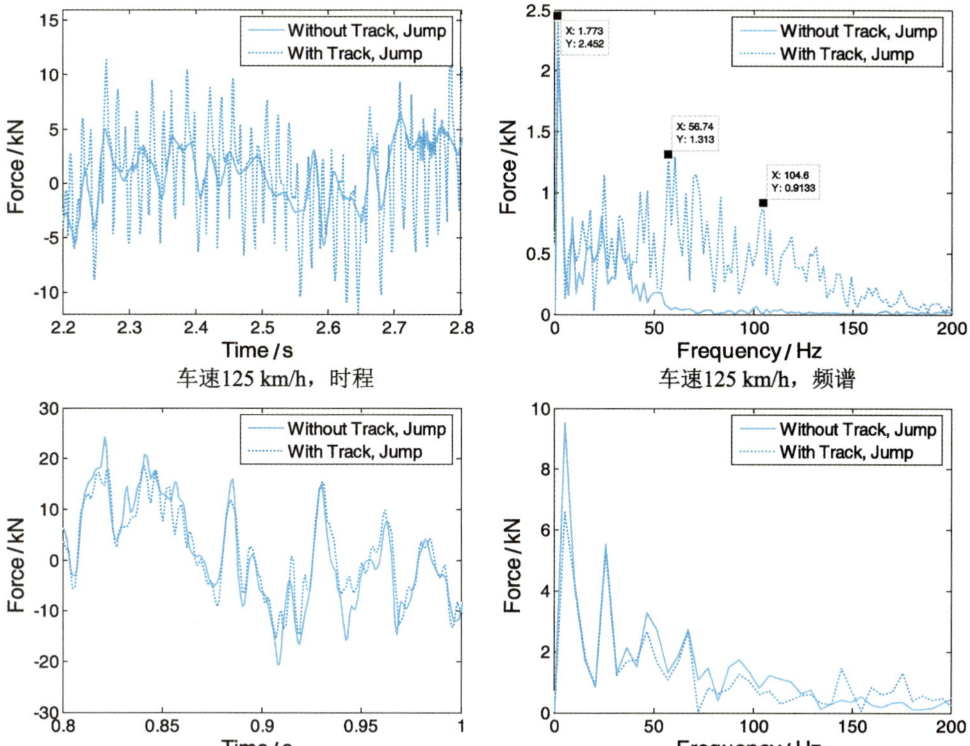

车速125 km/h，时程　　车速125 km/h，频谱

车速365 km/h，时程　　车速365 km/h，频谱

图 9-3　轮轨非密贴接触模型下是否考虑轨道结构时轮对横向力时程和频谱对比

作用主要体现在 150 Hz 以上，而在更低频率的振动方面，轨道结构反而有减小轮对力的作用。

车速为 125 km/h 和 365 km/h 时轨道和轨下桥梁横向振动速度时程和频谱对比如图 9-4 所示。由图 9-4 可见，两种车速下轨道振动速度均大于轨下桥梁的振动速度，且车速越低，二者差别越大。根据蠕滑力的计算方法可知，轨道和轨下桥梁振动速度的差异必然导致是否考虑轨道结构情况下轮轨横向力计算的差异。

综合以上分析可知，车速较低时轮对力激发了轨道结构较低频率的振动，这一低频振动又加剧轮对力；而当车速较高时轮对力激发轨道结构较高频率的振动，轨道结构这一频率的振动对轮对力的贡献反而小于它的减振作用。

轮轨密贴和非密贴接触模型下是否考虑轨道结构时最大轮对竖向力和减载率对比如图 9-5 所示。由图 9-5 可见，一般车速越小，轮轨密贴和非密贴接触模型对轮对竖向力和减载率计算的差别也越小。由于道床竖向刚度较大，轨道

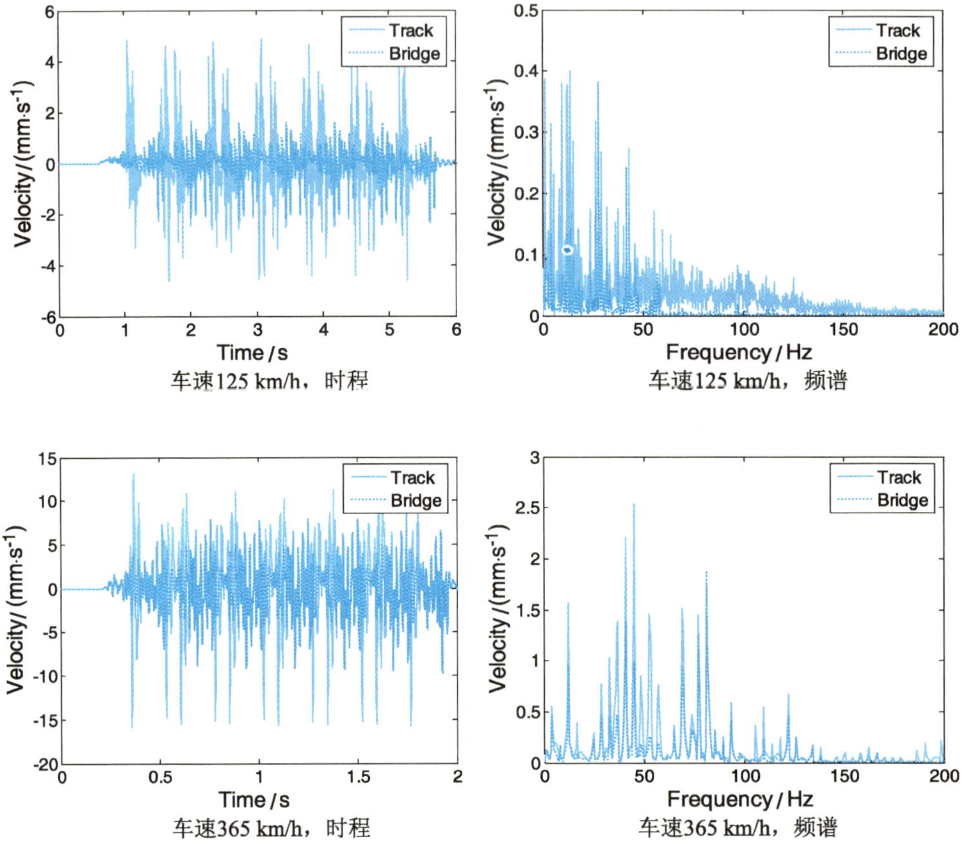

车速125 km/h，时程　　车速125 km/h，频谱

车速365 km/h，时程　　车速365 km/h，频谱

图 9-4　轮轨非密贴接触模型下轨道和轨道位置处桥梁横向振动速度时程和频谱对比

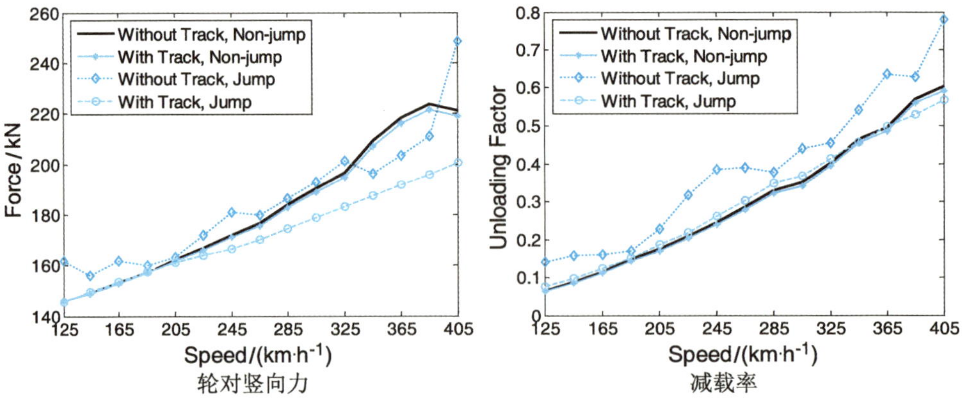

轮对竖向力　　减载率

图 9-5　轮轨密贴和非密贴接触模型下是否考虑轨道结构时最大轮对竖向力和减载率对比

结构加剧轮对力的作用要小于其对轮对力的减振作用，使得考虑轨道结构作用后计算得到轮对竖向力反而更小。车速为 365 km/h 时是否考虑轨道结构时最大轮对竖向力时程和频谱对比如图 9-6 所示。从图 9-6 可知，轨道结构对降低 200 Hz 左右的轮对竖向力有显著效果。

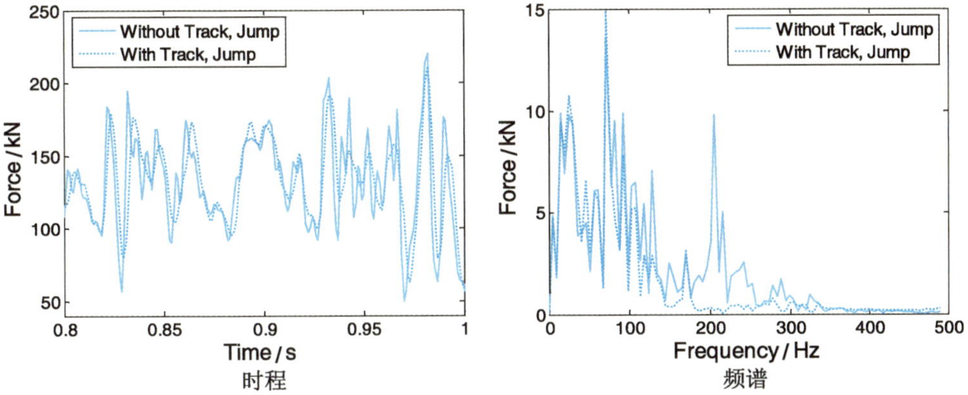

图 9-6　车速 365 km/h 下是否考虑轨道结构时最大轮对竖向力时程和频谱对比

总而言之，轨道结构既有加剧轮对力的作用，又对轮对力具有一定减振作用，这两种作用的相对大小取决于轨道的刚度、自振频率以及车速。计算表明，对具有一定刚度的高速铁道轨道结构而言，不考虑轨道结构的影响一般是偏于安全的；若需利用轨道结构的减振功能，则需考虑轨道结构的建模以进行精细化分析。当轨道参数发生改变时，轨道结构对轮对力的效应不能一概而论。

9.1.2　轨道结构对车体加速度的影响

轮轨密贴和非密贴接触模型下是否考虑轨道结构时车体最大加速度对比如图 9-7 所示。由图 9-7 可见，两种轮轨接触模型下计算所得的车体加速度差别很小。考虑轨道结构作用计算的车体加速度小于不考虑轨道结构作用计算的车体加速度；车速越大，轨道结构对车体加速度的减小作用越显著，这与轨道结构对轮对力的减振效应是一致的。

9.1.3　轨道结构对桥梁振动响应的影响

轮轨密贴和非密贴接触模型下是否考虑轨道结构时跨中轨下桥梁最大加速度和最大位移的对比如图 9-8 所示。由图 9-8 可见，轨道结构对减小桥梁竖

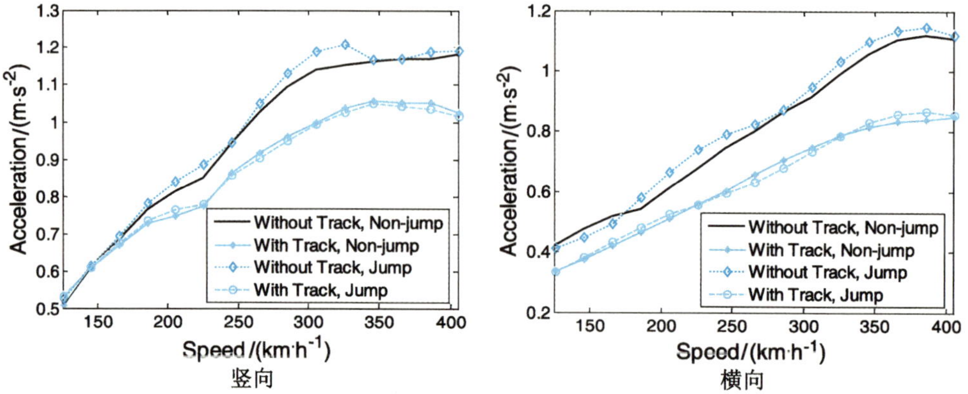

图 9-7　轮轨密贴和非密贴接触模型下是否考虑轨道结构时车体最大加速度对比

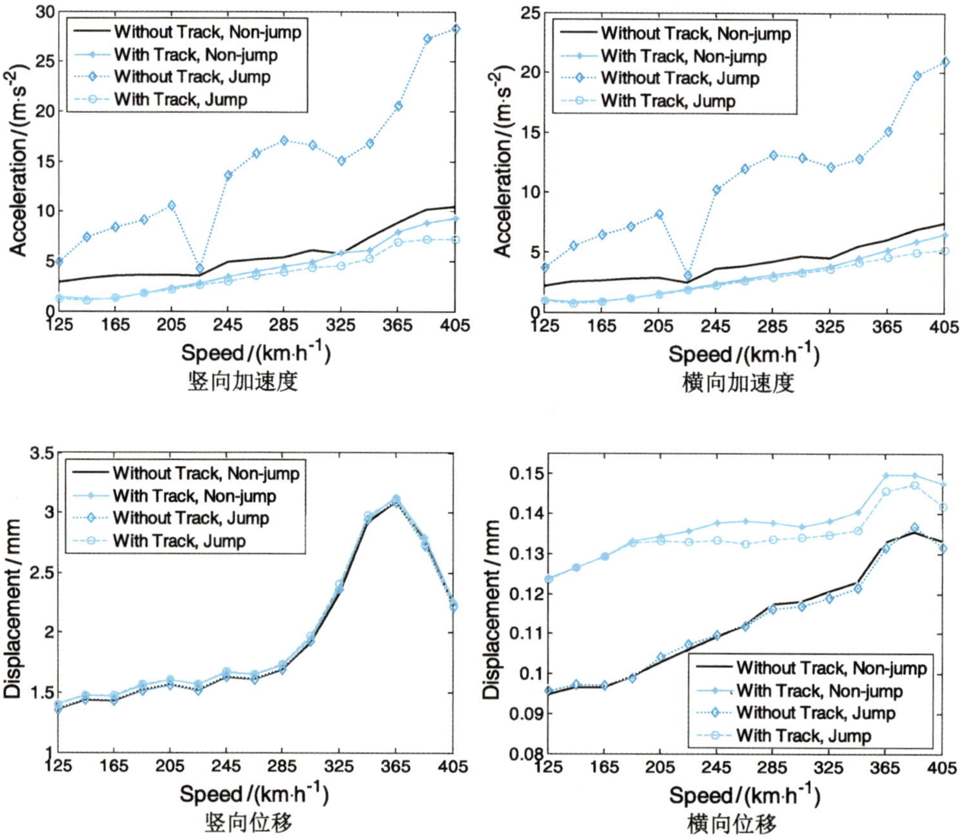

图 9-8　轮轨密贴和非密贴接触模型下是否考虑轨道结构时跨中轨下桥梁响应对比

向和横向振动加速度有比较明显的效果，特别是在轮轨非密贴接触模型情况下，轨道结构的减振作用更加明显。然而值得注意的是，轨道结构具有增大桥梁位移特别是横向位移的效果。

是否考虑轨道结构时跨中轨下桥梁加速度时程曲线对比如图 9－9 所示，桥梁位移时程曲线对比如图 9－10 所示。从桥梁加速度曲线可观察出 6 节车辆的 12 个转向架对桥梁产生的有规律的冲击作用。轨道结构对减小轮对处桥梁加速度有显著作用。在轮轨非密贴接触模型下，不考虑轨道结构的作用计算得到的桥梁加速度过大，这虽然偏于安全但可能与实际状况相去甚远。因此，在采用精细化的轮轨非接触模型时最好能较为精细地考虑轨道结构的作用，使得轮轨接触模型与轨道结构模型在反映系统高频振动方面能协调一致。

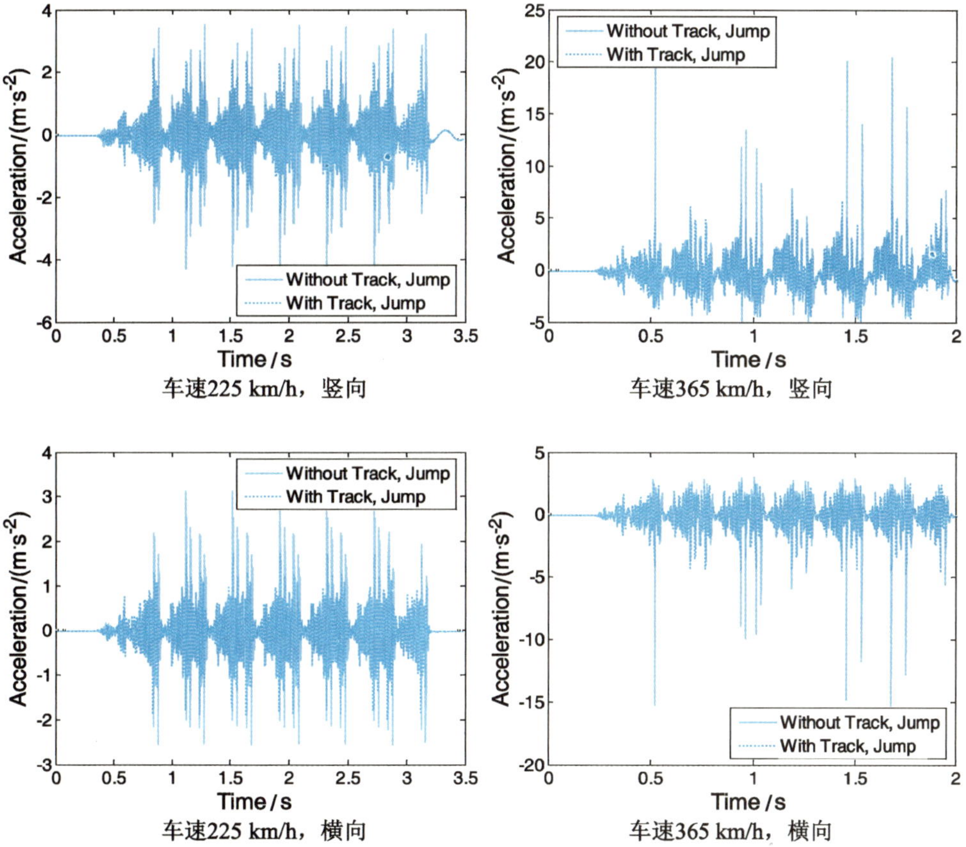

图 9－9　是否考虑轨道结构时跨中轨下桥梁加速度时程曲线对比

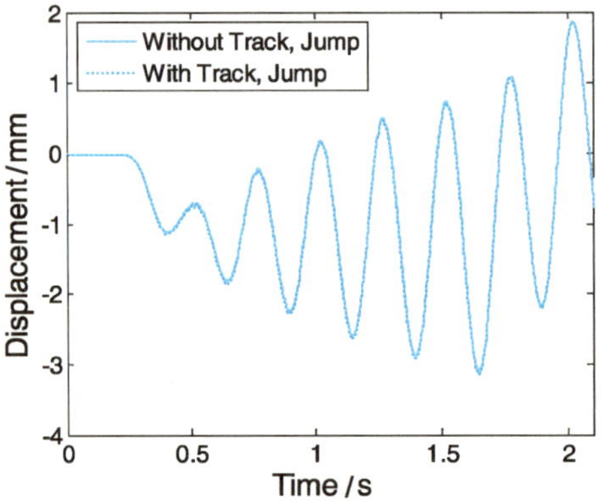

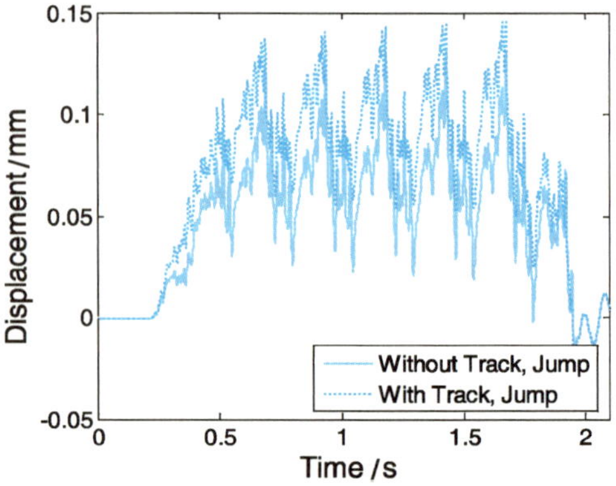

图 9-10 车速 365 km/h 下是否考虑轨道结构时跨中轨下桥梁位移时程曲线对比

9.2 双层轨道结构模型

双层轨道结构模型将整个轨道结构视为两层质量-弹簧系统，即包括钢轨-弹性轨下胶垫系统和轨道板（轨枕）-弹性垫层（道砟）系统。与单层轨道结构模型相比，双层轨道结构模型能比较准确地反映钢轨的高频振动和轨道板（轨枕）的中高频振动特性。以下研究在高速列车（与 9.1 节相同）作用下板式轨道结构（双层轨道结构）与下承式板桁结合梁配合使用时的车辆-轨道-桥梁系统振动特性以及是否考虑轨道结构对车、桥振动响应的影响。

9.2.1 钢轨-混凝土轨道板-下承式板桁结合梁桥模型

下承式板桁结合梁桥在日本高速铁路上应用较多[136, 137]，在德国、法国、中国台湾的高速铁路跨河流和高速公路时也有采用，中国大陆在本书写作时还无已建成的下承式板桁结合梁桥[138, 139]。普通铁路线上的特大跨度公铁两用桥一般都采用双层钢桁梁桥，上层为公路桥，下层为明桥面铁路桥，如武汉、南京、九江、芜湖四座公铁两用长江大桥都是这种形式[140]。计划于 2008 年 8 月建成的武汉天兴洲公铁两用长江大桥主桥为有望成为我国第一座高速铁路下承式钢桁结合桥。板桁结合桥具有抗弯、抗扭刚度大，建筑高度低，行车噪声小、舒适度高等优点。为解决采用明桥面的钢桁桥不适应高速行车的问题，在我国客运专线、高速铁路建设和既有线路提速改造中将广泛应用下承式板桁结合梁桥这种新型结构。

板式轨道结构具有稳定性好、耐久性强、少维修和轨道平顺性好、行车舒适度高等特点，在世界高速铁路线路中被广泛采用。我国将在最近几年建设超过 4 000 km 的采用板式轨道结构的高速线路[141]。国外关于线路上板式轨道结构或浮置板式轨道动力特性的研究主要针对环境振动方面[131, 142, 143]，而涉及桥梁上轨道结构的研究则比较少见。国内，翟婉明、蔡成标等人[144, 145]从系统耦合振动的角度探讨了高架桥梁上板式轨道的动力特性。

以下将分析高速列车通过采用板式轨道结构的某跨度为 64 m 简支下承式板桁结合梁桥时的系统振动响应。图 9 - 11 所示为钢轨-混凝土轨道板-下承式板桁结合梁桥的有限元模型。桁架构件采用 Beam188 单元模拟，混凝土板采用 Shell63 单元模拟，混凝土板和桁架之间的剪力连接件采用 MPC184 刚臂单元结

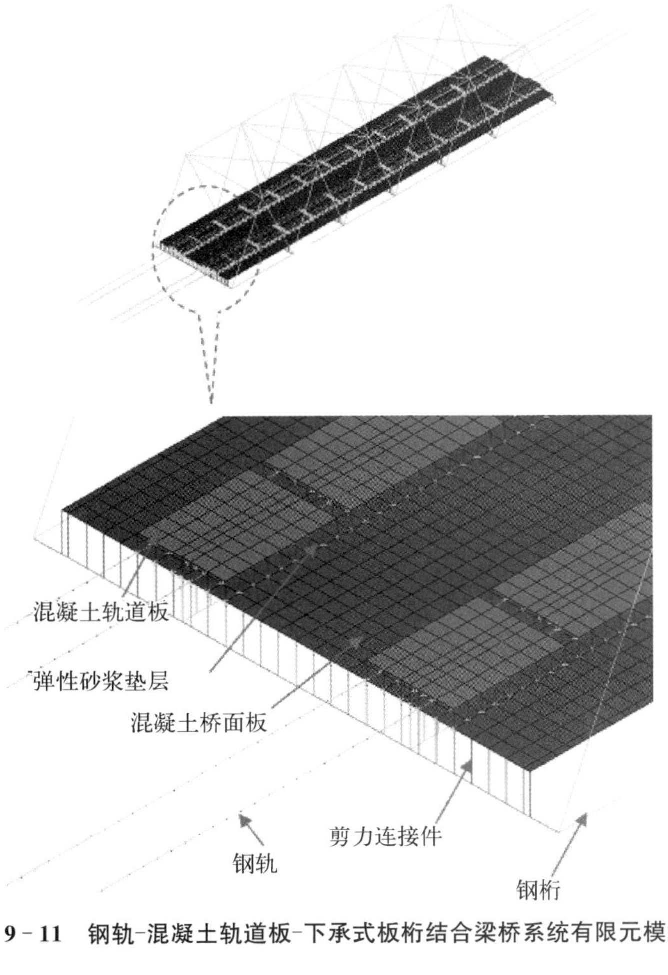

图 9 - 11　钢轨-混凝土轨道板-下承式板桁结合梁桥系统有限元模型

合 Combin14 单元模拟。关于该下承式板桁结合梁桥构件的详细参数和建模说明见文献[141]。混凝土轨道板采用 Shell63 单元模拟，钢轨采用 Beam4 单元模拟。轨道板和混凝土板之间的 CA 砂浆，钢轨与轨道板之间的轨下胶垫均采用 Combin14 单元模拟。二期恒载的质量通过 Mass21 单元模拟于混凝土板上。所采用的轨道结构标准参数见表 9-1，并通过按比例改变轨下胶垫和 CA 砂浆的竖向、横向刚度(阻尼)的方式来进行参数分析。

表 9-1　本节所采用的轨道结构标准参数(根据文献[11, 144]修改)

序号	名　称	单　位	数　值
1	钢轨弹性模量	N/m^2	2.1e11
2	单根钢轨截面惯量(竖向)	m^4	3.217e-5
3	单根钢轨截面惯量(横向)	m^4	0.516e-5
4	单根钢轨截面面积	m^2	0.007 7
5	单根钢轨单位长质量	kg/m	60.64
6	单个轨下胶垫刚度(竖向)	N/m	9.0e7
7	单个轨下胶垫阻尼(竖向)	N-s/m	3.6e4
8	单个轨下胶垫刚度(横向、纵向)	N/m	3.0e7
9	单个轨下胶垫阻尼(横向、纵向)	N-s/m	3.6e4
10	轨枕间距	m	0.6
11	混凝土轨道板弹性模量	N/m^2	3.45e10
12	混凝土轨道板厚度	m	0.19
13	混凝土轨道板长度(包括间隙)	m	5.2
14	单线混凝土轨道板宽度	m	2.5
15	混凝土轨道板密度	kg/m^3	2 549
16	CA 砂浆单位面积刚度(竖向)	N/m^3	1.3e9
17	CA 砂浆单位面积阻尼(竖向)	$N\text{-}s/m^3$	8.3e4
18	CA 砂浆单位面积刚度(横向、纵向)	N/m^3	6.5e8
19	CA 砂浆单位面积阻尼(横向、纵向)	$N\text{-}s/m^3$	8.3e4
20	单线单位长度二期恒载	kg/m	1.57e4

图 9 - 11 中所示钢轨、混凝土轨道板和下承式板桁结合梁桥通过弹簧单元连接而成一个整的桥梁/轨道子系统。在这个子系统模态计算时有以下三种方案：一是直接计算钢轨-混凝土轨道板-下承式板桁结合梁桥系统模态，然后通过拟力法处理弹簧的阻尼力；二是分别计算钢轨、轨道板和下承式板桁结合梁桥的振动模态，然后采用模态综合法计算整个子系统的振动模态；三是在模态计算时暂不考虑弹簧刚度，分别计算钢轨、混凝土轨道板和下承式板桁结合梁桥三个的模态，然后通过拟力法考虑轨下弹簧刚度和阻尼。采用第三种方式可以比较明确地确定钢轨、混凝土轨道板和下承式板桁结合梁桥各部分的模态参与数量和模态阻尼比，并且能在系统耦合振动中方便地更改弹簧刚度阻尼参数而不需重新进行模态分析，因而更具有应用上的普遍性和实用性。根据第三种模态处理方式，提取下承式板桁结合梁桥 326 阶模态（1.9～40.0 Hz），混凝土轨道板 280 阶模态（0～120.0 Hz）和钢轨 412 阶模态（0.05～80 Hz）进行系统动力仿真计算。上述模态数量的确定基于以下考虑：桥梁频率考虑 40 Hz 基本能满足工程精度要求；每块混凝土轨道板考虑 6 个刚体运动模态和大约 4 个弯曲模态，能初步反映轨道板的隔振性能；每根长 100 m 的两端固定的钢轨（桥外部分只考虑轨下胶垫弹性，起过渡作用）考虑约 50 个竖向弯曲模态和 50 个横向弯曲模态，基本满足文献[11]提出的最小钢轨模态数量要求。若考虑连接弹簧的作用，则桥梁竖向振动基频为 2.1 Hz、横向振动基频为 2.9 Hz，轨道板竖向振动基频为 238.2 Hz、横向振动基频为 168.2 Hz，钢轨竖向振动基频为 221.6 Hz、横向振动基频为 124.0 Hz。可见，钢轨和轨道板的基频比较接近，而它们与桥梁的基频相差较大。初步表明轨道结构与桥梁低阶振动模态的耦合作用较小，而与桥梁结构高阶振动模态才有较大的耦合作用。

9.2.2　轮轨密贴与非密贴接触模型对动力仿真结果的影响

以下主要分析轮轨密贴和非密贴接触模型对车辆、桥梁和轨道结构动力仿真结果的影响，明确两种轮轨接触模型的适用条件，据此选择比较合理的轮轨接触模型进行后续分析。

轮轨密贴与非密贴接触模型下最大轮对力对比如图 9 - 12 所示。由图 9 - 12 可见，在所考虑的车速范围内，采用非密贴接触模型计算的轮对力结果普遍大于采用密贴接触模型计算的结果。车速为 185 km/h 和 365 km/h 时采用轮轨密贴与非密贴接触模型计算的轮对竖向力时程对比如图 9 - 13 所示。由图 9 - 13 可见，在低速时采用两种轮轨接触模型计算得到的轮对竖向力差别较小；

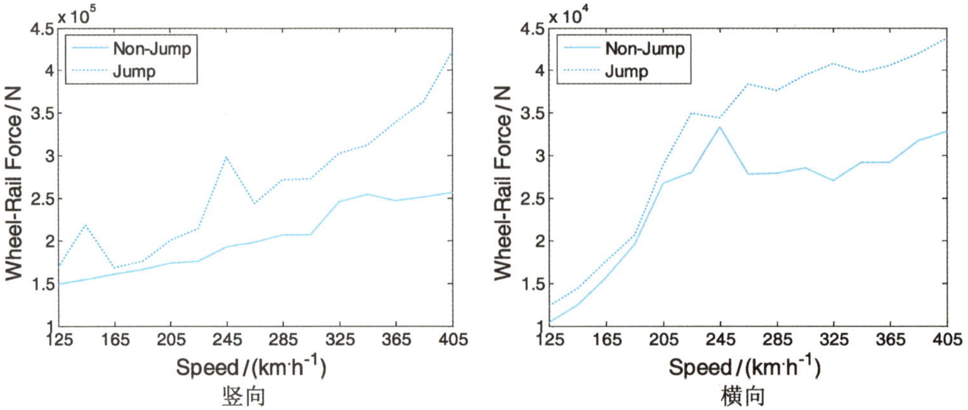

图 9-12　轮轨密贴与非密贴接触模型下最大轮对力对比

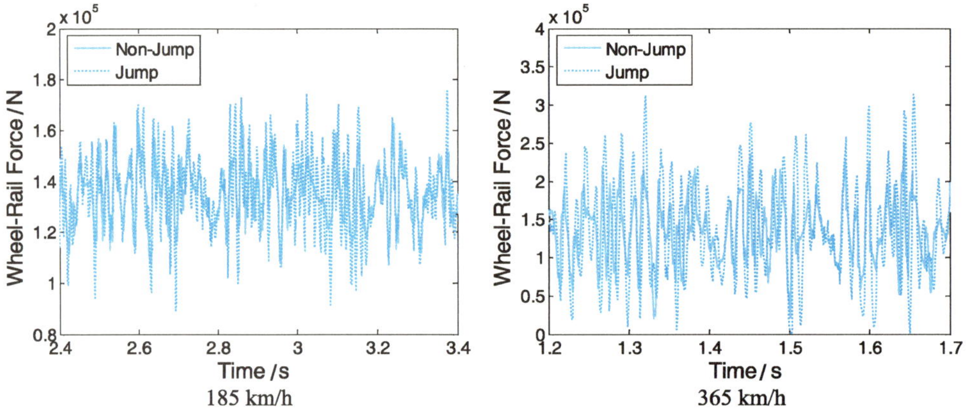

图 9-13　轮轨密贴与非密贴接触模型下轮对竖向力时程对比

而高速条件下，采用非密贴接触模型得到的轮对竖向力在很小的一段时间内保持为零，这表明轮轨脱离现象发生，而采用密贴接触模型则不能准确反映这一现象。

车速为 185 km/h 和 365 km/h 时轮轨密贴与非密贴接触模型下轮对竖向力频谱对比如图 9-14 所示。据图 9-14 可知，采用两种不同轮轨接触模型所得轮轨力在 50 Hz 以下的频率成分吻合良好，它们的差别主要体现在 50～100 Hz 以及 200 Hz 附近的频率成分。这是两种轮轨接触模型对轮轨高频振动的不同描述造成的。

值得注意的是，9.1 节中采用单层轨道结构模型得到两种轮轨接触模型下轮对力的相对大小与采用双层轨道结构模型计算得到两种轮轨接触模型下轮对力的相对大小关系是不相同的。这是两种轨道结构的参数差别以及对钢轨振动

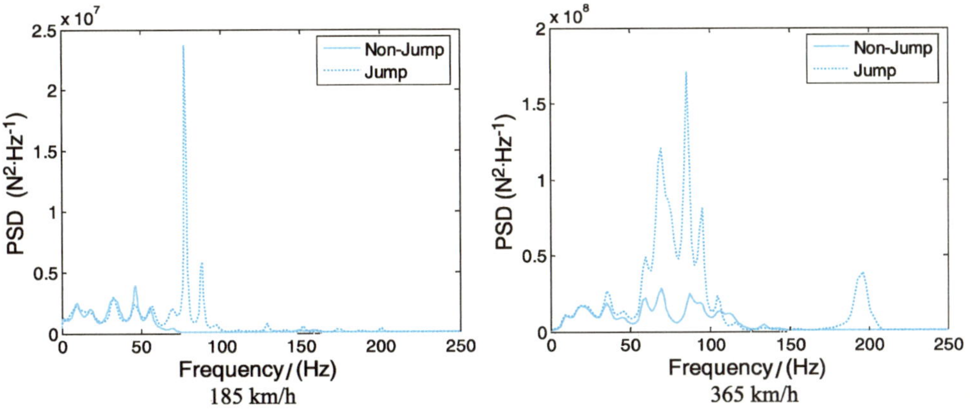

图 9-14　轮轨密贴与非密贴接触模型下轮对竖向力频谱对比

特性的不同描述导致的。综合以上分析可知，轮轨力对轨道模型和轮轨接触模型都相当敏感，要使得数值计算能准确模拟真实状况，除加强精细化分析外，采用实测数据全面而细致的校核数值计算模型是极其必要的。

轮轨密贴与非密贴接触模型下车体最大加速度对比如图 9-15 所示。车速为 245 km/h 和 365 km/h 时采用两种轮轨接触模型计算的车体加速度时程曲线如图 9-16 所示。

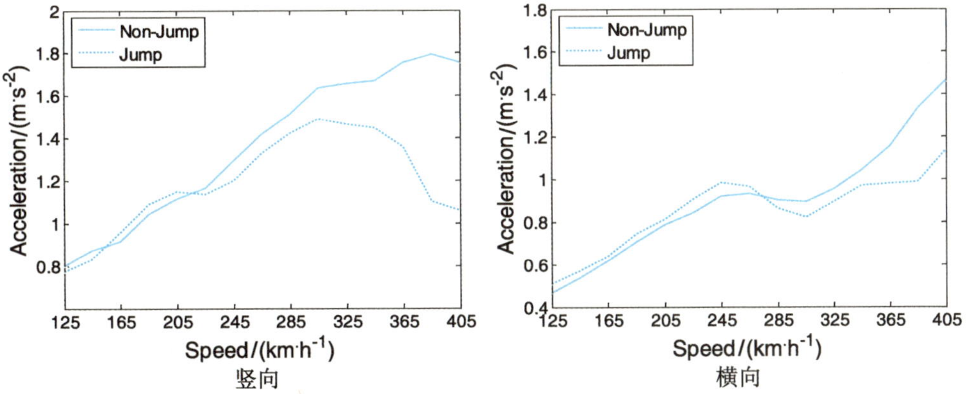

图 9-15　轮轨密贴与非密贴接触模型下车体最大加速度对比

从图 9-15 和图 9-16 可知，当车速高于 300 km/h 时，采用密贴接触模型所得的车体加速度明显大于采用非密贴接触模型所计算得到的结果；而车速低于 300 km/h 时，两种模型得到的车体加速度结果基本一致。这是由于高速行车时轮轨间赫兹接触弹簧表现出较大的减振作用，采用密贴接触模型则不能反映这一特点，从而高估车体加速度。

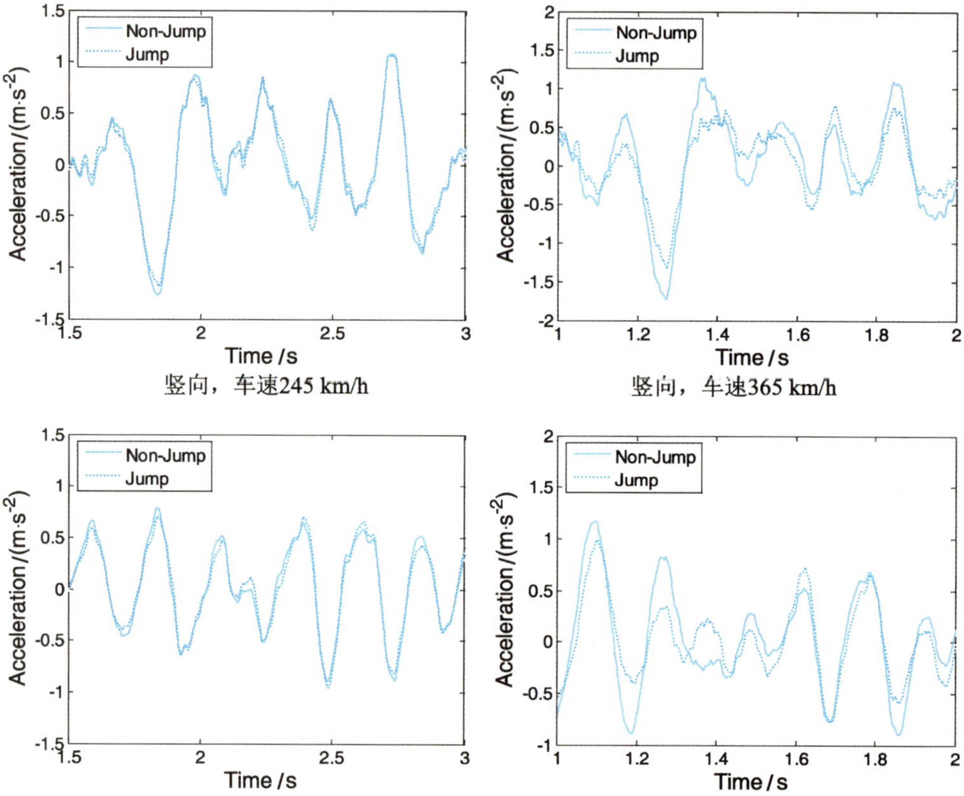

竖向，车速245 km/h　　竖向，车速365 km/h

横向，车速245 km/h　　横向，车速365 km/h

图 9-16　轮轨密贴与非密贴接触模型下车体加速度时程曲线对比

采用两种轮轨接触模型计算得到的桥梁和轨道结构跨中最大加速度、加速度响应时程曲线及其频谱曲线分别如图 9-17、图 9-18 和图 9-19 所示。由图可见，当车速低于 165 km/h 时，两种轮轨接触模型所得到的桥梁和轨道结构加速度基本一致；而车速更高时，则有明显差异。采用轮轨非密贴接触模型计算所得混凝土桥面板竖向加速度高于采用轮轨密贴接触模型计算的结果，且它们的差异主要体现在 50 Hz 以上的频率成分；同样，桥面板、轨道板和钢轨的横向加速度区别也体现在高频响应上，且一般采用密贴接触模型所得的加速度偏小。这与密贴接触模型下轮轨力偏小的结论是一致的。然而，对于轨道板和钢轨的竖向振动加速度，采用非密贴接触所得结果却反而比密贴接触仿真结果小，且在 300 Hz 频率附近的响应差别明显，这是由于轮轨密贴假设不符实际地反映了轨道与车轮的强烈耦合作用。实际上，轨道结构的高频振动与轮轨之间弹性振动频率接近，这种情况下仍采用轮轨密贴接触的假设是不合理的。

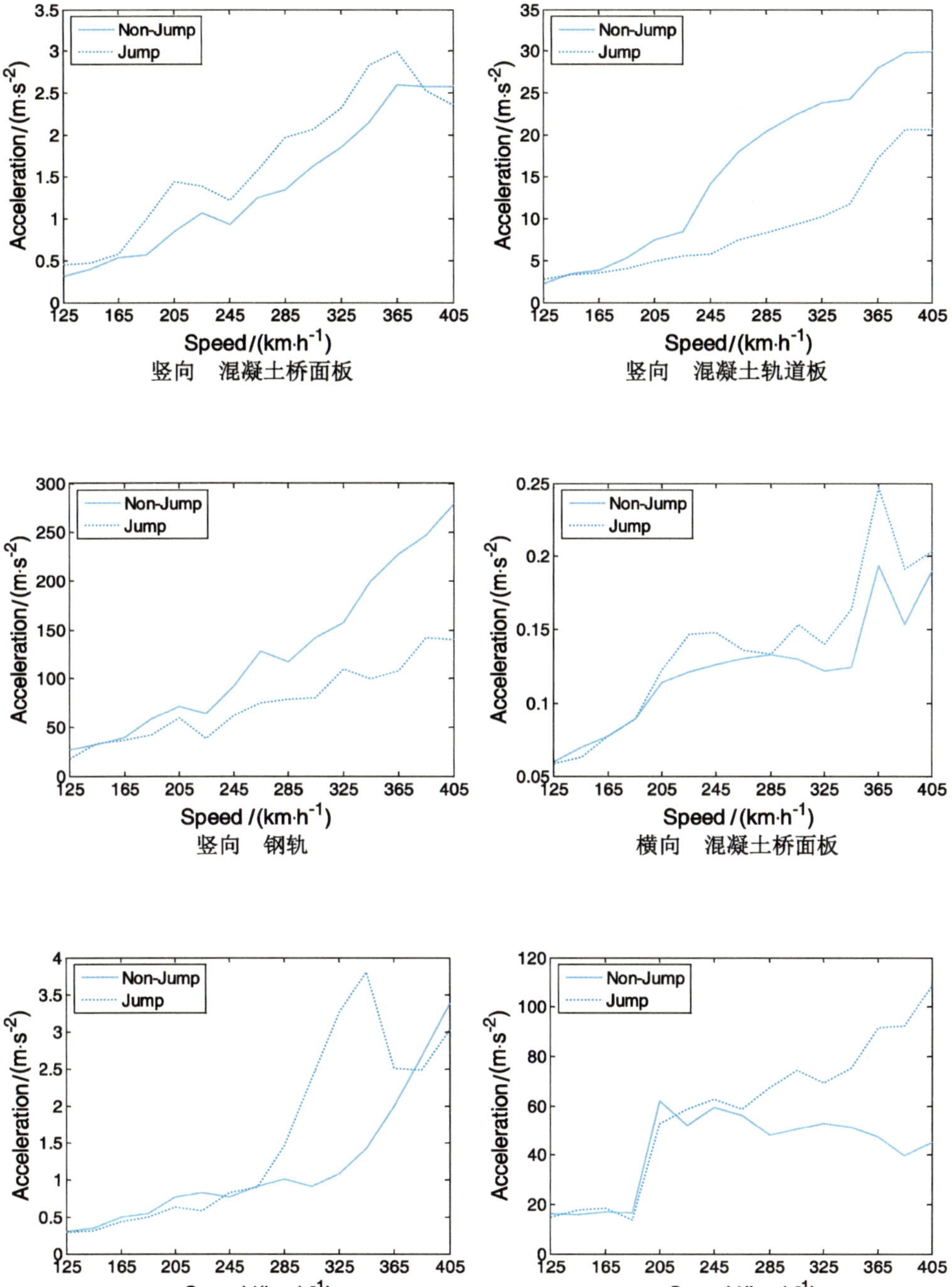

竖向　混凝土桥面板

竖向　混凝土轨道板

竖向　钢轨

横向　混凝土桥面板

横向　混凝土轨道板

横向　钢轨

图 9-17　轮轨密贴与非密贴接触模型下桥梁和轨道结构跨中最大加速度对比

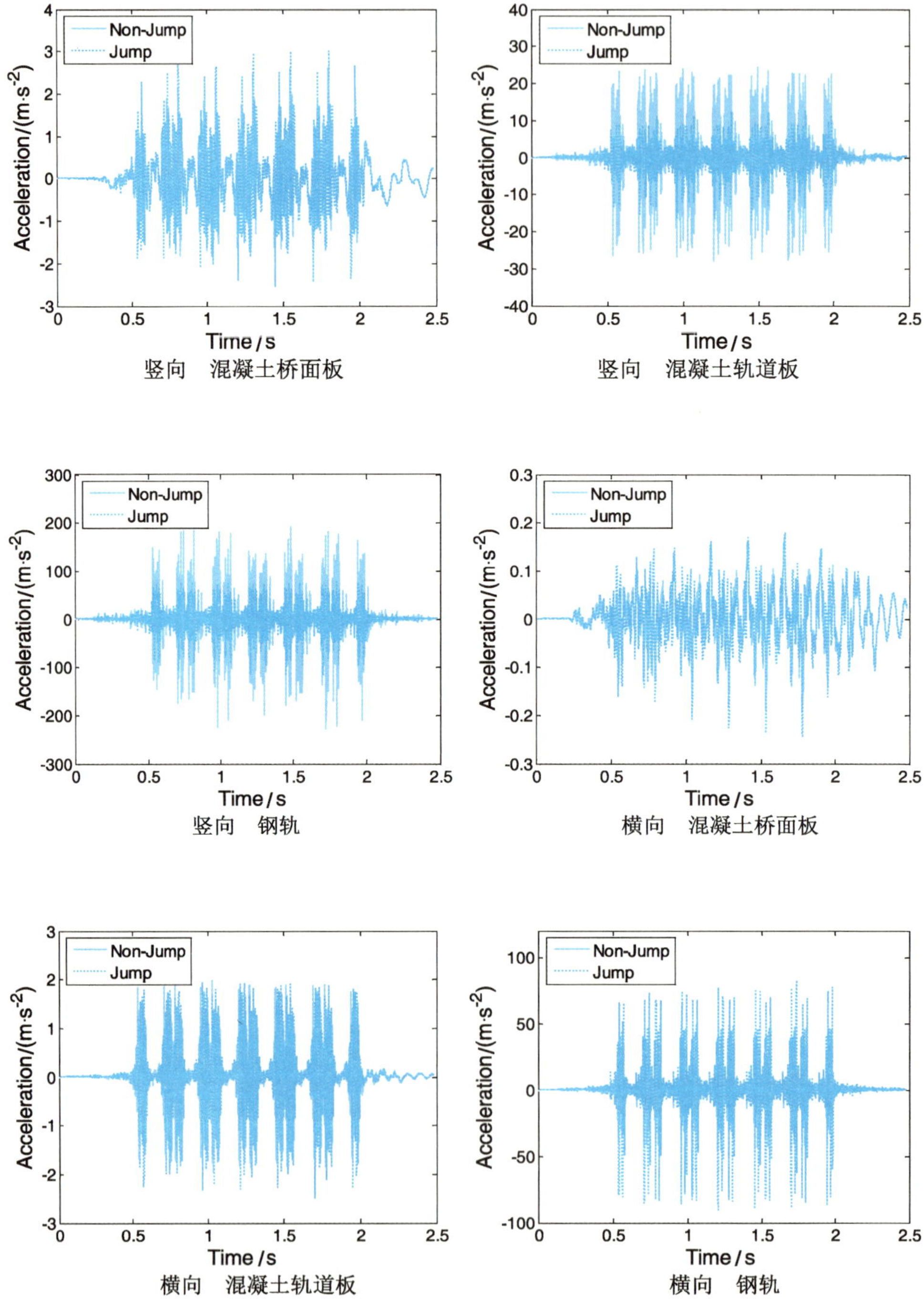

图 9－18　车速为 365 km/h 时轮轨密贴与非密贴接触模型下桥梁和轨道结构跨中加速度时程

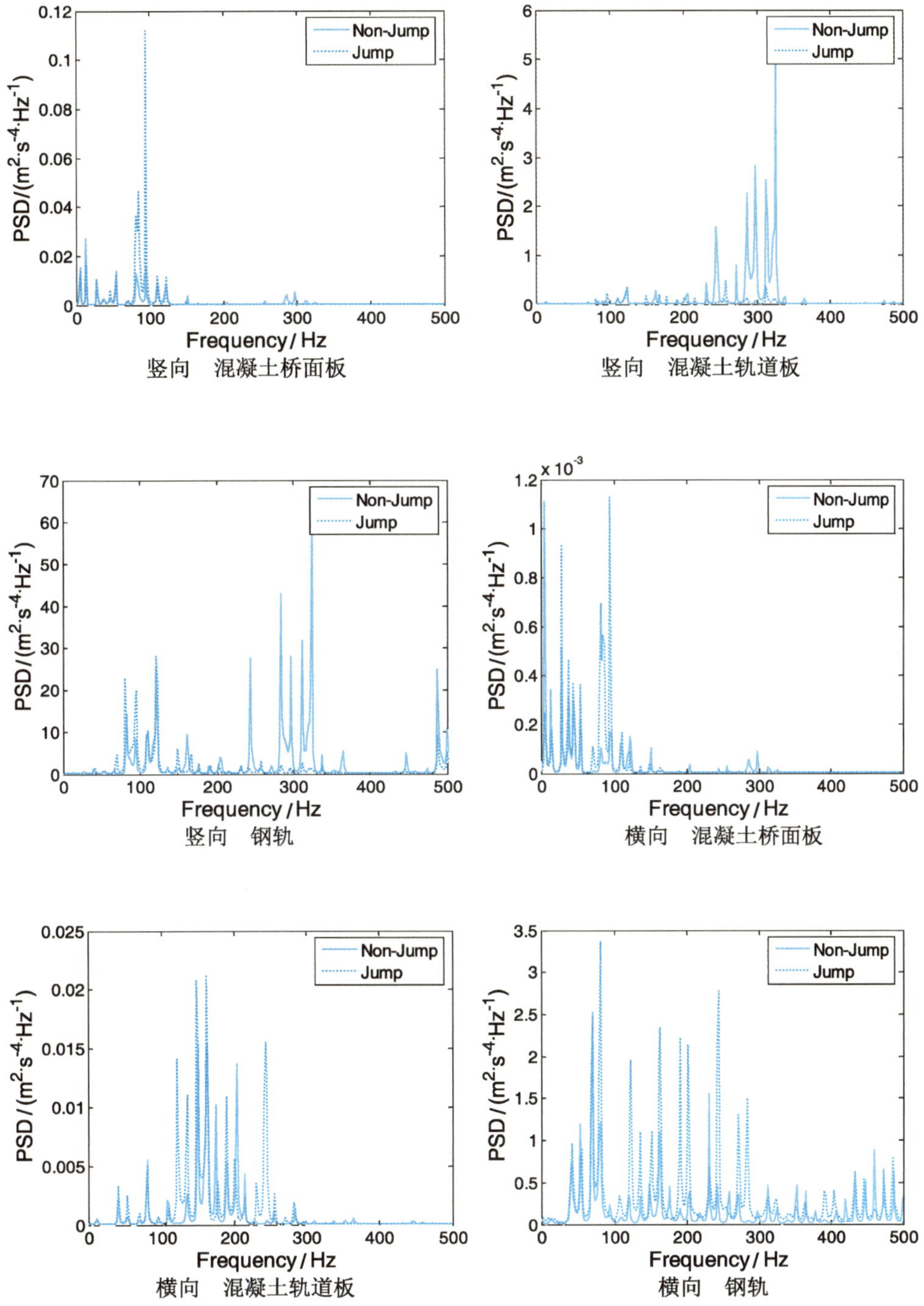

图 9-19　车速为 365 km/h 时轮轨密贴与非密贴接触模型下桥梁和轨道结构跨中加速度频谱

轮轨密贴与非密贴接触模型下桥梁和轨道结构跨中最大位移对比如图 9-20所示。由图 9-20 可见，采用两种轮轨接触模型对桥梁、轨道板和钢轨的

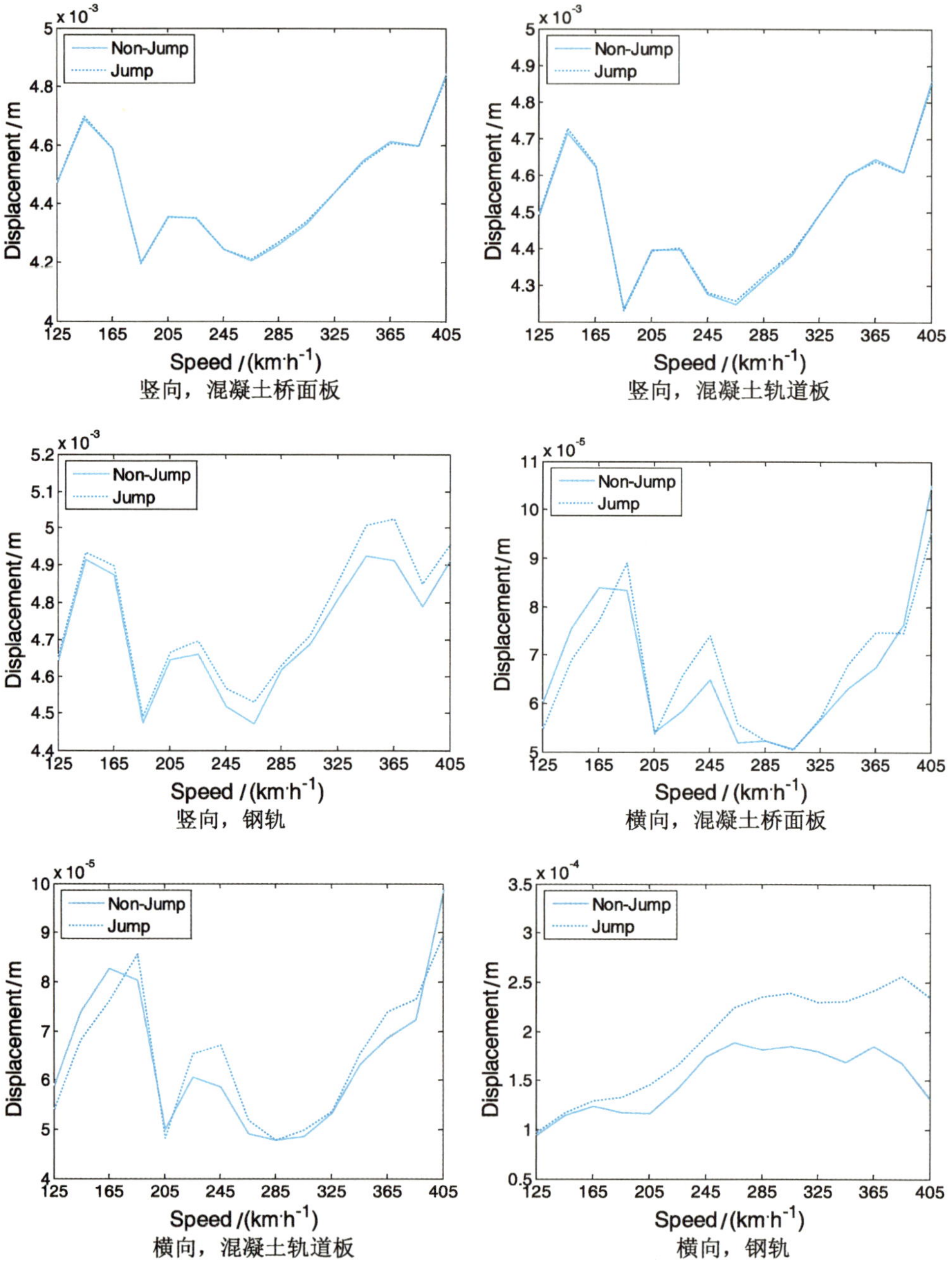

图 9-20　轮轨密贴与非密贴接触模型下桥梁和轨道结构跨中最大位移对比

竖向位移计算结果基本没有影响；但对横向位移影响稍大，特别是对钢轨的横向位移影响较大。结构的竖向位移响应一般主要受平均轴重和低频轮轨力控制，两种轮轨接触模型在低频力上吻合较好，因而结构竖向位移基本一致。桥梁和轨道结构横向位移主要受轮对横向力影响，对轮轨接触模型较敏感。

综上所述，轮轨密贴接触模型和非密贴接触模型在低速情况下动力仿真结果吻合良好，但当车速较高时，则差别显著。一般来说，由于高速行车时轮轨脱离时常发生，而密贴接触难以准确反映此种情形，也不能体现轮轨高频弹性接触。因此，高速条件下的动力仿真计算，应优先采用非密贴接触模型；若要求计算轨道结构的高频振动响应，也应该优先考虑非密贴接触模型。在低速和低频情况下，密贴和非密贴接触模型都能适用。值得指出的是，所谓高速与低速，高频与低频，并没有明显的界限，须视具体情况而定。

9.2.3　是否考虑轨道结构对系统动力响应的影响

传统车桥振动分析中一般不考虑轨道结构的建模，而只是将轨道结构的质量等效到桥梁中。本小节将分析考虑轨道结构的精细建模方式与只将轨道结构质量等效到混凝土桥面板中的简化建模方式对车桥系统动力仿真结果的影响。根据轮轨接触模型分析的结论，以下计算均采用相对合理的轮轨非密贴接触模型。

不同车速下是否考虑轨道结构时最大轮对竖向力和横向力如图 9 - 21 所示。由图 9 - 21 可见，车速较低时，是否考虑轨道结构对轮对力的影响较小，而

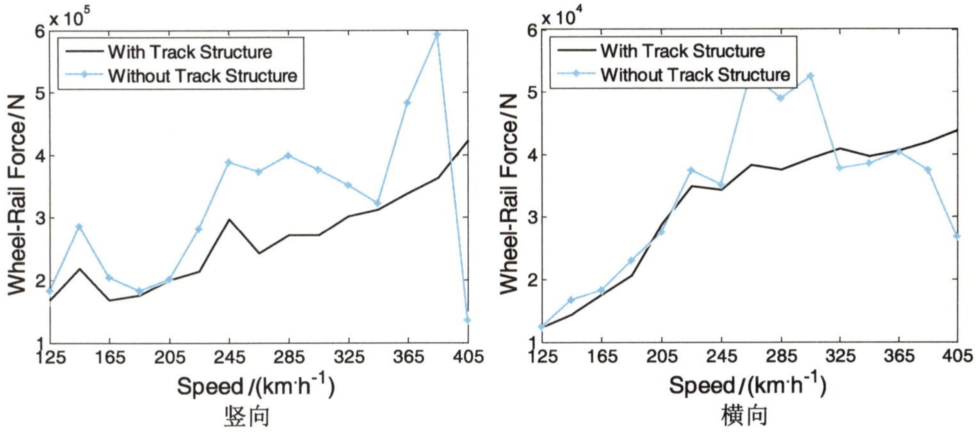

图 9 - 21　是否考虑轨道结构时最大轮对力对比

高速时,是否考虑轨道结构对轮对力的影响增大。考虑轨道结构计算得到的轮对力并不一定总是大于或者总是小于不考虑轨道结构计算的轮对力。这是由于轨道结构兼有减振和激励效应,不考虑轨道结构的作用将高估某些频率的轮轨力,也会低估某些频率成分的轮轨力。

车速为 285 km/h 时跨中位置处钢轨与混凝土桥面板振动速度对比如图 9－22所示。由图 9－22 可见,钢轨振动速度和混凝土桥面板振动速度只在反映桥梁横向振动基本模态的频率上一致,而在大部分中高频成分方面,钢轨的振动速度远远大于混凝土桥面板的振动速度。由于这种差异的存在,根据蠕滑理论可知,是否考虑轨道结构的建模将显著影响蠕滑力的计算结果,且对蠕滑力的影响频率范围很大。

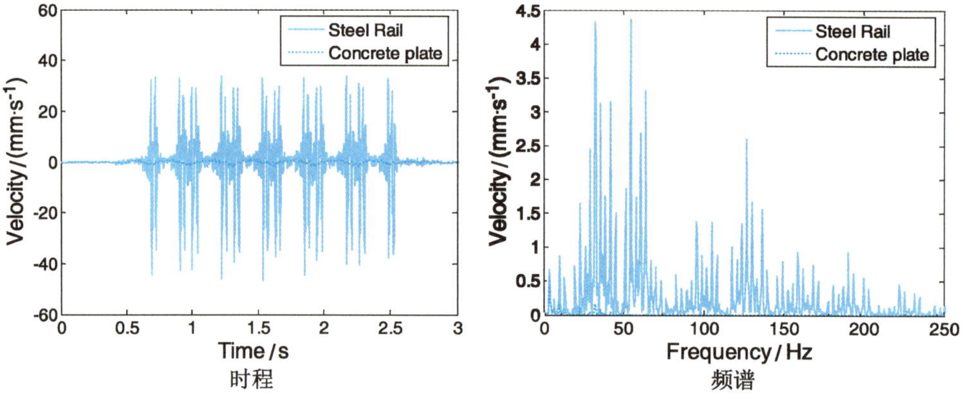

图 9－22　车速为 285 km/h 时跨中位置处钢轨与混凝土桥面板振动速度对比

需要指出的是,桥梁和轨道结构的振动只是影响蠕滑力的一个因素,而轨道不平顺对蠕滑力的影响不容忽视。车速为 285 km/h 时轨道方向不平顺与车速耦合产生的轨道不平顺变化速度(第 3 章式(3－31))如图 9－23 所示。由图 9－23和图 9－22 对比可见,就最大值而言,轨道不平顺变化速度约是钢轨振动速度的两倍,且远大于桥梁的振动速度。从频谱成分而言,轨道不平顺变化速度的能量成分集中在 25 Hz 以下,且随频率增大而迅速减小;而钢轨振动速度的能量成分则主要集中在 25～75 Hz,且在更高频率上也具有较大的能量成分;桥梁振动速度的能量成分则主要体现在几赫兹的频率上。由此可知考虑轨道结构的振动可显著弥补桥梁振动和轨道不平顺在激发轮轨中高频振动方面存在的不足。

不同车速下是否考虑轨道结构时车体最大加速度对比如图 9－24 所示。由

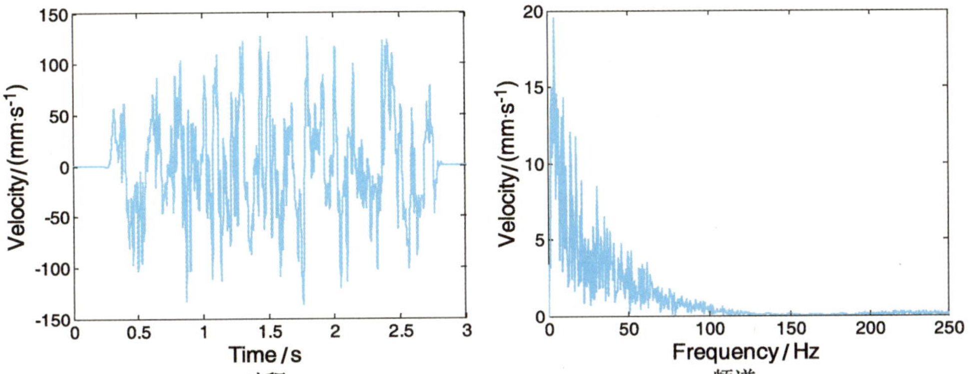

图 9－23　车速为 285 km/h 时轨道方向不平顺速度时程和频谱

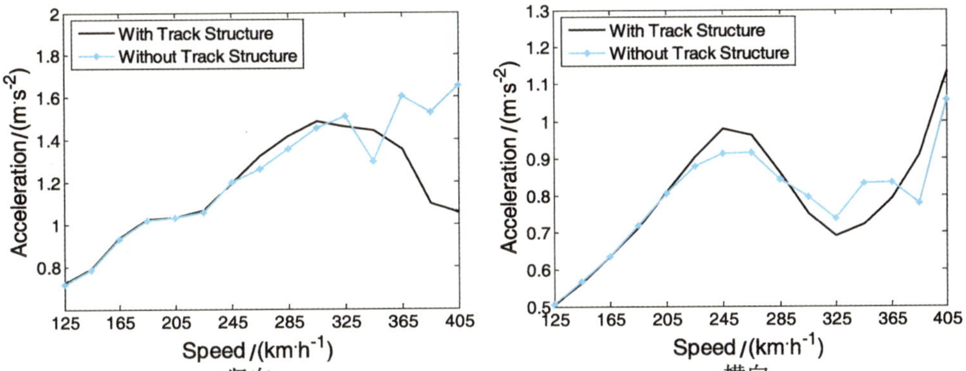

图 9－24　是否考虑轨道结构时车体最大加速度对比

图 9－24 可见，在相对较低车速范围内，是否考虑轨道结构对车体加速度几乎没有影响；车速相对较高时，对竖向加速度影响较显著，对横向加速度的影响稍小。轨道结构对车体既有减振作用也有激振作用，特别是当车速较高时，轮轨脱离时常出现，使得轨道结构对车辆的激振作用表现出较强的非线性，因此，轨道结构对车体加速度的影响规律比较复杂。

不同车速下是否考虑轨道结构时混凝土桥面板跨中最大加速度对比和最大位移对比分别如图 9－25 和图 9－26 所示。由图可见，轨道结构会降低桥梁某些频率成分的加速度而增加其他频率成分的桥梁加速度，所表现出来的桥梁最大加速度受这两方面效应的强弱程度影响。桥梁位移主要受低频控制，是否考虑轨道结构对其影响有限。

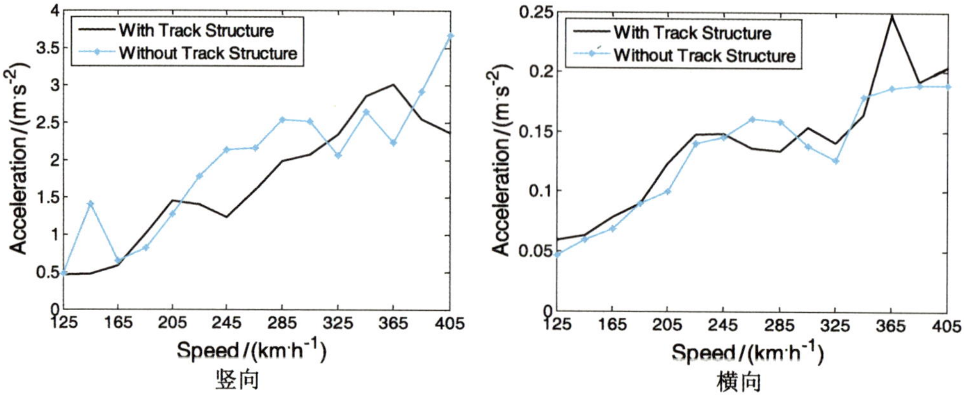

图 9－25　是否考虑轨道结构时混凝土桥面板跨中最大加速度对比

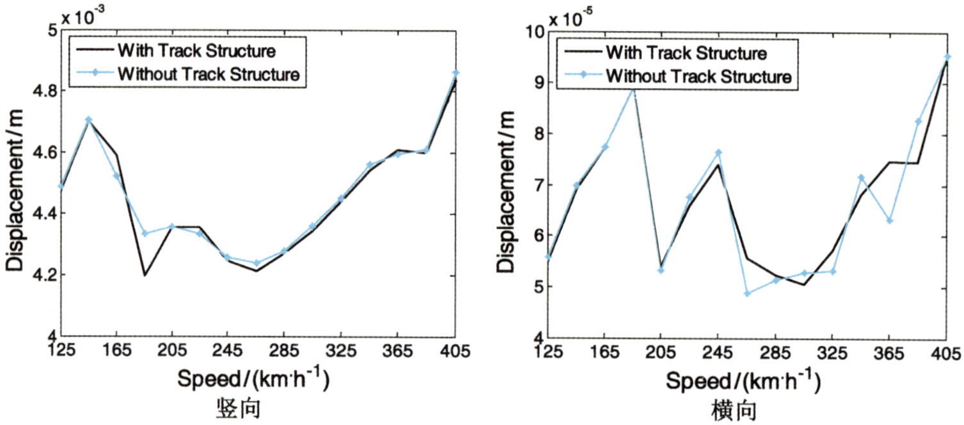

图 9－26　是否考虑轨道结构时混凝土桥面板跨中最大位移对比

9.2.4　轨下胶垫刚度(阻尼)对系统动力响应的影响

将轨下胶垫竖向和横向刚度、竖向和横向阻尼相对标准值同步增大或者缩小 1 倍，其他参数保持不变，用以分析轨下胶垫刚度(阻尼)对车辆、桥梁和轨道结构动力响应的影响。

不同轨下胶垫刚度(阻尼)条件下最大轮对力对比如图 9－27 所示。由图 2－27 可见，轮轨力受轨下胶垫特性影响程度随车速增大而增大。一般，轨下胶垫刚度越大，轮对竖向力越大，而轮对横向力随轨下胶垫刚度变化情况比较复杂。

不同轨下胶垫刚度(阻尼)条件下车体最大加速度对比如图 9－28 所示。由

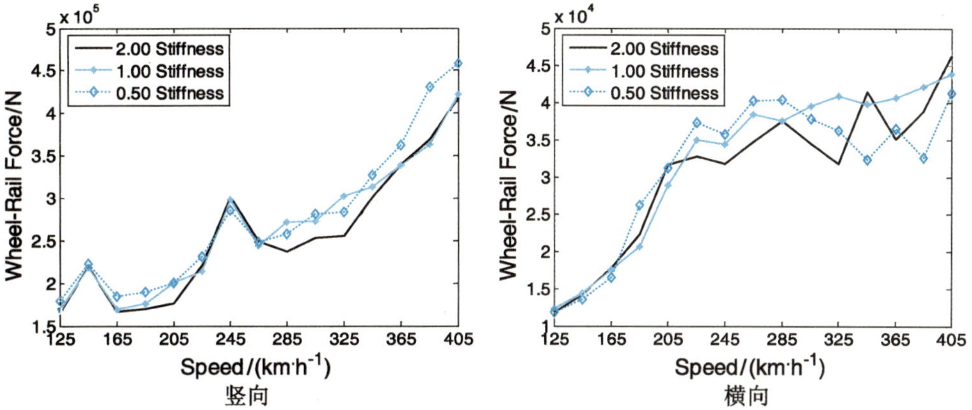

图 9－27　不同轨下胶垫刚度(阻尼)条件下最大轮对力对比

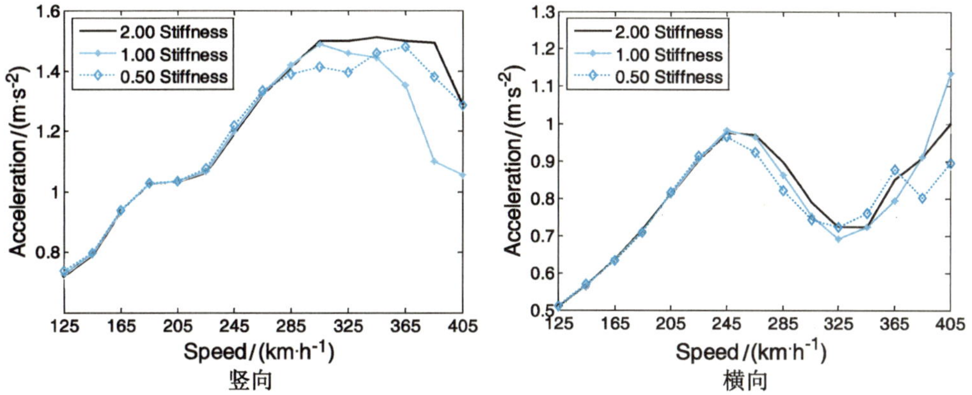

图 9－28　不同轨下胶垫刚度(阻尼)条件下车体最大加速度对比

图 9－28 可见,只有在车速超过一定程度时,轨下胶垫刚度(阻尼)对车体加速度才有较为明显的影响。

不同轨下胶垫刚度(阻尼)条件下桥梁和轨道结构跨中最大加速度对比和最大位移对比分别如图 9－29 和图 9－30 所示。总体而言,降低轨下胶垫刚度对桥梁和轨道板振动有利,而对钢轨本身振动不利;桥梁和轨道板加速度对胶垫刚度变化较为敏感,而位移受胶垫特性影响较小。

9.2.5　轨道板下 CA 砂浆刚度(阻尼)对系统动力响应的影响

本小节将 CA 砂浆竖向和横向刚度、竖向和横向阻尼相对标准值同步增大或者缩小 1 倍,而其他参数保持不变,用以分析 CA 砂浆刚度(阻尼)对车辆、桥梁和轨道结构和动力响应的影响。

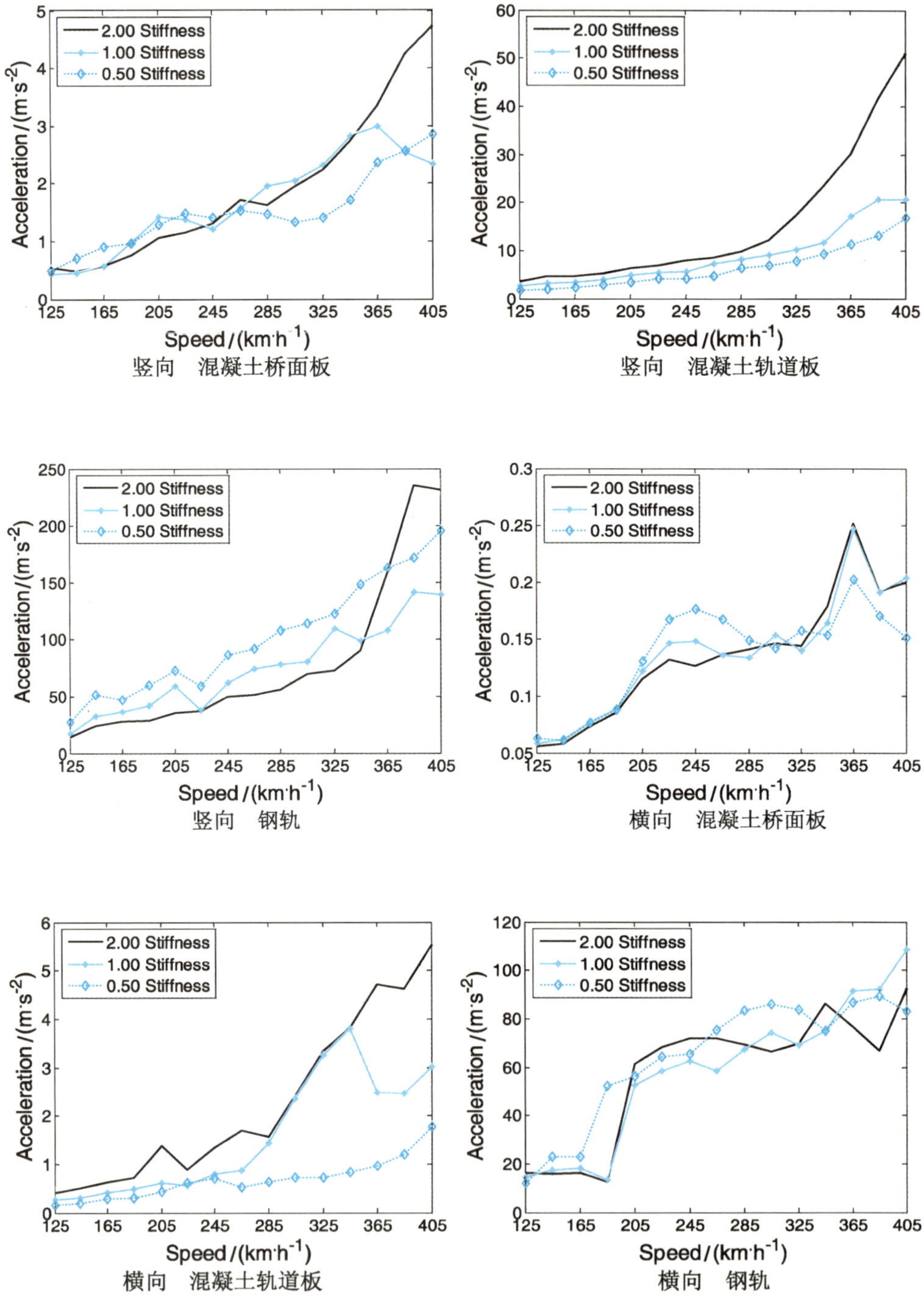

图 9-29 不同轨下胶垫刚度(阻尼)条件下桥梁和轨道结构跨中最大加速度对比

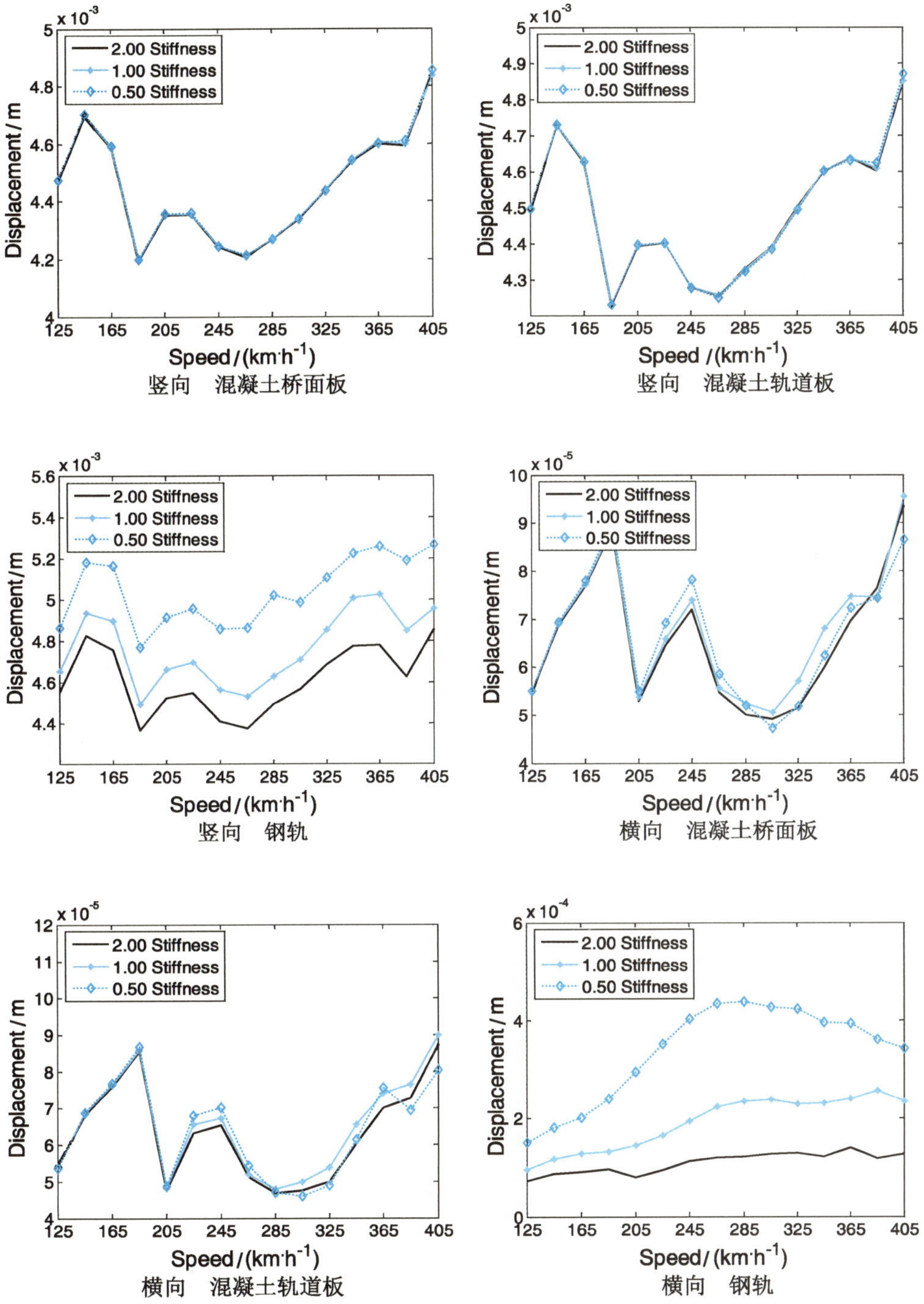

图 9-30　不同轨下胶垫刚度(阻尼)条件下桥梁和轨道结构跨中最大位移对比

不同 CA 砂浆刚度(阻尼)条件下最大轮轨力对比和车体最大加速度对比分别如图 9－31 和图 9－32 所示。由图可见,在所考虑的 CA 砂浆刚度(阻尼)变化范围和车速范围内,车体加速度和轮轨力基本保持不变。出现这种现象的一个方面原因在于 CA 砂浆刚度较大,在此条件下,轨道板的振动状态随 CA 砂浆刚度变化而变化的敏感性较弱;另一方面的原因在于轨下胶垫的减振作用减弱了 CA 砂浆刚度变化导致的影响。

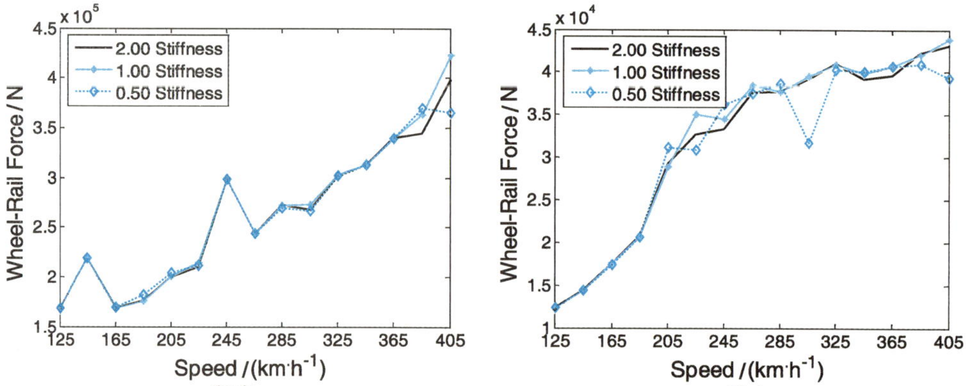

竖向　　横向

图 9－31　不同 CA 砂浆刚度(阻尼)条件下最大轮轨力对比

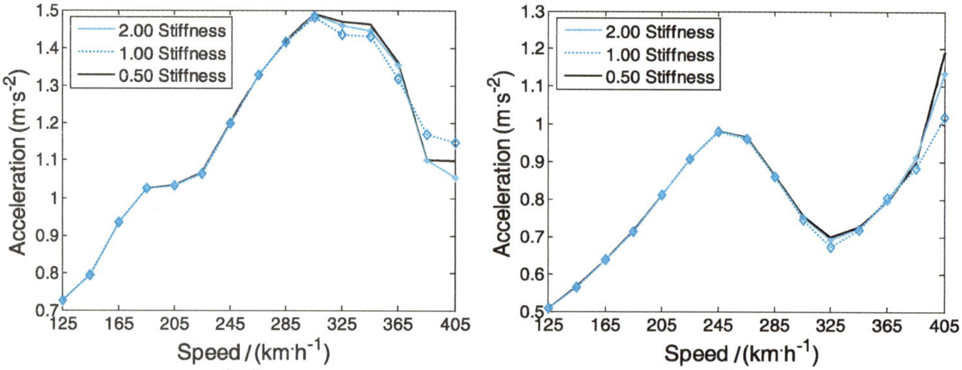

竖向　　横向

图 9－32　不同 CA 砂浆刚度(阻尼)条件下车体最大加速度对比

不同 CA 砂浆刚度(阻尼)条件下桥梁和轨道结构跨中最大加速度对比和最大位移对比分别如图 9－33 和图 9－34 所示。总体而言,降低 CA 砂浆刚度仅对轨道板影响较大,而对桥梁和钢轨影响相对较小。一般,CA 砂浆刚度越小,桥面板、轨道板和钢轨的振动加速度均有增大的趋势。

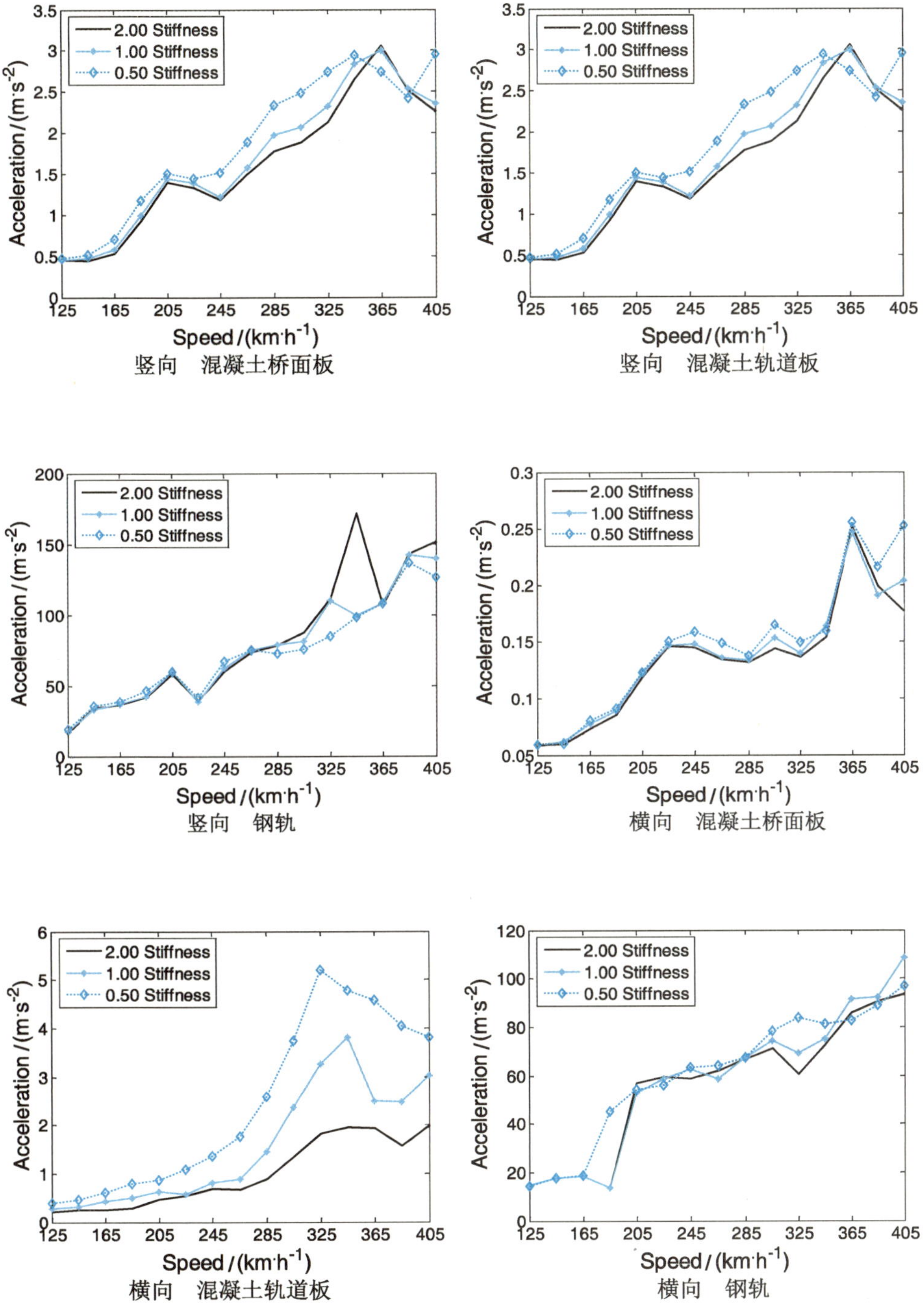

图 9 - 33　不同 CA 砂浆刚度(阻尼)条件下桥梁和轨道结构跨中最大加速度对比

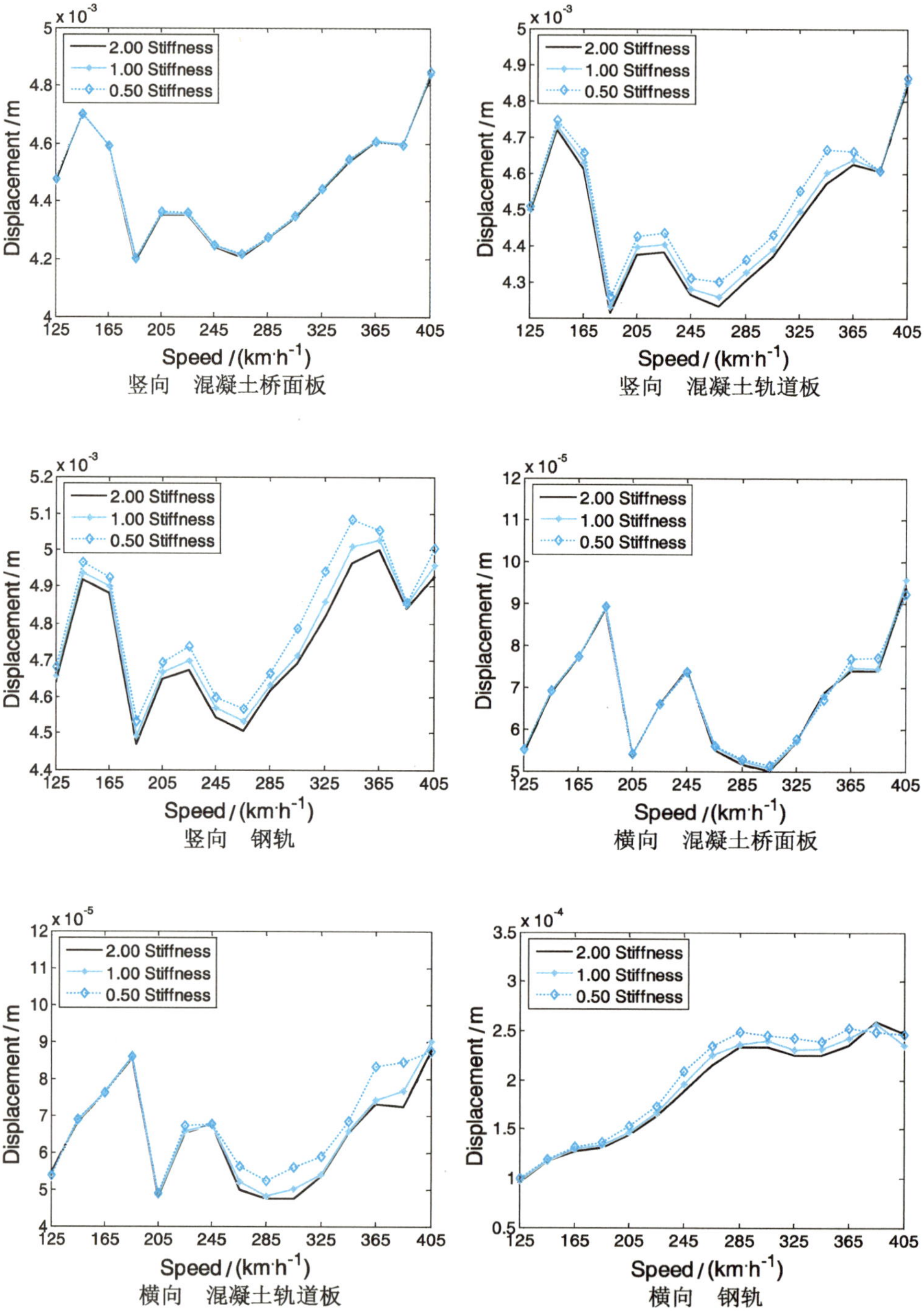

图 9－34　不同 CA 砂浆刚度(阻尼)条件下桥梁和轨道结构跨中最大位移对比

9.3　本章小结

首先介绍了合理的轨道结构对于高速行车的重要意义以及其在减振降噪方面的作用,从经验和感性认识方面指出考虑轨道结构建模对于车致振动分析的必要性。而后从指出钢轨振动速度与桥梁振动速度存在的差异以及这一差异对蠕滑力计算的影响。

为明确考虑轨道结构建模的精细化分析的必要性以及不考虑轨道结构建模的传统车桥振动分析的适用范围,采用数值分析算例分别研究单层和双层轨道结构建模方式对车、桥系统振动响应的影响。为全面研究轨道结构对系统振动响应的影响,本章贯穿采用轮轨密贴接触与非密贴接触条件下计算所得系统振动响应的对比分析。

基于有限的数值分析,得出如下初步结论:

(1) 轨道结构兼有减振和激励效应。采用单层轨道结构模型的算例表明,车速较低时,不考虑轨道结构的作用会低估轮对力,而车速较高时,不考虑轨道结构的影响对车辆和桥梁振动加速度的计算一般是偏于安全的。采用双层轨道结构模型的算例表明,不考虑轨道结构的作用,将高估某些频率的振动响应,也会低估某些频率成分的振动响应,是否考虑轨道结构计算的系统响应相对大小情况比较复杂,忽略轨道结构的作用对工程应用而言并不总是偏于安全的。

(2) 是否需要考虑轨道结构的建模与车速以及所关心的响应有关。一般,车速越高,系统响应对轨道结构变化的敏感性越大;横向振动比竖向振动对轨道结构变化的敏感性更大;轨道结构加速度、轮轨力、桥梁加速度、车辆加速度以及桥梁和轨道结构位移响应对轨道结构变化的敏感性依次降低。所关心的响应随轨道结构变化的敏感性愈高,动力仿真计算愈应该考虑轨道结构的作用,对轨道结构建模的精度要求也愈高,反之亦然。

(3) 考虑轨道结构的振动,可显著弥补桥梁振动和轨道不平顺在激发轮轨中高频横向振动方面存在的不足。从量值上看,一般,轨道不平顺变化速度对蠕滑力的影响最大,而钢轨的振动速度的影响次之,桥梁振动速度的影响最小。从频谱成分而言,轨道不平顺变化速度的能量成分集中在几十赫兹以下,且随频率增大而迅速减小;而钢轨振动速度的能量成分则主要集中在几十到上百赫兹,且在更高频率上也具有较大的能量成分;桥梁振动速度的能量成分则主要体现在几赫兹的频率。因此，考虑轨道结构的激振作用对准确预测轮对力以及车、桥系统振动响应有重要意义。

（4）轮轨密贴接触和非密贴接触模型的适用性主要取决于车速。在低速情况下，采用两种轮轨接触模型得到的系统动力响应吻合良好，但当车速较高时，二者差别则显著增大。特别在高速条件下，采用轮轨密贴接触模型不但不能准确地反映轮轨接触弹性和轮轨脱离现象，而且还将使得计算结果严重脱离实际。因此，在高速条件下的动力仿真计算应优先采用非密贴接触模型；若要求计算轨道结构的高频振动响应，也应该优先考虑非密贴接触模型；当考虑轨道结构的精细化分析时，须采用精细化的非密贴接触模型与之相匹配和相协调。由于采用轮轨密贴接触模型的计算效率远大于采用轮轨非密贴接触模型的计算效率，在低速和主要关心低频振动的情况下，可优先选用轮轨密贴接触模型。

第10章 总结与展望

本书对车辆-桥梁/轨道系统耦合振动精细分析理论与相应数值方法进行了完善与改进。为考虑桥梁、轨道和车辆结构的多样性并实现它们的精细化建模，不但采用有限元方法建立桥梁/轨道子系统模型，而且同样采用有限元方法建立车辆子系统模型。在有限元模型的基础上，采用模态叠加法形成上述两个子系统的运动微分方程。两个子系统之间的联系通过轮轨三维滚动接触理论实现，既继承了传统的轮轨密贴模型，同时又应用了更为精细的轮轨非密贴接触模型。所有非线性内力以及轮轨非线性接触力均处理为虚拟激振力，实现了基于模态叠加方法的车辆非线性悬挂装置、桥梁/轨道结构减振装置以及非线性轮轨接触模型的考虑。为增强分析能力，发展了基于Wilson-θ法、Newmark-β法和新型显式积分法的分离迭代算法以及基于Runge-Kutta的分离同步法用以求解系统运动微分方程。针对迭代计算可能出现的不收敛、不稳定的问题，分别对采用轮轨密贴接触模型和非密贴接触模型的耦合系统的迭代求解稳定性问题进行了理论分析，并提出了相应的解决和增强迭代稳定性的措施。

根据本书提出的理论和数值计算方法，编制了车辆-桥梁/轨道耦合振动分析程序 VBC 2.0。在采用大量数值算例对分析理论和计算程序进行校核之后，应用上述方法和程序实现了大跨度悬索桥车致应力和加速度的精细化分析，并以香港青马大桥健康监测系统获取的实测数据为基础进行了实测验证。而后，分别对考虑桥面板局部振动、考虑柔性车体振动以及考虑轨道结构振动的三类车桥振动精细分析问题进行了专题研究。

10.1 主要研究工作及其结论

1. 基于有限元和模态叠加的车辆、桥梁/轨道模型的建立

车桥耦合振动从古典理论到现代理论，总的趋势是车辆和桥梁模型越来越精细化，所反映的实际情况越来越全面。基于有限元和模态叠加的车辆、桥梁/轨道建模方法的主要出发点是充分利用商业化有限元软件的建模和模态分析功能实现车辆、桥梁/轨道运动方程建立的完全计算机化。这种方法具有如下几点优势：

(1) 通用有限元程序具有可视化的操作界面，某些通用程序如 ANSYS 还内嵌功能强大的二次开发编程语言，使得传统车辆运动微分方程推导困难、易于出错的问题得到解决，可以以较小的代价方便地建立较为复杂的车辆模型，如三大件货车模型、铰接式列车模态和柔性车辆模型，实现车辆模型的精细化分析。

(2) 利用通用有限元程序的强大建模功能，可以解决传统耦合振动分析中自编有限元程序计算单元库单调、建模费时且易出错的问题，可以方便地建立复杂桥梁和轨道结构的精细化有限元模型。同时，又可方便地运用通用程序的静力凝聚、模态综合等自由度缩减功能缩减不必要的自由度，实现计算精度和效率的平衡，从而为大型结构的精细化分析创造条件。

(3) 充分利用通用有限元程序，将研究者从车辆-桥梁/轨道系统耦合振动分析所需的大量繁重而基础的工作中解放出来，有利于耦合振动研究的深入发展和在工程上推广应用。

2. 包含轮轨密贴接触和非密贴接触假设的轮轨空间接触模型的采用

轮轨接触问题一直是车辆-桥梁/轨道耦合动力学的核心问题和关键问题。分别阐述了轮轨密贴接触模型和非密贴接触模型下轮轨空间接触几何参数计算方法，并介绍了这两种轮轨接触模型下轮轨法向力的不同表达形式，然后介绍蠕滑率的计算过程和基于 Kalker 线性理论计算轮轨蠕滑力的方法以及采用 Shen-Hedrick-Elkins 理论对蠕滑力进行非线性修正的方法。

密贴接触模型和非密贴接触模型的主要差别之一在于轮轨竖向(法向)力的表达形式不同，这一差别将影响迭代计算的数值稳定性、两种模型的适用性以及它们的精细化程度。与轮轨密贴接触模型相比，采用轮轨非密贴接触模型时，迭代计算稳定性较好，更具有一般性和较强的适用性，更适合进行精细化分析，但

是计算效率较低。

3. 非线性内力和非线性轮轨力的拟力处理

一般而言，车桥相互作用是动力非线性问题。为使动力仿真计算更为合理，车辆、桥梁、轨道以及轮轨接触模型应尽可能地考虑各种非线性环节。通过拟力法，除考虑轮轨非线性接触力外，还考虑了多种非线性弹簧阻尼元件模型，如双线性刚度模型、呈饱和非线性特性的阻尼模型和 Maxwell 阻尼模型等产生的内力。另外，对于其他外部激振力，如桥梁和车辆所受静风力、抖振力和自激力，曲线通过时产生的离心力以及地震力，也均可处理为虚拟激振力。

在模态叠加方法的基础上运用拟力法，可以解决传统模态叠加法限于处理线性问题的不足，实现同时考虑车辆和桥梁/轨道两个子系统内部集中阻尼和刚度非线性环节以及轮轨接触非线性环节。

4. 分离迭代和分离同步方法的利用

与形成车辆-桥梁/轨道系统整体运动微分方程相比，车辆、桥梁/轨道两个子系统分离建模的方式具有更大的灵活性和适用性。对分离的两个子系统的运动方程的求解一般须采用迭代计算方法。利用基于 Wilson－θ 法、Newmark－β 法和新型显式积分法的分离迭代算法以及基于 Runge－Kutta 法的分离同步方法求解系统运动微分方程，以满足不同的计算需要，并寻求最优的计算方案。

分离同步法要求系统运动微分方程右端项不含待求加速度响应量，一般只适用于轮轨非密贴接触模型；若采用密贴接触模型但忽略桥梁/轨道结构振动导致的轮对惯性力，则同样可以采用分离同步法求解。分离迭代法的应用没有上述限制，但可能存在迭代计算不稳定问题。由于不需要迭代计算，分离同步法不存在迭代稳定性问题，但时间步长的选择要满足 Runge－Kutta 显式积分的稳定性要求和精度要求。在处理非常规的含 Maxwell 阻尼模型的非线性系统时，必须采用分离同步法求解。

5. 分离迭代算法的稳定性研究

分离迭代求解可能导致计算不收敛，也就是说，即使采用无条件稳定的 Wilson－θ 法、Newmark－β 法求解系统运动微分方程，也可能会产生数值不稳定性现象。采用谱半径方法对分离迭代法的稳定性进行理论分析，结论如下：

（1）在满足数值积分精度要求的时间步长下，采用轮轨非密贴接触假设基本不会导致迭代发散，而采用轮轨密贴接触假设则可能导致不收敛。

（2）轮轨密贴接触假设是迭代不收敛的根源，而轮对质量与轮轨接触处桥梁单元的节点集中质量之比是决定迭代稳定性的主要因素；在足够小的积分步长下，桥梁和车辆系统的刚度、阻尼因素是影响迭代稳定性的次要因素。

(3) 若采用轮轨密贴假设，可采取如下方法改善迭代稳定性：忽略轮对惯性力对桥梁的作用；采用 Aitken 加速迭代技术；在满足精度要求的条件下采用较大的积分步长和较粗的桥梁单元划分等。

(4) 翟婉明提出的新型显式积分方法的迭代逼近算子与刚度和阻尼项无关，当右端项不含惯性力项时，谱半径为零。对于线性系统，不需要迭代，对于非线性系统，迭代收敛速度也极快，可见该积分方法具有良好的迭代收敛性。推荐采用新型显式积分方法进行大型结构的车桥振动数值计算。

6. 大跨度悬索桥应力和加速度分析与实测验证

采用数值方法精细计算列车作用下桥梁应力和加速度响应的对检验本书计算理论与计算程序以及对于工程实际应用都具有重要意义。分析表明，要实现桥梁应力和加速度的精细化分析，必须采用能合理反映桥梁局部振动的精细化有限元模型，必须选取足够的振动模态数量参与动力计算，必须使得其他相关动力计算参数的取值尽可能符合实际情况。

为定量分析究竟应采用多少振动模态进行动力分析，根据移动荷载列作用下简支梁和弹性地基梁的三种不同类型的共振条件的分析，提出合理选择振动模态数量的指导原则，即振动模态数量的定量选取应以反映第一和第三共振现象为目标。

以香港青马大桥为例，将数值计算结果与实测结果进行对比，计算与实测的良好吻合验证了本书提出的模态数量选取方法的正确性，也对本书计算方法和计算程序作了进一步实测验证。

7. 考虑桥面板局部振动的车桥振动分析

最近正在施工中的崇明越江通道上海长江大桥工程考虑到预留轨道交通方案，远期规划将箱梁悬臂板端部的公路紧急停车带改造为轻轨交通线路。列车线路布置于长大悬臂板端部在世界上还没有先例，悬臂板局部振动对车辆运行安全性的影响需要研究，在无建设经验和试验支持的情况下，需要采用能考虑桥梁局部振动影响的车桥耦合振动分析方法进行动力仿真。对上海长江大桥引桥在列车作用下桥面板局部振动问题进行了理论和数值研究，得到如下结论：

(1) 采用杆系与实体有限元模型的对比分析表明，考虑悬臂板局部振动基本不会影响行车舒适性，但影响行车安全性，不考虑悬臂板局部振动(采用杆系模型)将得到偏于危险的判断。

(2) 悬臂板局部振动频率较低，频率分布密集，对车桥动力响应的影响不可忽视。采用加劲撑方案和防撞护栏方案均能提高悬臂板的刚度，动力仿真计算表明，防撞护栏方案对降低车辆和桥梁振动效果均好于加劲撑方案。

(3) 地铁车辆运行于悬臂板上的安全性和舒适性能够得到保证，建议采用防撞护栏方案减小车桥动力响应，今后必要时，可设置加劲撑。

(4) 当悬臂板的某一振动模态同时满足第一和第三共振条件时，则悬臂板将发生显著的共振现象，此时，对应的车速为共振车速。运行于悬臂板上的列车车速不但要低于共振车速，更应低于临界车速。临界车速须根据车桥耦合振动计算的系统响应与相关规范规定的限值的对比来确定。从轨道稳定性、桥梁安全性以及车辆运行安全性和舒适性的角度来看，不适合将高速铁路布置于引桥悬臂板之上，控制列车是否能布置于悬臂板上的关键因素是车速。

(5) 从局部振动频率和局部挠度两方面着手，初步探讨了桥面板局部刚度评定标准与方法，可供桥面板刚度设计和检定时参考。

8. 考虑车体柔性的车桥振动分析

车体轻量化是目前铁路客车的发展趋势，然而轻量化将会带来车辆运行舒适性下降的问题。从机理上分析了轨道不平顺和桥梁竖向变形对柔性车体竖向加速度的影响，揭示了柔性车体在轨道不平顺和多跨简支梁作用下的共振现象，并对共振条件进行了定量预测。在横向振动方面，指出了柔性车体自振频率与转向架、轮对自振频率以及轮对蛇行运动频率一致而激发柔性车体共振的可能性。机理分析之后，通过参数分析对理论预测进行了数值验证，并得出如下结论：

(1) 轨道不平顺作用下柔性车体竖向对称弯曲和反对称弯曲模态都存在共振现象，但一般对称弯曲模态的频率较低，对车体加速度响应的影响较大。在共振发生时，柔性车体与刚性车体相比，车体中心竖向加速度可提高 100%以上，其车体前端竖向加速度也可相应增加 20%以上。

(2) 在轨道不平顺作用下，柔性车体与刚性车体相比，车体中心横向加速度提高幅度可达 200%，其车体前端横向加速度也可增加 20%以上。

(3) 一般情况下，桥梁横向振动对车体振动的影响很小，且激发柔性车体共振的可能性也很小。

(4) 从车体振动加速度的精细化计算和车辆运行舒适性的准确评价方面来说，有必要考虑柔性车体振动，而对车辆安全性指标和桥梁振动响应计算与评价而言，则无须考虑柔性车体振动。

9. 考虑轨道结构的车桥振动分析

提速经验表明，轨道结构对桥梁和车辆动力性能的作用是不可忽略的。然而，通常车桥振动分析中是不详细考虑桥上轨道结构的建模的，虽然目前也有少数研究考虑了轨道结构，但关于轨道结构对车、桥振动的影响的意见不很一致。为明确考虑轨道结构建模的精细化分析的必要性以及不考虑轨道结构建模的传统车桥振动分析的适用范围，分别研究单层和双层轨道结构模型下是否考虑轨道结构对车、桥系统振动响应的影响，明确考虑轨道结构的精细化分析的必要性以及不考虑轨道结构的传统车桥振动分析的适用范围。计算中贯穿轮轨密贴接触与非密贴接触的对比分析，指出这两种轮轨接触模型的适用范围。基于有限的数值分析，得出如下初步结论：

(1) 轨道结构兼有减振和激励效应，忽略轨道结构的作用对工程应用而言并不总是偏于安全的。

(2) 是否需要考虑轨道结构的建模与车速以及所关心的系统响应有关。

(3) 考虑轨道结构的振动，可显著弥补桥梁振动和轨道不平顺在激发轮轨中高频横向振动方面存在的不足。

(4) 轮轨密贴接触和非密贴接触模型的适用性主要取决于车速。

10.2 主要创新点

主要创新体现在以下三个方面：

(1) 提出基于模态叠加的车辆建模方法，避开车辆动力方程推导，对各类型车辆有良好的适应性，能考虑车体柔性；建立了考虑轨道结构的桥梁计算模型；研究了适用于大型结构车桥动力作用精细分析的计算技术，编制了计算程序。

(2) 针对轮轨密贴假设下车桥动力响应迭代求解中数值不稳定的现象，建立了能反映数值稳定性的简化分析模型，研究数值不稳定产生的机理和主要影响因素，推导出判断数值稳定性的解析式并提出解决数值计算不稳定的措施。

(3) 对青马大桥进行车桥整体、局部振动分析与实测验证；提出大跨桥梁局部振动中存在第三种共振现象和共振条件；研究了上海长江大桥箱梁悬臂板在列车作用下发生局部共振的可能性及车桥动力性能；分析了柔性车体共振机理。

10.3　未来研究展望

尽管本书在车辆-桥梁/轨道系统耦合振动精细分析理论与应用方面做了一些有益的工作，但仍有一些不足之处。针对研究的不足之处，提出今后的进一步改进的方向：

(1) 实测和试验方面——对青马大桥的动力仿真结果进行了实测验证，然而在上海长江大桥箱梁悬臂板的局部振动方面还缺少实测资料，有待在大桥通车后进行有针对性的实测工作；轨道结构动力参数取值比较困难，缺少针对实际工程的轨道结构试验或者实测，有待在以后的工作中针对轨道结构的振动情况进行实测，确定合理的轨道结构动力参数，更加准确地把握轨道结构对车辆和桥梁振动的影响。

(2) 精细化分析方面——建立了简单的柔性车体模型，对柔性车体振动进行了初步定性分析，但是梁单元难以准确模拟车体的空间力学行为，有待在以后的工作中建立能准确反映柔性车体力学行为的板壳有限元模型；接缝处的桥面板或者轨道板，由于存在刚度突变，其对车辆的冲击作用以及桥梁本身所受的冲击作用都很大，值得进行深入研究。

(3) 桥梁动力设计方面——对桥梁局部振动、柔性车体振动以及轨道结构振动机理进行了探索性研究，有必要在今后的工作中进一步深化研究，在精细化分析的基础上制定更为合理的桥梁整体刚度限值、局部刚度限值。

另外，鉴于车辆-桥梁/轨道系统耦合振动研究方向的重要意义和现状，研究工作仍然需要向纵深方向拓展，对车辆-桥梁/轨道系统耦合振动研究领域的进一步发展提出如下建议：

(1) 随机振动研究——由于耦合性与非线性同时存在，车辆-桥梁/轨道耦合系统的随机振动研究理论难度很大。建议在敏感性分析的基础上选取少数关键参数作为随机变量或者随机过程进行简化的车辆-桥梁/轨道系统随机振动分析，先进行竖向振动研究，然后扩展到空间振动。在随机振动分析的基础上对系统动力性能进行可靠性评价，对桥梁和轨道结构进行动力可靠度设计。

(2) 特殊条件下轮轨接触研究——轮轨接触问题一直是车辆-桥梁/轨道耦合动力学的核心问题和关键问题。在特殊条件下，如风荷载、地震荷载、曲线通过、加速与刹车情况下的更为准确的轮轨关系值得研究。

(3) 列车脱轨全过程分析——目前采用脱轨系数和减载率这两个指标来评判列车脱轨的安全性存在很大的局限性,因为在脱轨系数和减载率超限的情况下脱轨并不一定发生。为研究列车脱轨特别是桥上列车脱轨发生的机理,有必要对列车脱轨的全过程进行仿真分析,从轮轨空间位置关系上判断是否发生脱轨。只有在列车脱轨全过程分析的基础上,才能加深对脱轨机理的认识,才能提出切实有效的防止列车脱轨的措施,才能对桥梁和轨道结构的设计最具指导意义。

(4) 环境振动研究——随着高速铁路的修建,环境振动问题将越来越突出,这方面国内的研究还不多,仍有较大的发展空间。

附录 A　本书采用的车辆模型参数

表 A-1　线性二系悬挂车辆模型参数

名　称	车　　型		
	AW3 轻轨列车	青马大桥 轻轨列车	台湾 高速列车
车体质量	5.02E+04	5.10E+04	4.18E+04
车体质量惯矩-侧滚	6.35E+04	1.55E+05	2.32E+04
车体质量惯矩-点头	1.90E+06	1.88E+06	2.08E+06
车体质量惯矩-摇头	1.90E+06	1.88E+06	2.10E+06
构架质量	4.62E+03	4.36E+03	3.04E+03
构架质量惯矩-侧滚	1.65E+03	1.47E+03	1.58E+03
构架质量惯矩-点头	3.94E+03	3.43E+03	3.93E+03
构架质量惯矩-摇头	6.54E+03	5.07E+03	2.34E+03
轮对质量	1.51E+03	1.77E+03	1.78E+03
轮对质量惯矩-侧滚	9.87E+02	9.20E+02	1.14E+03
轮对质量惯矩-摇头	9.87E+02	9.20E+02	1.14E+03
一系弹簧纵向刚度	2.14E+07	2.14E+07	3.00E+07
一系弹簧横向刚度	1.28E+07	2.00E+07	4.70E+06
一系弹簧竖向刚度	2.10E+06	2.80E+06	1.18E+06
一系弹簧纵向阻尼	0.00E+00	0.00E+00	0.00E+00

续　表

名　　称	车　　　　型		
	AW3 轻轨列车	青马大桥 轻轨列车	台湾 高速列车
一系弹簧横向阻尼	0.00E+00	1.50E+04	0.00E+00
一系弹簧竖向阻尼	3.00E+04	1.50E+04	3.92E+04
二系弹簧纵向刚度	2.92E+05	2.92E+05	4.20E+05
二系弹簧横向刚度	5.00E+05	4.60E+05	3.52E+05
二系弹簧竖向刚度	4.80E+05	1.06E+06	5.30E+05
二系弹簧纵向阻尼	0.00E+00	0.00E+00	3.70E+05
二系弹簧横向阻尼	2.00E+04	3.00E+04	7.84E+04
二系弹簧竖向阻尼	1.00E+05	3.00E+04	9.02E+04
一系竖向弹簧横向间距之半	9.70E−01	9.80E−01	1.00E+00
二系竖向弹簧横向间距之半	9.40E−01	9.80E−01	1.23E+00
二系竖向阻尼横向间距之半	1.23E+00	1.12E+00	1.23E+00
二系纵向弹簧(阻尼)横向间距之半	1.20E+00	1.12E+00	1.23E+00
二系横向弹簧到车体中心的高度	1.03E+00	9.80E−01	7.50E−01
二系横向阻尼到车体中心的高度	1.03E+00	9.80E−01	7.50E−01
转向架重心到二系横向弹簧的高度	1.80E−01	3.60E−01	4.20E−01
转向架重心到二系横向阻尼的高度	1.80E−01	3.60E−01	4.20E−01
轮对重心到转向架重心的高度	1.10E−01	7.00E−02	2.00E−01
车　　长	2.32E+01	2.25E+01	2.50E+01
车辆定距之半	7.85E+00	7.80E+00	8.75E+00
转向架固定轴轴距之半	1.25E+00	1.25E+00	1.25E+00
轮对半径	4.20E−01	4.20E−01	4.55E−01
轨距之半	7.46E−01	7.46E−01	7.46E−01

注：以上参数均采用 kg，m，s 单位系；悬挂刚度(阻尼)为轮对或者转向架两侧之和。

表 A－2　Manchester 车辆模型参数

名　　称	数　　值
车体质量	3.20E＋04
车体质量惯矩-点头	1.97E＋06
构架质量	2.62E＋03
构架质量惯矩-点头	1.48E＋03
轮对质量	1.81E＋03
一系弹簧竖向刚度	2.44E＋06
一系弹簧竖向阻尼/阻尼串联刚度	8.00E＋03/2.00E6
二系弹簧竖向刚度	8.60E＋05
二系弹簧竖向阻尼/阻尼串联刚度	4.00E＋04/1.20E7
一系竖向弹簧横向间距之半	1.00E＋00
二系竖向弹簧横向间距之半	1.00E＋00
二系竖向阻尼横向间距之半	1.30E＋00
二系纵向弹簧(阻尼)横向间距之半	1.00E＋00
二系横向弹簧到车体中心的高度	1.20E＋00
二系横向阻尼到车体中心的高度	7.00E－01
转向架重心到二系横向弹簧的高度	1.00E－01
转向架重心到二系横向阻尼的高度	1.00E－01
轮对重心到转向架重心的高度	1.40E－01
车　　长	2.40E＋01
车辆定距之半	9.50E＋00
转向架固定轴轴距之半	1.28E＋00
轮对半径	4.60E－01
轨距之半	7.46E－01

注：以上参数均采用 kg，m，s 单位系；悬挂刚度(阻尼)为轮对或者转向架两侧之和。

附录 B　国内外适合车辆-桥梁/轨道耦合振动分析的部分程序

表 B-1　国内外适合进行车辆-桥梁/轨道耦合振动分析的部分程序

名称	研制单位	是否商业化	数值方法	车辆类型	轨道类型	桥梁单元	轮轨接触	非线性功能	备注
VBC2.0	同济大学	否	模态叠加；分离迭代或分离同步；显式或隐式	不限	不限	不限	密贴或非密贴；Kalker 线性蠕滑理论	轮轨接触非线性；部分集中弹簧阻尼非线性	依赖其他有限元程序引入刚体和柔性体模型
VBC	同济大学	是	直接数值积分；分离迭代；隐式	二系悬挂；四轴和六轴车辆；多刚体	不考虑	Euler 梁、杆、约束弹簧	密贴；Kalker 线性蠕滑理论	轮轨接触非线性	与铁一院合作商业化
ADAMS	美国 MDI 公司	是	多体系统动力学理论；模态方法引入柔体	不限	不限	不限	非密贴；Kalker 的 FASTSIM 改进理论等	功能强大	依赖其他有限元程序引入柔性体模型

续　表

名　称	研制单位	是否商业化	数值方法	车辆类型	轨道类型	桥梁单元	轮轨接触	非线性功能	备　　注
SIMPACK	德国宇航中心（DLR）	是	多体系统动力学理论；模态方法引入柔体；相对坐标系方法	不限	不限	不限	非密贴；Kalker的FASTSIM改进理论等	功能强大	依赖其他有限元程序引入柔性体模型
NUCARS	北美铁道学会（AAR）	是	多体系统动力学理论；模态方法引入柔体	不限	不限	不限	非密贴；Kalker的FASTSIM改进理论等	功能强大	依赖其他有限元程序引入柔性体模型
TTBSIM	西南交通大学等	是	直接数值积分；显-隐式混合	高快速铁路主型机车车辆；多刚体	有砟、多种无砟轨道	梁、杆、刚臂、板、梁段单元	非密贴；Kalker线性蠕滑理论	轮轨接触非线性；常用车辆悬挂非线性	通过铁道部鉴定
BDAP	西南交通大学	否	直接数值积分；分离迭代；隐式	二系悬挂；四轴；多刚体	不考虑	梁、杆、刚臂、板	密贴；Kalker线性蠕滑理论	轮轨接触非线性	—
BANSYS	西南交通大学	否	直接数值积分；分离迭代；隐式	二系悬挂；四轴；多刚体	不考虑	梁、杆、刚臂	密贴；Kalker线性蠕滑理论	轮轨接触非线性、桥梁几何非线性	考虑风荷载
TYCXQ	中国铁道科学研究院	否	直接数值积分；隐式	二系悬挂；四轴；多刚体	有砟轨道	空间梁单元	非密贴；Kalker线性蠕滑理论	轮轨接触非线性	—

续 表

名称	研制单位	是否商业化	数值方法	车辆类型	轨道类型	桥梁单元	轮轨接触	非线性功能	备注
DIASVBS/DSPV-LBSWA	北京交通大学	否	直接数值积分或模态叠加；分离迭代或同步耦合；隐式	二系悬挂；四轴和六轴车辆、TGV；多刚体	不考虑	不限	密贴或非密贴；蛇行理论或Kalker线性蠕滑理论	轮轨接触非线性	考虑风荷载、地震荷载
不详	中南大学	否	直接数值积分；同步耦合；隐式	二系悬挂；四轴和六轴车辆；多刚体	不考虑	梁、梁段	密贴；蛇行理论	—	—
A. D. Tre. S.	意大利Politecnico di Milano	不详	直接数值积分与模态叠加；隐式	不限	考虑	不详	非密贴；蠕滑理论	轮轨接触非线性；部分集中弹簧阻尼非线性	车辆柔性通过模态方法引入，但桥梁和轨道直接采用有限元方法
不详	日本铁道技术研究所	不详	模态叠加与直接数值积分；分离迭代；隐式	二系悬挂；四轴车辆；多刚体	不限	不限	非密贴；Kalker线性蠕滑理论	轮轨接触非线性；部分集中弹簧阻尼非线性	轨道和桥梁采用模态叠加法引入，但车辆采用解析表达形式
不详	国立台湾大学	不详	直接数值积分；同步耦合；隐式	二系悬挂；四轴车辆；多刚体	单层	梁、杆	密贴	—	考虑地震荷载

注：由于资料收集的局限性，以上资料仅供参考，并不代表上述单位最新的研究水平。

参考文献

[1] http://news.xinhuanet.com/politics/2006-01/07/content_4020450.htm[EB/OL] 2006.

[2] 夏禾,张楠.车辆与结构动力相互作用[M].北京:科学技术出版社,2005.

[3] Fryba L. Dynamics of Railway Bridges[M]. London: Telford, 1996.

[4] 李小珍.高速铁路列车-桥梁系统耦合振动理论及应用研究[D].成都:西南交通大学,2000.

[5] 李国豪.桥梁结构稳定与振动[M].北京:中国铁道出版社,2002.

[6] 吴定俊.提速状态下车桥耦合振动理论与桥梁横向动力性能的研究[D].上海:同济大学,2005.

[7] Yang Y B, Yau J D. Vibration of simple beams due to trains moving at high speeds [J]. Engrg Struc, 1997, 19(11): 936-944.

[8] Li J Z, Su M B. The resonant vibration for a simply supported girder bridge under high-speed trains[J]. Journal of Sound and Vibration, 1999, 224(5): 897-915.

[9] Xia H, Zhang N, Guo W W. Analysis of resonance mechanism and conditions of train-bridge system[J]. Journal of Sound and Vibration, 2006, 297(3-5): 810-822.

[10] 李小珍,强士中.列车-桥梁耦合振动研究的现状与发展趋势[J].铁道学报,2002,24(5):112-120.

[11] 翟婉明.车辆-轨道耦合动力学[M].北京:中国铁道出版社,2007.

[12] 蔡成标.高速铁路列车-线路-桥梁耦合振动理论及应用研究[D].成都:西南交通大学,2005.

[13] Tomioka T, Suzuki Y, Takigami T. Three-dimensional flexural vibration of lightweight railway vehicle carbody and a new analytical method for flexural vibration [J]. Quarterly Report of RTRI (Railway Technical Research Institute), 2003, 44(1): 15-21.

[14] Foo E, Goodall R M. Active suspension control of flexible-bodied railway vehicles

using electro-hydraulic and electro-magnetic actuators[J]. Control Engineering Practice, 2000, 8(5): 507 - 518.

[15] Nagai M, et al. Coupled vibration of passenger and lightweight car-body in consideration of human-body biomechanics[J]. Vehicle System Dynamics, 2006, 44: 601 - 611.

[16] 程海涛,王成国,钱立新. 考虑车体柔性的货车动力学仿真[J]. 铁道学报,2000,22(6): 40 - 45.

[17] Yagiz N, Gursel A. Active suspension control of a railway vehicle with a flexible body [J]. International Journal of Vehicle Autonomous Systems, 2005, 3(1): 80 - 95.

[18] Zhu H, et al., Study on active suspension of rail vehicles based on flexible car-body with fuzzy control strategy[J]. China Mechanical Engineering, 2006, 17(18): 1883 - 1887.

[19] Wu P B, Zeng J, Dai H Y. Dynamic response analysis of railway passenger car with flexible carbody model based on semi-active suspensions[J]. Vehicle System Dynamics, 2004, 41: 774 - 783.

[20] 陆正刚,郭慧明. 柔性车辆振动和运行平稳性控制研究[J]. 中国机械工程,2005,17(10): 1026 - 1030.

[21] Cheli F, Diana G, Resta F. Numerical model of a tilting body railway vehicle compared with rig and on track tests[J]. Vehicle System Dynamics, 2001, 35(6): 417 - 442.

[22] Chaar N, Berg M. Experimental and numerical modal analyses of a loco wheelset[J]. Vehicle System Dynamics, 2004, 41(SUPPL): 97 - 606.

[23] Chaar N, Berg M. Vehicle-track dynamic simulations of a locomotive considering wheelset structural flexibility and comparison with measurements[C]//Proceedings of the Institution of Mechanical Engineers, Part F: Journal of Rail and Rapid Transit, 2005, 219(4): 225 - 238.

[24] Wang T L, Garg V K, Chu K H. Railway bridge/vehicle interaction studies with new vehicle model[J]. Journal of Structural Engineering, 1991, 117(7): 2099 - 2116.

[25] Yang Y B, Wu Y S. A versatile element for analyzing vehicle-bridge interaction response[J]. Engineering Structures, 2001, 23: 452 - 469.

[26] Diana G, Cheli F. Dynamic interaction of railway systems with large bridges[J]. Vehicle System Dynamics, 1989, 18: 71 - 106.

[27] Matsumoto N, et al. Running safety analysis of vehicles on structures subjected to earthquake motion[J]. Quarterly Report of RTRI (Railway Technical Research Institute), 2004, 45(3): 116 - 122.

[28] Miyamoto T, et al. Railway vehicle dynamic behavior against large-amplitude track

vibration-A full-scale experiment and numerical simulation[J]. Quarterly Report of RTRI (Railway Technical Research Institute), 2004, 45(3): 111 - 115.

[29] Tanabe M, et al. Computational model of a Shinkansen train running on the railway structure and the industrial applications [J]. Journal of Materials Processing Technology, 2003, 140(1 - 3): 705 - 710.

[30] Wu Y S, Yang Y B, Yau J D. Three-dimensional analysis of train-rail-bridge interaction problems[J]. Vehicle System Dynamics, 2001, 36(1): 1 - 35.

[31] Cheng Y S, Au F T K, Cheung Y K. Vibration of railway bridges under a moving train by using bridge-track-vehicle element[J]. Engineering Structures, 2001, 23(12): 1597 - 1606.

[32] Biondi B. Muscolino G, Sofi A. A substructure approach for the dynamic analysis of train-track-bridge system[J]. Computers and Structures, 2005, 83(28 - 30): 2271 - 2281.

[33] Song M K, Noh H C, Choi C K. A new three-dimensional finite element analysis model of high-speed train-bridge interactions[J]. Engineering Structures, 2003, 25 (13): 1611 - 1626.

[34] Zhai W. M. & Cai Z. , Dynamic interaction between a lumped mass vehicle and a discretely supported continuous rail track[J]. Computers & Structures, 1997, 63(5): 987 - 997.

[35] 高芒芒. 高速铁路列车-线路-桥梁耦合振动及列车走行性研究[D]. 北京：铁道科学研究院，2001.

[36] 张格明. 中高速条件下车线桥动力分析模型与轨道不平顺影响[D]. 北京：铁道科学研究院，2001.

[37] 娄平，曾庆元. 车辆-轨道-桥梁系统竖向运动方程的建立[J]. 铁道学报，2004，26(5)：71 - 80.

[38] 晋智斌. 车-线-桥耦合系统及车-桥随机振动[D]. 成都：西南交通大学，2007.

[39] 西南交通大学，铁道科学研究院，北京交通大学，中南大学. 列车-线路-桥梁动力学仿真通用软件的研究总报告[R]2005.

[40] Xia H, Zhang N, Roeck G. De, Dynamic analysis of high speed railway bridge under articulated trains[J]. Computers and Structures, 2003, 81(26 - 27): 2467 - 2478.

[41] Au F T K, Wang J J, Cheung Y K. Impact study of cable-stayed railway bridges with random rail irregularities[J]. Engineering Structures, 2002, 24(5): 529 - 541.

[42] Xia H, Xu Y L, Chan T H T. Dynamic interaction of long suspension bridges with running trains[J]. Journal of Sound and Vibration, 2000, 237(2): 263 - 280.

[43] Xu Y L, Zhang N, Xia H. Vibration of coupled train and cable-stayed bridge systems

in cross winds[J]. Engineering Structures, 2004, 26(10): 1389 - 1406.

[44] Guo W W, et al. Dynamic Response of Suspension Bridge to Typhoon and Trains II: Numerical Results[J]. Journal of Structural Engineering, 2007, 133(1): 12 - 21.

[45] 李小珍,蔡婧,强士中. 芜湖长江大桥斜拉桥的车桥耦合振动分析[J]. 铁道学报,2001, 23(4): 70 - 75.

[46] 熊建珍,高芒芒,俞翰斌. 天兴洲长江大桥斜拉桥在地震作用下的车-桥耦合振动分析[J]. 中国铁道科学,2006,27(5): 54 - 58.

[47] 韩艳,夏禾,郭薇薇. 斜拉桥在地震与列车荷载同时作用下的动力响应分析[J]. 工程力学,2006,23(1): 93 - 98.

[48] Xu Y L, Xia H, Yan Q S. Dynamic response of suspension bridge to high wind and running train[J]. Journal of Bridge Engineering, 2003, 8(1): 46 - 55.

[49] Henchi K, et al. An efficient algorithm for dynamic analysis of bridges under moving vehicles using a coupled modal and physical components approach[J]. Journal of Sound and Vibration, 1998, 212(4): 663 - 683.

[50] Wakui H, Tanabe M, Matsumoto N. Study on dynamic interaction analysis for railway vehicles and structures-mechanical model and practical analysis method[J]. Gegenbaurs Morphologisches Jahrbuch, 1994, 136(5): 503 - 523.

[51] Lei X Y, Mao L J. Dynamic response analyses of vehicle and track coupled system on track transition of conventional high speed railway[J]. Journal of Sound and Vibration, 2004, 271(3 - 5): 1133 - 1146.

[52] 王小松. 车-桥-风相互作用的理论分析[D]. 上海: 同济大学,2007.

[53] Kalker J J. Three-Dimensional Elastic Bodies in Rolling Contact [M]. The Netherlands: Kluwer Academic Publishers, 1990.

[54] 曾庆元,郭向荣. 列车桥梁时变系统振动分析理论与应用[M]. 北京: 中国铁道出版社,1999.

[55] Xia H, et al. Dynamic analysis of train-bridge system and its application in steel girder reinforcement[J]. Computers and Structures, 2001, 79(20 - 21): 1851 - 1860.

[56] Olsson M. Finite element, modal coordinate analysis of structures subjected to moving loads[J]. Journal of Sound and Vibration, 1985, 99(1): 1 - 12.

[57] Yang Y B, Chang C H, Yau J D. An element for analyzing vehicle-bridge systems considering vehicle's pitching effect[J]. International Journal for Numerical Methods in Engineering, 1999, 46(7): 1031 - 1047.

[58] Au F T K, Wang J J, Cheung Y K. Impact study of cable-stayed bridge under railway traffic using various models[J]. Journal of Sound and Vibration, 2001, 240(3): 447 - 465.

[59] Sun Y Q, Dhanasekar M. A dynamic model for the vertical interaction of the rail track and wagon system[J]. International Journal of Solids and Structures, 2002, 39(5): 1337 - 1359.

[60] Humar J L, Kashif A H. Dynamic response analysis of slab type bridges[J]. Journal of Structural Engineering, 1985, 121(1): 48 - 62.

[61] 许慰平. 大跨度桥梁车桥空间耦合振动研究[D]. 北京：铁道科学研究院，1988.

[62] 杨岳民，潘家英，程庆国. 车桥耦合振动方程的分组迭代[J]. 中国铁道科学，1996，17(4) 69 - 79.

[63] Yang F H, Fonder G A. An iterative solution method for dynamic response of bridge-vehicles systems[J]. Earthquake Engineering & Structural Dynamics, 1996, 25(2): 195 - 215.

[64] 单德山，李乔. 车桥耦合振动分析的数值方法[J]. 重庆交通学院学报，1999，18(3)：14 - 20.

[65] Yau J D, Yang Y B. Vibration of a suspension bridge installed with a water pipeline and subjected to moving trains[J]. Engineering Structures, 2008, 30(3): 632 - 642.

[66] 李永乐. 风-车-桥系统非线性空间耦合振动研究[D]. 成都：西南交通大学，2003.

[67] 王贵春. 大跨度铁路斜拉桥车激空间振动线性及非线性分析[D]. 北京：铁道科学研究院，1996.

[68] Bathe K J, Baig M M I. On a composite implicit time integration procedure for nonlinear dynamics[J]. Computers and Structures, 2005, 83(31 - 32): 2513 - 2524.

[69] Zhai W M. Two simple fast integration methods for large-scale dynamic problems in engineering[J]. International Journal for Numerical Methods in Engineering, 1996, 39(24): 4199 - 4214.

[70] 李小军，廖振鹏，杜修力. 有阻尼体系动力问题的一种显式解法[J]. 地震工程与工程振动，1992，12(4)：74 - 80.

[71] 李小军，唐晖. 结构体系动力方程求解的显式积分格式的能耗特性[J]. 工程力学，2007，24(2)：28 - 33.

[72] 李小军，刘爱文. 动力方程求解的显式积分格式及其稳定性与适用性[J]. 世界地震工程，2000，16(2)：8 - 12.

[73] 周正华，李山有，侯兴民. 阻尼振动方程的一种显式直接积分方法[J]. 世界地震工程，1999，15(1)：41 - 44.

[74] 周正华，周扣华. 有阻尼振动方程常用显式积分格式稳定性分析[J]. 地震工程与工程振动，2001，21(3)：22 - 28.

[75] 杜修力，王进廷. 阻尼弹性结构动力计算的显式差分法[J]. 工程力学，2000，17(5)：37 - 43.

[76] 王进廷，杜修力. 有阻尼体系动力分析的一种显式差分法[J]. 工程力学，2002，19(3)：109－112.

[77] 王进廷，张楚汉，金峰. 有阻尼动力方程显式积分方法的精度研究[J]. 工程力学，2006，23(3)：1－5.

[78] Ziyaeifar M. Interaction study of train-bridge-track systems using Maxwell model[J]. Vehicle System Dynamics，2005，43(11)：771－794.

[79] Oliver J，Huespe A E，Cante J C. An implicit/explicit integration scheme to increase computability of non-linear material and contact/friction problems [J]. Comput. Methods Appl. Mech. Engrg，2007：p. doi：10.1016/j.cma.2007.11.027.

[80] Clough R W，Penzien Q J. Dynamics of Structures[J]. California，USA：Computers & Structures，2003.

[81] 严隽耄. 车辆工程[M]. 北京：中国铁道出版社，1992.

[82] 徐稼轩. 结构动力分析的数值方法[M]. 西安：西安交通大学出版社，1993.

[83] 郭向荣，陈淮，曾庆元. 预应力混凝土T形梁桥动力特性分析模型[J]. 计算力学学报，2000，17(2)：176－183.

[84] 林家浩，曲乃泗，孙焕纯. 计算结构动力学[M]. 北京：高等教育出版社，1989.

[85] 金学松，刘启跃. 轮轨摩擦学[M]. 北京：中国铁道出版社，2004.

[86] Shen Z Y，Hedrick J K，Elkins J A. A comparison of alternative creep force models for rail vehicle dynamic analysis[C]//Proceedings of the 8th IAVSD Symposium. 1983.

[87] Chen G，Zhai W M. A new wheel/rail spatially dynamic coupling model and its verification[J]. Vehicle System Dynamics，2004，41(4)：301－322.

[88] Johnson K L. Contact Mechanics[M]. Cambridge，UK：Cambridge University Press，1985.

[89] 吴定俊，李奇，高丕勤. 轨道不平顺速度项对车桥动力响应的影响分析[J]. 同济大学学报，2006，34(4)：494－498，513.

[90] 孙翔. 确定轮轨接触椭圆的直接方法[J]. 西南交通大学学报，1985(4)：8－16.

[91] 陈果，翟婉明. 铁路轨道不平顺随机过程的数值模拟[J]. 西南交通大学学报，1999，4(2)：138－143.

[92] 杨建荣. 车-桥耦合作用下公路桥梁局部振动研究[D]. 上海：同济大学，2008.

[93] Li Y. L.，et al.，Dynamics of wind-rail vehicle-bridge systems[J]. Journal of Wind Engineering and Industrial Aerodynamics，2005，93(6)：483－507.

[94] Cai C. S. and Chen S. R.，Framework of vehicle-bridge-wind dynamic analysis[J]. Journal of Wind Engineering and Industrial Aerodynamics，2004，92(7－8)：579－607.

[95] Chen S. R. & Cai C. S.，Unified approach to predict the dynamic performance of transportation system considering wind effects [J]. Structural Engineering and

Mechanics, 2006, 23(3): 279 - 292.

[96] Cao Y. H., Xiang H. F., and Zhou Y., Simulation of Stochastic Wind Velocity Field on Long-Span Bridges[J]. Journal of Engineering Mechanics, 2000, 126(1): 1 - 6.

[97] 韩万水,风-汽车-桥梁系统空间耦合振动研究[D]. 上海：同济大学,2006.

[98] 丁泉顺. 大跨度桥梁耦合颤抖响应的精细化分析[D]. 上海：同济大学,2001.

[99] 胡健伟,汤怀民. 微分方程数值方法[M]. 北京：科学出版社,1999.

[100] 蒋通,马超勇,张昕. 弹性支承条件下车-桥体系的振动分析[J]. 力学季刊,2004,25(2): 256 - 263.

[101] 李军强,刘宏昭,何钦象,方同. 车-桥系统耦合振动响应的简便计算[J]. 应用力学学报,2004,21(6): 66 - 69.

[102] Bathe K. J., Finite element procedures[M]. Englewood Cliffs, New Jersey: Prentice-hall, Inc., 1996.

[103] 中国国家技术监督局. GB5599 - 85,铁道车辆动力学性能评定和试验鉴定规范[S]. 北京：中国标准出版社,1985.

[104] Bowe C J, Mullarkey T P. Wheel-rail contact elements incorporating irregularities [J]. Advances in Engineering Software, 2005, 36(11 - 12): 827 - 837.

[105] Kuran B, Ozguven H N. A modal superposition method for non-linear structures[J]. Journal of Sound and Vibration, 1996, 189(3): 315 - 39.

[106] Iwnicki S. Manchester benchmarks for rail vehicle simulation[J]. Vehicle System Dynamics, 1998, 30(3 - 4): 295 - 313.

[107] Wu Y S, Yang Y B. Steady-state response and riding comfort of trains moving over a series of simply supported bridges[J]. Engineering Structures, 2003, 25(2): 251 - 265.

[108] Chan T H T, Guo L, Li Z X. Finite element modelling for fatigue stress analysis of large suspension bridges[J]. Journal of Sound and Vibration, 2003, 261(3): 443 - 464.

[109] O'Connell H M, Dexter R J. Response and Analysis of Steel Trusses for Fatigue Truck Loading[J]. Journal of Bridge Engineering, 2001, 6(6): 628 - 638.

[110] Museros P, Alarcon E. Influence of the second bending mode on the response of high-speed bridges at resonance[J]. Journal of Structural Engineering, 2005, 131(3): 405 -415.

[111] Wong K Y. Instrumentation and health monitoring of cable-supported bridges[J]. Structural Control and Health Monitoring, 2004, 11(2): 91 - 124.

[112] Ni Y Q, Ye X W, Ko J M. Fatigue reliability analysis of a suspension bridge using long-term monitoring data[J]. Key Engineering Materials, 2006, 321 - 323: 223 -

229.

[113] Chan T H T, Li Z X, Ko J M. Fatigue analysis and life prediction of bridges with structural health monitoring data — Part II: application[J]. International Journal of Fatigue, 2001, 23(1): 55 - 64.

[114] Li Z X, Chan T H T, Ko J M. Fatigue analysis and life prediction of bridges with structural health monitoring data — Part I: methodology and strategy [J]. International Journal of Fatigue, 2001, 23(1): 45 - 53.

[115] Li Z X, et al. Multi-scale numerical analysis on dynamic response and local damage in long-span bridges[J]. Engineering Structures, 2007, 29(7): 1507 - 1524.

[116] Zhang W S, et al. Buffeting-Induced Stresses in a Long Suspension Bridge I: Structural Health Monitoring Orientated Finite Element Model [J]. Wind and Structures-An International Journal, 2009, 12(6): 479 - 504.

[117] Wong K Y. Structural Identification of Tsing Ma Bridge [J]. The Hong Kong Institution of Engineers, 2002, 10(1): 38 - 47.

[118] Lau C K, Wong K Y. Design, construction and monitoring of the three key cable-supported bridges in Hong Kong in Structures in the new millennium, 1997, Netherlands: A. A. Balkema.

[119] Chen Z W, Xu Y L. Establishment of Bridge Rating System for Tsing Ma Bridge. Research Centre for Urban Hazards Mitigation[M]. Hong Kong: The Hong Kong Polytechnic University, 2007.

[120] European Committee for Standardization (CEN): Eurocode 1: Actions on structures, Part 2: Traffic loads on bridges[J]. Bauingenieur, 2011, 86: 315 - 326.

[121] Cai C S, et al. Effect of approach span condition on vehicle-induced dynamic response of slab-on-girder road bridges[J]. Engineering Structures, 2007, 29(12): 3210 - 3226.

[122] Green M F, Cebon D. Dynamic response of highway bridges to heavy vehicle loads: Theory and experimental validation[J]. Journal of Sound and Vibration, 1994, 170 (1): 51 - 78.

[123] Broquet C, et al. Dynamic behavior of deck slabs of concrete road bridges[J]. Journal of Bridge Engineering, 2004, 9(2): 137 - 146.

[124] Huang D Z, Wang T L, Shahawy M. Vibration of thin-walled box-girder bridges excited by vehicles[J]. Journal of Structural Engineering, 1995, 121(9): 1330 - 1337.

[125] Nallasivam K, Dutta A, Talukdar S. Dynamic analysis of horizontally curved thin-walled box-girder bridge due to moving vehicle[J]. Shock and Vibration, 2007, 14

(3)：229－248.

[126] 任尊松，孙守光，刘志明. 构架作弹性体处理时的客车系统动力学仿真[J]. 铁道学报，2004，26(4)：31－35.

[127] Sogabe M，et al. Deflection limits of structures for train speed-up[J]. Quarterly Report of RTRI，2005，46(2)：130－136.

[128] 刘加华. 从轨道结构降低城市轨道交通高架结构振动与噪声的研究与应用[D]. 上海：同济大学，2006.

[129] Takemiya H. Simulation of track-ground vibrations due to a high-speed train：the case of X－2000 at Ledsgard[J]. Journal of Sound and Vibration，2003，261(3)：503－526.

[130] Krylov V V. Effects of track properties on ground vibrations generated by high-speed trains[J]. Acustica — Acta Acustica，1998，84(1)：78－90.

[131] Lombaert G，et al. The control of ground-borne vibrations from railway traffic by means of continuous floating slabs[J]. Journal of Sound and Vibration，2006，297(3－5)：946－961.

[132] Wu T X，Thompson T J. On the rolling noise generation due to wheel/track parametric excitation[J]. Journal of Sound and Vibration，2006，293(3－5)：566－574.

[133] Vincint N，et al. Theoretical optimization of track components to reduce rolling noise[M]. Voss，Norway：Academic Press，1996.

[134] Wang A，et al. Railway bridge noise control with resilient baseplates[M]. Les Embiez，France：Academic Press，2000.

[135] Janssens M H A，Thompson D J. A calculation model for the noise from steel railway bridges[M]. Voss，Norway：Academic Press，1996.

[136] 周胜利，林亚超. 日本北陆新干线犀川桥[J]. 国外桥梁，1996(3)：1－11.

[137] 周胜利，林亚超. 高速铁路钢桁梁桥桥面结构设计及减小噪音的结构措施[J]. 国外桥梁，1996(3)：22－32.

[138] 陈玉骥，叶梅新. 一种适用于下承式钢桁结合桥计算的板梁组合单元[J]. 计算力学学报，2006，23(2)：229－234.

[139] 张晔芝. 下承式铁路钢桁结合桥的桥式结构比较[J]. 铁道学报，2005，27(5)：107－110.

[140] 方秦汉. 长江上四座铁路公路两用桥[J]. 铁道科学与工程学报，2004，1(1)：10－13.

[141] Steenbergen M J M，Metrikine A V，Esveld C. Assessment of design parameters of a slab track railway system from a dynamic viewpoint[J]. Journal of Sound and Vibration，2007，306(1－2)：361－371.

[142] Auersch L. The excitation of ground vibration by rail traffic: Theory of vehicle-track-soil interaction and measurements on high-speed lines[J]. Journal of Sound and Vibration, 2005, 284(1-2): 103-132.

[143] Guigou-Carter C, et al. Analytical and experimental study of sleeper SAT S 312 in slab track Sateba system[J]. Journal of Sound and Vibration, 2006, 293(3-5): 878-887.

[144] 翟婉明,韩卫军,蔡成标,王其昌. 高速铁路板式轨道动力特性研究[J]. 铁道学报, 1999,21(6): 65-68.

[145] 蔡成标,翟婉明,王开云. 高速列车与桥上板式轨道动力学仿真分析[J]. 中国铁道科学,2004,25(5): 57-60.

后 记

本书是在笔者博士论文的基础上编写而成。

博士论文是在导师陈艾荣教授、吴定俊教授和徐幼麟教授的悉心指导下完成的。陈老师因材施教、治学严谨，不断鞭策我以高标准、严要求完成学位论文和学术论文。吴老师近五年来一直在业务上给我春风般的教诲，在生活上给我慈父般的关怀，选题和研究内容的确定都倾注了吴老师大量的心血。徐老师的精辟见解促进了论文质量的提升。三位恩师的辛勤培养令我受益匪浅、终生难忘，在此谨向他们致以诚挚的敬意和深深的感谢！

诚挚感谢项海帆院士对本书研究工作的密切关注和亲自指导。项老师严谨、求真的治学精神一直感染着我，他的帮助给予我莫大的支持与鼓励！

特别感谢翟婉明教授耐心地为我解答疑惑！感谢潘震涛教授的谆谆教导！感谢孙利民教授、李建中教授、练松良教授和蒋通教授在选题方面提供的宝贵意见！感谢顾萍副教授、马坤全副教授和余华、阮欣、马如进、王达磊、张祖安和吴培峰老师在学习和工作中的热情帮助！

衷心感谢上海铁路局、上海长江隧桥工程建设指挥部、上海市政工程设计研究院、上海市城市建设设计研究院、铁道第一勘察设计院、香港路政署等单位有关领导的支持与帮助，感谢他们为本文研究工作提供的素材和舞台！

同窗好友间的真情挚谊令我终生难忘，大家热烈的讨论、广泛的交流、学习和生活中的相互关心与帮助，让我知道并不是我一个人孤军奋战。在此要特别感谢同济大学的王小松、王森、高丕勤、吴勇、贾允祥、李俊、史庆春、李亮、肖杰、赵涛、孙颖、邵亮、郑翀、陶兴、蒋鹏、袁月波、简方梁、孔煊、黄晓彬、倪宝伟、程章宏、沈钱斌、许福友、韩万水、曾勇、高永以及香港理工大学的陈志为、洪小健、张娟、Elsa、刘婷婷、夏红文、段元丰、周华飞、彭小宁、温顺、蔡铭。本人一直得到桥梁系03硕士班和05博士班全体同学的支持与鼓励，在此一并感谢！

最后，将此书献给我最亲爱的家人和女朋友！

李　奇